中國學術思想
研究輯刊

初 編
林 慶 彰 主編

第22冊

讖緯中的宇宙秩序

殷 善 培 著

花木蘭文化出版社

國家圖書館出版品預行編目資料

讖緯中的宇宙秩序／殷善培 著 — 初版 — 台北縣永和市：花
木蘭文化出版社，2008〔民97〕
目 2+174 面；19×26 公分
（中國學術思想研究輯刊 初編；第 22 冊）
ISBN：978-986-6657-94-8（精裝）
1. 讖緯　2. 宇宙論
296.5　　　　　　　　　　　　　　　　　　97016364

ISBN - 978-986-6657-94-8

中國學術思想研究輯刊
初　編　第二二冊　　　　　　　　ISBN：978-986-6657-94-8

讖緯中的宇宙秩序

作　　者	殷善培
主　　編	林慶彰
總 編 輯	杜潔祥
出　　版	花木蘭文化出版社
發 行 所	花木蘭文化出版社
發 行 人	高小娟
聯絡地址	台北縣永和市中正路五九五號七樓之三
	電話：02-2923-1455／傳眞：02-2923-1452
網　　址	http://www.huamulan.tw 信箱 sut81518@ms59.hinet.net
印　　刷	普羅文化出版廣告事業
封面設計	劉開工作室
初　　版	2008 年 9 月
定　　價	初編 28 冊（精裝）新台幣 46,000 元

讖緯中的宇宙秩序

殷善培　著

作者簡介

殷善培，淡江大學中文系學士、碩士，政治大學中文系博士，現任淡江大學中文系副教授。著有《讖緯中的宇宙秩序》、《讖緯思想研究》及〈讖言與美刺：漢代謠諺的兩種類型〉、〈郊祀歌與漢武帝的郊祀改制〉等論文數十篇，近年致於漢代禮制及郊祀歌的研究。

提　　要

　　讖緯的出現在中國思想史上的是極特殊的，尤其在漢代，讖緯與經學并行，學者多「博通五經，兼明圖讖」，其地位相當於國憲，若不明讖緯而欲通曉漢代學術思想，事實上是有其困難的。唯因讖緯自晉代起迭遭禁毀，雖經後人輯佚，但資料考證上的問題猶待理清，再則，讖緯的思維方式與今之迥異，歷來學者多以「淆亂經學」、「迷信」等斷語斥之，棄而不顧，至使讖緯學的研究成果相當有限。在這些研究成果中也多是引讖緯來證漢代經學、政治、社會等現象，極少直接進入讖緯思想研究者，本文為補歷來研究之不足，遂以「宇宙秩序」此一意義結構為主軸，來統攝讖緯，全文共分五章，其內容為：

　　第一章為緒論：此章分為兩節，第一節為研究動機與進路，檢討讖緯學的研究概況，及說明本文的旨趣以及研究步驟；第二節為宇宙秩序釋名，解釋本文所謂的宇宙實包含自然與文化兩者，目的在限定本文的研究範圍。

　　第二章為讖緯學的基本問題：本章是進入正式討論前的基礎工作，文分三節。第一節為讖緯的名義、起源與內容，第二節為影響讖緯學的幾部重要典籍，第三節為讖緯思想的基調－天人感應的思維方式。

　　第三章為讖緯中的自然秩序：此章分三節論述。一是宇宙生成論，二是星象分野說，三是世界圖式。本章研究的目的是經由對比方式，比較讖緯與漢代思想是如何「定位宇宙」。

　　第四章為讖緯中的文化秩序：文化一詞含義甚廣，本章僅以「政治興革」為主軸，說明讖緯與漢代政治的關系。本章分為二節，一是秩序的建立與維持，論述禮樂與孝道思想；二是秩序的變革與再興，論述災異與革命思想。

　　第五章為結語：綜結本文并略述本題未來研究之展望。

目次

第一章　緒　論

第一節　研究動機與進路

一、研究動機

　　研究一個時代的思想，必須注意到「思想」與「時代」兩者的互動關係，[註1] 若逕以今議古，忽略彼此在思想上的異質性，便常會顧此失彼，反而模糊了問題，[註2] 如以心性論的立場而論，說漢代思想主流的氣化宇宙論較無理趣，這是可以接受的，但若因此推出漢代思想毫無價值，這便大可商榷了。[註3] 因爲較無心性論上的理趣並不代表無思想史上的意義，尤其氣化宇宙論既居漢代思想主流，這其中就已有價值可說，只是在「科學主義」的影響下，這種觀念行之既久，對漢代哲學思想的研究也大多集中在「富科學精神」的王充身上，[註4] 至於對漢代各層面影響深遠的讖緯，便在這種有意無意中爲

〔註1〕 史華慈（Benjamin Schwartz）在〈關於中國思想史的若干初步考察〉一文中特別強調研究思想史必須留意這一問題，此文收在張永堂編《中國思想與制度論集》（臺北：聯經，民國70年）。

〔註2〕 成中英在〈從「見樹不見林」與「見林不見樹」說起〉一文開端就指出方法學上可能會有的這兩種偏失。此文收在《中國哲學的現代化與世界化》（臺北：聯經，民國74年）。

〔註3〕 今人覺其無甚價值並不代表在漢代也是如此，價值是有層級性（hierarchy），同時在不同情境中對價值的認定也有差異，Risieri Frondizi 的《價值是什麼：價值學導論》（臺北：聯經，民國75年）一書，對價值是什麼便有很詳盡的論述。

〔註4〕 王充是否眞如胡適等人所謂的「富有科學精神」，恐怕大可商榷，龔師鵬程的〈世俗化的儒家：王充〉（《當代中國學》第一期）便對王充的思想性格做出

人所漠視；或者不提，或者貼上「迷信」的標籤而大加撻伐，〔註5〕這對瞭解漢代思想都是一種「觀念的災害」。〔註6〕

事實上，若不明瞭讖緯在說些什麼，想要完全搞清漢代思想是不可能的，就以王充來說，《論衡》一書所回應的是當時的社會現象（災異圖讖、社會禁忌），倘不明瞭這些社會現象指涉究爲何物，對王充的論點我們是說不上贊同與否的。但當我們展開林慶彰主編的《經學研究論著目錄》，可以發現相對於經學研究的豐碩成果，讖緯學的研究顯得甚爲寒傖。〔註7〕當然，這並不是說讖緯學足以比肩經學，僅是指出與漢代思想乃至中國神秘思想有深厚淵源的讖緯，其研究與價值未獲應有的重視，這對理解此類神秘思想以及漢代學術性格是會產生不必要的障礙。

以目前的研究成果來看，勒成專書的只有王令樾的《緯學探原》（73，幼獅）及呂凱的博士論文《鄭玄之讖緯學》（71，商務），學位論文則有陳郁芬的《東漢讖緯與政治》（臺大中研所碩士論文，66 年）、呂宗力《東漢刻碑與讖緯神學》（社科院研究生畢業論文，1981）。呂文未見，無從知其體例，但由題目上看，大致是集中在漢碑與讖緯思想的關係上，也許是中村璋八〈漢碑裏的緯書說〉〔註8〕的進一步研究。王文則分〈緒論〉、〈緯的名義〉、〈緯的源流〉、〈緯的眞偽〉、〈緯的價值〉等五章，是一本資料整理詳瞻的入門書，唯重心明顯放在〈緯的價值〉一章，尤其是「配經」與「助文」兩點（此兩節佔全書的三分之二篇幅），可見王文以介紹緯學，特別是緯學與文學的關係爲主要目的；呂文則專論鄭玄的讖緯學，分爲〈讖緯概說〉、〈鄭玄對讖緯之

了迥異近代通說的翻案文章。

〔註5〕 這種例子多至不可勝舉，如勞思光《中國哲學史》；胡適《中國中古思想史》則是以「科學」爲評騭標準。

〔註6〕 「觀念的災害」指的就是意識型態（ideology），也就是「立理以限事」，此說本自牟宗三〈觀念的災害〉一文，此文收在《時代與感受》（臺北：鵝湖，民國 73 年）。

〔註7〕 在這份讖緯學研究目錄中將讖緯學分爲通論（下分概論、目錄索引二小類）、緯書各論（下分河圖緯、易緯、尚書緯、詩緯、孝經緯五小類）、讖緯研究史及讖緯與其他學術四類，共收論文八四篇，這是 1912～1987 總計七十六年間的研究成果，與日本學者由 1910～1981 計七二年間發表的一二八篇論文在量上已有一段差距（見安居香山編，《讖緯思想の綜合的研究》，日本，東京，圖書刊行會，昭和五九年）。

〔註8〕 此文收在《緯書の基礎的研究》（日本，東京，圖書刊行會，昭和六一年）一書中，又陳鴻森有譯文刊於孔孟月刊二三卷第六期。

貢獻〉及〈鄭注緯書略述〉三章，全書以第二章爲主。陳文則是環繞在讖緯與東漢政治立論，重點在談東漢讖緯學的內容，讖緯如何取得政治的優位，以及讖緯政治的中衰（當然尚有不少因論漢代而涉及讖緯的著作，唯重心並非在論讖緯，所以此處不予討論）。

　　在單篇論文方面，份量最多且最具有代表性的是陳槃先生發表於《史語所集刊》的一系列研究，陳氏的研究大致可分爲資料考證與思想的研究兩方面，雖說陳氏的研究頗受其師顧頡剛的啓迪，〔註9〕但陳氏對讖緯所做的文獻考證卻爲日後學者的研究開啓了一條坦途，所以安居香山譽之爲「奠定了讖緯研究的基礎」。〔註10〕

　　近年東鄰日本的研究頗爲可觀，安居香山與中村璋八兩先生致力於讖緯研究，在資料收羅上先編有《緯書集成》，在增補重編後，又推出了《重編緯書集成》，編纂時間長達卅年，爲讖緯的研究提供了非常詳善的資料，另外在讖緯思想的研究上，安居、中村二氏的研究也取得一定成績，如《緯書の基礎的研究》、《緯書の成立とその展開》、《讖緯思想的綜合研究》（合編）、《緯書》、《緯書と中國の神秘思想》、《五行大義》等書均是研究讖緯不可或缺的重要作品。

　　綜觀這些研究多是扣緊漢代，而舉讖緯爲證進行立論，然則我們是否也可藉由一定的意義結構來掌握內容龐雜，宿稱難治的讖緯？答案自然是肯定的，只是這個意義結構該是什麼？如何尋出這個意義結構？這就勢必由影響讖緯最深的漢代去探索。漢代學術的特色是成體系的思想，在著作中極力規劃天道人事的秩序，〔註11〕這種成體系的思想尤其明顯表現在《說文解字》、《釋名》、《白虎通義》等典籍上，如劉熙《釋名·序》云：「夫名之與實，各有義類。百姓日稱而不知其所以之意，故撰天地、陰陽、四時、邦國、都鄙、車服、喪記，下及民庶意用之器，論敘指歸謂之釋名，凡二十七篇」，即由天地自然世界論至人文世界，而求其名實相符，歸於秩序。《說文解字》也是如此，在始一終亥的編序中，「方以類聚，物以群分，同條章屬，共理相貫，雜

〔註9〕　這點可由陳氏論讖緯諸文常稱引「頡剛師」可知。事實上顧氏亦頗爲陳氏立論擔待，參見《顧頡剛讀書筆記》論讖緯諸條。

〔註10〕　仝註8所引書，頁12。此文又收在《日本學者論中國哲學史》（臺北：駱駝，民國76年）一書中，題爲〈緯書思想研究的歷史及其課題〉。

〔註11〕　漢代成體系的思想表現在對學術分類的興趣，關於這點參見唐君毅《中國哲學原論·原道篇·貳》（臺北：學生，民國69年），第二篇，第一、二、三章。

而不越，據形系聯，引而申之，以究萬原，畢終於亥，知化窮矣」，這種結體遒勁的編排方式正反映了漢代人的宇宙秩序。《白虎通義》亦是由名義的界定上規定了宇宙秩序，由此可見讖緯的這個意義結構就是「宇宙秩序」，本文正是藉由「宇宙秩序」直接切入讖緯的研究，並試探讖緯與漢代思想的關係。

二、研究進路

本文以「宇宙秩序」的意義結構爲線索，以分析讖緯，採對比方式，探究其與時代的呼應關係，文分五章：

第一章爲緒論，先說明本文研究動機、進路，其次則對「宇宙秩序」一詞做必要的語意界定，以貞定本文的研究範圍。

第二章論述讖緯學的基本問題，共分三節，第一節說明讖緯的名義、起源、與內容，第二節以宇宙秩序爲主軸。介紹影響讖緯的幾部重要典籍。即《呂氏春秋》、《春秋繁露》、《淮南子》及孟喜、京房易學、翼奉的齊詩學，第三節論述讖緯的思維基調及其運用。

第三章爲讖緯中的自然秩序，文分三節，第一節論述讖緯中的宇宙生成論，第二節論述讖緯中的星象分野說，第三節論述讖緯中的世界圖式，在這一章中除舖陳讖緯自然秩序的種種面向外，並採表解方式追溯讖緯自然秩序的來源。

第四章爲讖緯中的文化秩序，唯文化一詞所指甚爲廣泛，爲避免漫瀚無所歸，本文只就政治興革一項來論，並把時代扣緊在漢代，共分兩節，先論秩序的建立與維持，也就是禮樂與孝道思想；次論秩序的破壞與興革，也就是災異與革命。

第五章爲結論，說明讖緯宇宙秩序在漢代思想史上的意義，並總結本文。

第二節 「宇宙秩序」釋名

要研究讖緯的宇宙秩序，首先要解釋何謂「宇宙秩序」。對「宇宙」的界說，《說文解字》的定義是「宇，屋邊也」、「宙，舟輿所極覆也」，對於「宇」字，歷來學者大都同意許愼的界說，但是對於「宙」字，便有不同意見。如段玉裁就不認爲許愼所說的是本義：「《易》：上棟下宇。然則宙之本義謂棟，一演之爲舟輿所極復，再演爲往古來今」，即認爲「宙」的本義也與居住有關，並援引《淮南子·覽冥訓》：「燕雀以爲鳳凰，不能與爭於宇宙之間」的高誘

注：「宇，屋簷也；宙，棟梁也」才是「宙」的本義，至於許慎的解說乃是引伸義，﹝註12﹞這樣的講法大致無誤，將與居住有關的本義引伸出去，「宇宙」便有了新義。

《莊子・庚桑楚》云「有實而無乎處者，宇也；有長而無本剽者，宙也」，郭象的解說是：「宇者有上下四方，而上下四方未有窮處。宙者有古今之長，而古今之長無極」，成玄英疏解也說：「宇者，四方上下也，萬物之生謂其有實，尋責宇中，竟無來處，宇既非矣，處豈有邪？宙者，往古來今也，時節賒長，謂之今古，推求代敘，竟無本末，宙既無矣，本豈有邪？」都將「宇」解為空間，「宙」解為時間。這種解說大概是師法《淮南子・齊俗訓》的「往古來今謂之宙，四方上下謂之宇，道在其間，而莫知其所」。﹝註13﹞如此一來，「宇宙」一詞便包含了時間與空間。古人由住屋之宇、宙引伸而成時間與空間，不正是說：經由己身的把握便可及於天地萬物？中國之重視天人關係或許也可以由此尋得一點端倪。

再則，宇宙之形成便是秩序的表現，天地未形成之前，混沌未判，本無所謂秩序可說，所以英文 cosmos 一詞便有秩序的含義，與 cosmos 相對的便是 chaos（混沌、混亂），避免混亂便只有建立秩序。不過，值得注意的是，中國「宇宙」一詞的含義與西方 cosmos 並不完全等同，事實上，cosmos 只是 world 這一概念中的一部份，﹝註14﹞在希臘時期 cosmos 指的是一切可見事物的全部，但有濃厚物格化的色彩而無抽象解脫，﹝註15﹞及至近代 cosmos 一辭含義雖較希臘時期活潑多樣，唯仍是限定在物質世界的生成變化，且多採自然科學論述而非哲學意味。本文的「宇宙」是指中國傳統用語中的宇宙，是

﹝註12﹞對於「舟輿所極覆也」段玉裁注云「覆者，反也，與復同。舟輿所極覆者，謂舟車自此至彼而後還此，如循環然。故其字从由……訓詁家皆言，上下四方曰宇，往古來今曰宙，由今溯古，復由古沿今，此正如舟車，自此自彼，復自彼至此，皆如循環然」，如果這的確是許慎的本義，則地圓的觀念在漢代早已萌芽的說法又得到佐證。

﹝註13﹞這種用法起於何時並不很清楚。有以為是出自《三蒼》和《文子》。也有說是起於《尸子》。不過這些書真偽難定，所以此處只就《淮南子》來說。

﹝註14﹞布魯格《西洋哲學辭典》（臺北：先知，民國 69 年）解釋「世界」（world）一詞有幾個意義，一是指一切可見事物的全部，包括自然哲學與宇宙生成論，一是指宇宙的一部份，一是指動物或人所能及的生活空間，一是神以外的整個實在界。

﹝註15﹞方東美《科學哲學與人生》（臺北：虹橋，民國54年），第二、三章，指出希臘時期的宇宙是物格化的宇宙，精神與物質恒為兩橛。

「範圍天地之化而不過,曲成萬物而不遺」(《易‧繫辭上》),含蓋上下古今,是天地、世界、六合的同義語,不單是物質的,也是精神的,這也就是說,中國「宇宙」一詞實可包含自然與文化。〔註16〕

就自然言,中國的宇宙尤其強調其間的秩序義,李約瑟指出:「它的宇宙是一個極其嚴整有序的宇宙,在那裏,萬物『間不容髮』地應合著。但這種有機宇宙的存在,並不是由於至高無上的造物者之諭令(萬物皆臣服於其隨伴天使的約束);也不是由於無數球體的撞擊(一物之動為他物之動的原因)。它的存在無需依賴於『立法者』,而只由於意志之和諧……」。〔註17〕基於這種和諧,中國的天地人形成一意義結構,〔註18〕這種結構也就是卡西勒(Ernst Cassirer)所說的:「人在天上所真正尋找的乃是自己的倒影和那人的世界的秩序。人感到了自己的世界是被無數可見和不可見的紐帶而與宇宙的普遍秩序緊密聯繫的 —— 他力圖洞察這種神祕的聯繫……為了組織人的政治的、社會的和道德的生活,轉向天上被證明是必要的。似乎沒有任何人類現象能解釋它自身,它不得不求助於一個相應的它所依賴的天上現象來解釋自身。」,〔註19〕亦即天人之間相互依存了完整的宇宙秩序。

就文化言,近來學者在中西文化的對比下,也留意中國文化重秩序的特色,如張德勝就指出:「中國自秦始皇統一天下以來的文化發展,線索雖然很多,大抵上還是沿著『秩序』這條主脈而舖開。用佛洛依德的術語,中國文化存在著一個『秩序情結』,換做潘乃德(Ruth Benedict)的說法,則中國文化形貌(configuration),就由『追求秩序』這個主題統合起來。」,〔註20〕雖

〔註16〕 方東美指出中國的宇宙是普遍生命流行的境界,是沖虛中和的系統,多帶有道德性和藝術性,是為價值之領域,參見〈中國先哲的宇宙觀〉,《中國人生哲學》(臺北:黎明,民國77年)。

〔註17〕 李約瑟,《中國之科學與文明(二)》(臺北:商務,民國74年),頁476。

〔註18〕 中國天地人所形成的意義結構,參見本文第二、三章所述。

〔註19〕 甘陽譯,卡西勒《人論》(臺北:結構群,民國78年),頁76～81。雖然卡西勒指的是巴比倫天文學,但這種講法放在中國天文學也是極其契合的。

〔註20〕 張德勝,《儒家倫理與秩序情結》(臺北:巨流,民國78年),頁159。就社會學的角度來看儒家雖無不可,但援引西方理論比附中國社會,其中距離如何掌握,這是值得留意的,張氏此書給我們的觀感,好似站在另一個典範來分析儒家,所以在文獻的解讀上頗有誤解,如頁69,談到孔子以「思無邪」來說《詩》,是「德化禮治的想法,已經佔據了他的整個心靈,以致觀察外間事時,就彷如戴了有色眼鏡,一切東西無可避免的都沾上顏色了」,事實上《詩》在當時就是如此用,賦詩、引詩重要的是功能,本意是何本難追究,其他類

然提出「秩序」做為探索中國思想文化的線索不失為一可行的方法，但是否因為中國文化特重「秩序」，就可名之為「秩序情結」？恐怕大可商榷。因為中國文化之重視秩序並不只是求政治穩定而已，而是一種基於天人和諧的整體考量，天行有常，此中便是秩序；人法天象，自然也強調秩序，這正是中國思維方式的特色；換言之，就中國傳統文化來看本無所謂「秩序情結」，因為秩序方是常態、方是本色，唯有站在另一思想傳統的立場立論，天人不做一總體考量時，方有所謂「秩序情結」。不過指出中國文化的重秩序，確是無可爭議的事實。

似這種誤解之處並不少見，茲不詳述。

第二章　讖緯學的基本問題

　　在正式論述讖緯的宇宙秩序之前，我們有必要對讖緯學的基本問題略加說明。所謂讖緯學的基本問題，實際上包括了幾個層面：一是「讖緯」這一概念所指涉的對象，亦即有關讖緯的名義、起源與內容諸問題；二是讖緯思想的來源問題；三是讖緯思維的基調。本章即依此三層面，分節敘述之。

第一節　讖緯的名義、起源與內容

一、讖緯的名義

　　何謂讖緯？就各別定義來看，所謂「讖」，《說文解字》的解釋是「讖，驗也。有徵驗之書，河洛所出書曰讖」，同一時代的劉熙則說「讖者，纖也。其義纖微也」，一就功能言，一就性質言，兩者所指並無太大差異。至於「緯」，許慎的解釋是「織橫絲也」，這與「經，織縱絲也」是相對的講法，一經一緯往來成文，所以《釋名》云：「緯，圍也。反覆圍繞，以成經也」，時人如此解說，這表明讖緯應是有所區別的。再則，若就其名義上看，緯以配經，讖則流於徵驗，兩者間似乎有了高下之分，所以明‧胡應麟《四部正譌》便說：

　　　　世率以讖緯並論，二書雖相表裏而實不同。緯之名所以配經，故自
　　　　六經、語、孝而外，無復別出。河圖、洛書等緯皆易也。讖之依附
　　　　六經者，但論語有讖八卷，餘不概見，以爲僅此一種，偶閱隋書經
　　　　籍志，附見十餘家，乃知凡讖皆託古聖賢以名其書，與緯體制迥別。

蓋其説尤誕妄，故隋禁之後永絕，類書亦無從援引，而唐宋諸藏書家絕口不談。

《四庫總目提要》也指出：

> 案儒者多稱讖緯，其實讖自讖，緯自緯，非一類也。讖者詭爲隱語，預決吉凶。史記秦本紀稱盧生奏錄圖書之語，是其始也。緯者經之支流，衍及旁義……蓋秦漢以來，去聖日遠，儒者推闡論説，各自成書，與經原不相比附。如伏生尚書大傳，董仲舒春秋陰陽，核其文體，即是緯書。特以顯有主名，故不能託諸孔子，其他私相撰述，漸雜以術數之言，既不知作者誰，因附會以神其説，迨彌傳彌失，又益以妖妄之詞，遂與讖合而爲一。（經部・易類六・附錄）

但這樣的區分是否合理？換言之，當我們「循名責實」時，許慎、劉熙所下的定義是否真能相應於其名義？而後人以讖涉及預言、緯則配經便以爲兩者有高下之別又是否符合漢人的觀念？這些都是值得商榷的。

事實上彼時最常稱讖緯爲「圖讖」，其次或稱之爲「讖記」，如《後漢書・桓譚傳》的「增益圖書，矯稱讖記」；或稱之爲「內學」，如《後漢書・方術傳》的「自王莽矯用符命，及光武尤信讖言，自是習爲內學；尚奇文，貴異數」；〔註1〕或稱之爲「圖緯」，如《華陽國志》的「公孫述移檄中國，稱引圖緯」；或稱之爲「內讖」，如《後漢書・楊厚傳》的「作家法章句及內讖兩卷」；或稱之爲「圖緯」，如《後漢書・黨錮傳》的「學春秋圖緯」；或稱之爲「星緯」，如《後漢書・姜肱傳》的「博通五經，兼明星緯」；或稱之爲「圖錄」，如《後漢書・方術傳》的「推考星度，綜校圖錄」；或稱之爲「讖緯」，如《後漢書・方術傳》的「尤明天文讖緯」。稱呼雖異，但所指涉的卻是相同的東西，尤其明顯的是《後漢書・張衡傳》云：

> 初，光武善讖及顯宗、肅宗因祖述焉。自中興之後，儒者爭學圖緯，兼復附以妖言，衡以圖緯虛妄，非聖人之法，乃上疏曰……立言於前，有徵於後，故智者貴焉，謂之讖書……《尚書》：堯使鯀理洪水，九載績用不成，鯀則殛死，禹乃嗣興。而春秋讖云：共工理水。凡讖皆云：黃帝伐蚩尤。而詩讖獨以爲蚩尤敗，然後堯受命。《春秋・元命包》中有公輸班與墨翟，事見戰國，非春秋時也……侍中賈逵摘讖互異三十餘事，諸言讖者皆不能説。

〔註 1〕注云：內學謂圖讖之書也。其事秘密故稱內。

既云「儒者爭學圖緯」，又云「春秋讖」、「詩讖」，可見字義上讖與緯是有區別，但時人在用法上對兩者並無嚴格區分；再則，我們也可從現存讖緯中發現讖與緯其實是彼此混雜的，如《春秋緯・運斗樞》談的全是天文占卜與釋經無涉，所以陳槃指出：

> 今讖、緯、圖、候、符、書、錄，雖稱謂不同，其實止是讖緯，而緯復出於讖。故讖、緯、圖、候、符、書、錄，七名者，其於漢人，通稱互文，不嫌也。蓋從其占驗言之則曰讖；從其附經言之則曰緯；從河圖及諸書之有文有圖言之則曰圖，曰緯，曰錄：從其占候之術言之則曰候，從其爲瑞應言之則曰符，同實異名，何拘之有？〔註2〕

二、讖緯的起源

讖緯起源於何時，歷來聚訟紛紜。呂凱將歷來的說法歸爲三類：〔註3〕

一是據時而論者，又分爲（一）源於太古說，如劉師培的〈乙巳年國粹學報文編・讖緯論〉。（二）源於周代說，如《詁經精舍文集十二・緯候不起於哀平辨》引汪繼平說。（三）源於秦穆公說，如顧炎武《日知錄・卷卅・圖讖》。（四）源於哀平說，如《後漢書・張衡傳》。

二是據人而論者，又分爲（一）源於孔子說，如《詁經精舍文集十二・緯候不起於哀平辨》引金鄂說。（二）源於七十二弟子說，如張惠言的〈易緯略義序〉。（三）源於古太史說，如俞正燮・《癸巳類稿・書開元占經日錄後》。

三是據書而論者，又分爲（一）本於五經說，如《文獻通考・經籍考》引胡寅說。（二）本於〈洪範〉、夏小正、周官、內經說，《詁經精舍文集十二・緯候不起於哀平辨》引周治平說。（三）本於《禮記》、〈王制〉、〈明堂位〉、〈喪服小記〉、《史記》以及《說苑》等（同上）。

此外，顧頡剛以爲「讖緯是導源於騶衍一派思想的」，〔註4〕陳槃在一系列研究中提出「讖緯起源於鄒衍及燕齊海上之方士」的說法，〔註5〕安居、中村兩氏則贊同陳槃的推論。在如此繁雜的起源諸說中，究竟何者方得其實呢？

其實我們可以換一角度來看待這個問題，亦即可以反問，爲何對讖緯的

〔註2〕陳槃，〈讖緯命名及相關諸問題〉，《歷史語言研究所集刊》第二十一本。

〔註3〕呂凱，《鄭玄之讖緯學》（臺北：商務，民國71年），第一章第一節。呂氏也贊同陳槃的說法。

〔註4〕顧頡剛，〈五德終始說下的政治和歷史〉，收在《古史辨》第五冊。

〔註5〕陳槃，〈讖緯溯源上〉，《史語所集刊》第十一本。

起源會產生這麼多的異說？是否一種異說的產生也就代表著對讖緯的重新定位與評價？很明顯，事實是肯定的，譬如張衡說讖緯起源於哀平，學者多能指出其說忽略了秦代已有「圖書」的事實，而認爲起於哀平不足據，〔註6〕其實張衡斷定讖緯起源於哀平的目的是站在古文家的立場，強調讖緯晚出，非成於聖人之手，以破除讖緯神聖性的一面，這和荀悅《申鑒・俗嫌篇》所說「世稱緯書仲尼之作也，臣悅叔父故司空爽辨之，蓋發其僞也。有起於中興之前，終張之徒之作乎？」性質是一樣的。反之，今文家將緯書說是孔子所著，所謂「孔丘祕經，爲漢赤制，玄包幽室，文隱事明」（《後漢書・蘇竟傳》），其目的也是在藉讖緯「神聖性作者」〔註7〕所產生的權威作用來規範與建立秩序，本質上就不是在論起源問題。至於據書而論者，只須知道讖緯的包羅萬象，其誤自不待言。

值得注意的是陳槃的說法，就證據的強度而言，陳氏一系列論證所得到「讖緯起源於鄒衍及燕齊海上之方士」的結論是可以接受的，〔註8〕不過我們必須留意的是，如此說讖緯的起源，其實是將「讖緯」視爲一專有名詞，所以秦讖之類在鄒衍之前既有的「徵驗」，只算是通俗信仰，並不算是「讖緯」。

三、讖緯的內容

讖緯的內容與名義是分不開關係，若依陳槃〈古讖緯書錄解題〉的界定，則讖緯包含的層面及時代是相當廣泛的，〔註9〕若採安居香山、中村璋八《重修緯書集成》的定義，則讖緯當以漢代爲斷，〔註10〕作品包括七經緯、〔註11〕

〔註6〕如顧頡剛就曾指出《黃帝終始傳》可能就是讖緯的先聲，參見〈旅杭雜記（二）〉，收在《顧頡剛讀書筆記》（臺北：聯經，民國79年），第二冊。

〔註7〕「神聖性作者」乃代表了一種權威性，讖緯在漢代能產生如此重大的影響，「神聖性作者」實居一大要素。有關「神聖性作者」觀的問題，詳見龔師鵬程，〈論作者〉。

〔註8〕陳槃在〈讖緯溯源〉一文曾以表列方式比較讖緯與鄒衍書的關係，證據十分充分。

〔註9〕陳槃一系列〈古讖緯書錄解題〉在時代上遠溯自讖緯成立前，往後則推到漢代以後。

〔註10〕安居香山提出了陳槃〈古讖緯書錄解題〉所指的讖緯，可能會造成無限擴大的危險，這種顧忌是合理的。參見《緯書の基礎的研究》，頁32。

〔註11〕《後漢書・方術傳》注云：七緯者，《易緯》：稽覽圖、乾鑿度、坤靈圖、通卦驗、是類謀、辨終備也。《書緯》：璇璣鈐、考耀曜、刑德放、帝命驗、運期授也。《詩緯》：推度災、記歷樞、含神霧也。《禮緯》：含文嘉、稽命徵、斗威儀也。《樂緯》：動聲儀、稽耀嘉、叶圖徵也。《孝經緯》：援神契，鉤命

河圖、洛書、論語讖以及尚書中候。本文對讖緯的認定是採安居、中村兩氏的界說，且以《重修緯書集成》所收錄的資料爲主要論述依據。〔註12〕準此，則現存讖緯中釋經類佔 46%，讖類佔 43%，其餘佔 11%，〔註13〕若詳細一點的說，則讖緯的內容，「有釋經的、有講天文的、有講歷法的，有講神靈的、有講地理的，有講史事的、有講文字的、有講典章制度的」。〔註14〕

「釋經」方面，五經及《樂》、《孝經》都有緯書，其中以《易緯》最爲完整，殘存資料最多的是《春秋緯》；〔註15〕「天文」方面，讖類中以天文預言（或稱天文占）爲最多，也有一些涉及天文常識與宇宙生成問題；〔註16〕「歷法」方面，以三統歷的說法最多；〔註17〕「神靈」方面，五方均有神，保留了不少神話資料；「地理」方面，河圖可說就是一篇地理志；〔註18〕「史事」方面，古史系統上推自三皇，五德終始、三統說乃成爲朝代嬗替的理論依據；〔註19〕「文字」方面，有大量聲訓釋字的資料；〔註20〕「典章制度」方面，東漢禮制頗受讖緯的影響，讖緯中對明堂、靈臺，禘祫之禮以及禮制的精神價值均有闡述。〔註21〕此外，讖緯中也有不少關於五行與音律的資料。〔註22〕

　　　決也。《春秋緯》：演孔圖、元命包、文耀鉤、運斗樞、感精符、合誠圖、考異郵、保乾圖、漢含孳、佑助期、握誠圖、潛潭巴、說題辭。

〔註12〕但在名稱上則採「讖緯」一詞而不用安居、中村兩氏所命名的「緯書」，這是因爲「緯書」一詞遠較「讖緯」來的狹隘，如佔讖緯頗多份量的《河圖》、《洛書》，名之爲讖自無大謬，若名之爲緯就有些突兀了。

〔註13〕安居香山，《緯書の基礎的研究》，頁 37。

〔註14〕顧頡剛，《秦漢的方士與儒生》（臺北：里仁，民國 74 年），頁 129。

〔註15〕《春秋緯》資料極複雜，詳見《緯書の基礎的研究》，第二篇，第二章。

〔註16〕如天左旋右旋、地有四游等問題，參見陳遵嬀，《中國天文學史》第六冊（臺北：明文，民國 79 年），頁 1820〜1826。宇宙生成問題，參看本文第三章，第一節。

〔註17〕讖緯中的歷法多與改制合論，很少有單獨談歷法的，三統歷的問題，參見陳遵嬀，《中國天文學史》第五冊（臺北：明文，民國 77 年），第三八章，第三節。張聞玉〈古代天文歷法淺釋〉，收在《二毋室古代天文歷法論叢》（浙江，浙江古籍，1987）。

〔註18〕讖緯中的地理知識，參見本文第三章，第三節。

〔註19〕朝代嬗替的各種理論，參見本文第四章，第二節。

〔註20〕以聲訓釋字的例子相當多，《詩緯・汎歷訓》就以聲訓釋天干地支，如「子者，孳也」、「甲者，押也」……。這種聲訓實是當時解經，尤其是今文經學所慣用的方式，參見張以仁，〈聲訓的發展與儒家的關係〉，《中國語文學論集》（臺北：東昇，民國 70 年）；徐芳敏，《釋名研究》（臺北：《臺大文史叢刊》之八十三），頁 26〜29。

〔註21〕讖緯論禮制與禮之精神部份，參看本文第四章，第一節。

第二節　影響讖緯的幾部重要典籍

讖緯是基於神聖性作者而產生帶有神秘咒術力量的文獻，作者雖不可知，但由現存讖緯中，我們可以知道讖緯與漢代一些典籍的關係密切，據呂宗力初步研究，現存緯書中受《尚書大傳》影響的有四十八例，受《春秋公羊傳》影響的有三十三例，受《春秋繁露》影響的有六十三例，〔註23〕若再加上孟喜、京房的易學，翼奉的齊詩學，大小夏侯、劉向的尚書學……我們可以說讖緯混雜了諸家理論，龐雜而不一致，在這其中特別值得留意的是《呂氏春秋》、《春秋繁露》、《淮南子》以及孟喜、京房的易學，翼奉的齊詩學，這些典籍都是在天人感應之下，企圖建構一完整的宇宙秩序，本節第一部份就是以「宇宙秩序」爲線索，說明這幾部典籍的主要精神，以做爲第三、四章，自然秩序與文化秩序的張本。

一、《呂氏春秋》

周室東遷，禮樂征伐自諸侯出，社會階層流動加速，官學散而爲百家之學，《莊子·天下篇》云：「天下之治方術者多矣，皆以其有爲不可加矣。古之所謂道術者，果惡乎在？」、「天下大亂，聖賢不明，道德不一，天下多得一察焉以自好」，莊子的唶歎誠良有以也。但「百家往而不反，必不合矣！後世之學者，不幸不見天地之純，古人之大體，道術將爲天下裂」的憂慮卻有了轉機。

失序是不宜常久的，有識之士面對失序所提出的種種建言，無非是爲了挽救時代，恢復秩序，在這種要求下，擷長補短，不固主一家一派，便是一種最富彈性也是最妥當的方式。況且當時的「道」與「術」之間已不存在理性指導關係，「道」只成了信仰基礎，實用功利性大增，〔註24〕趨於融合也是

〔註22〕音律與陰陽五行的關係是一複雜的問題，參見鄺芷人〈五行與音律〉，《中國文化月刊》；陸雲逵《中國鐘磬律學》（臺北：中國文化大學，民國76年），第一章。

〔註23〕詳呂宗力〈緯書與西漢今文經學〉，收在安居香山編《緯書思想綜合的研究》，呂宗力採用表解的方式來比較兩者思想的類似性，如《尚書大傳》有「六律者何？黃鐘、蕤賓、無射、太簇、夷則、姑洗是也」，《樂·叶圖微》有「六律，黃鐘十一月，太簇正月，姑洗三月，夷則七月，無垂九月」這種字句上的比較不可謂之無功，但也只能證明讖緯與這些西漢今文有關，或者就是這些今文經學的發展，至於彼此間是否有傳承關係，恐怕就不是這種方法所能解決的。

〔註24〕謝大寧分析戰國末年諸子在使用「道術」及其相關語彙時，發現「他們原則

一種極其自然的傾向。〔註25〕再加上大一統的政治格局逐漸形成，對未來政治藍圖預先的規劃也是知識階層自覺的使命感，在這種環境下，於是有《呂氏春秋》的出現。

《呂氏春秋》為呂不韋輯門下智略之士所作，計二六卷，又分為三大部份，即〈十二紀〉、〈八覽〉、〈六論〉。此書著成年代，歷來頗有爭議，其實這些爭議率皆緣於對兩則史料的解讀有異見而來。一則是〈太史公自序〉的「不韋遷蜀，世傳呂覽」，一則是《呂氏春秋・序意》的「維秦八年，歲在涒灘，秋，甲子朔，朔之日，良人請問十二紀」。由此兩則史料以推《呂氏春秋》的成書便出現了三種論點。（一）〈十二紀〉先成書。陳奇猷以為〈十二紀〉成立於秦八年，〔註26〕即始皇六年，而〈八覽〉、〈六論〉則成於遷蜀之後，史遷之言不誤。〔註27〕（二）〈十二紀〉最後成書。〈八覽〉、〈六論〉為〈十二紀〉的初稿，〔註28〕換言之，史遷誤書。（三）一次完成。牟鐘鑒以為歷來誤解「不韋遷蜀，世傳呂覽」的「世傳」並非「乃作」，而是指書的流傳時間，〔註29〕在這三種說法裏，以牟鐘鑒的說法最可取，因為《史記・呂不韋傳》明明已說：「呂不韋乃使其客，人人著所聞，集論以為〈八覽〉、〈六論〉、〈十二紀〉二十餘萬言，以為備天地萬物古今之事，號曰《呂氏春秋》，布咸陽市門，懸千金其上，延諸侯游士賓客，有能增損一字者予千金」，可知全書懸於咸陽市門時已草具規模，絕非分先後完成，而〈安死篇〉提到趙魏韓已亡事，

上是繞著兩個核心問題來進行思考的，一個便是道所代表的信仰基礎建築在那一點上？另一個則是術所代表的政治建應又如何進行的問題。」本文接受這種觀點。參見謝大寧，《從災異到玄學》（師大國研所博士論文）。

〔註25〕學風趨於融合這是不爭的事實，謝大寧以為融合有融合的標準，若不主張百家分立則原也無融合與否的問題，這都不錯（參見前書）。但若我們仔細分析融合的方式，其中也是大有學問在，亦即原始儒家所較欠缺的是宇宙論等方面的建構，《易傳》、《中庸》便吸收道家此方面的精華，建構出以儒家思想為本的形上體系。道家玄思難得慧解，抽象思維淪為黃老權謀之術。陰陽家觀象授時，溶入現實政治則依附儒家的正名……所以融合云云，正是在現實運作的考量下所做的擷長補短工作。

〔註26〕「維秦八年」是由莊襄王滅東周革周王室所承的天命的次年算起，並非指始皇八年，這點近來學者是認同的。

〔註27〕陳奇猷〈呂氏春秋成書的年代與書名的確定〉，收在陳氏《呂氏春秋校釋》（臺北：華正，民國77年），附錄。

〔註28〕參見金春峰〈論呂氏春秋的儒家思想傾向及其與淮南子基本傾向的區別〉，收在《漢代思想史》（北京：社會科學院，1987），附錄一。

〔註29〕牟鐘鑒《呂氏春秋與淮南子思想研究》（山東：齊魯書社，1987），頁5～7。

徐復觀以爲「乃呂氏死後此書尙有人加以修補」自然是可能的，〔註30〕至於錢穆以爲「不韋不以始皇紀元，乃統莊襄言之，其事甚怪」，〔註31〕所論實爲另一問題，亦即《呂氏春秋》的創作目的與性質，順此可轉入此一問題。

關於此書的性質也有多種講法，而其論點均環繞《漢志》將之歸於雜家而來。方孝孺《遜志齋集・讀呂氏春秋》以爲「第其時去聖稍遠，論德皆本黃老」，是以此書以黃老爲立論主軸。《四庫總目提要》以爲「是書較諸子之言獨爲醇正，大抵以儒家爲主，而參以道家、墨家，故多引六籍之文與孔子、曾子之言」，是以儒家爲基準。陳奇猷則以爲「陰陽家的學說是全書的重點，這從書中陰陽說所據的地位與篇章的多寡可以證明」，〔註32〕有趣的是《四庫總目提要》和陳奇猷的判準都是建基在形式上的，即引用數量上的多寡，而不是分析此書的中心思想。金春峰則以此書中的天人關係是和諧而非斷裂，這種天人關係切近儒家而遠離道家，因而認爲此書的中心思想是儒家——新儒家，〔註33〕其實這種種糾葛均是基於百家分立且嚴格劃分彼此的觀點而衍生出來的，如認定孔孟思想所代表就是正統儒家，雖荀子雖非十二子而切近儒家，但與孟子有別，所以只得算是歧出，至於漢儒益與孔孟心性論迥異，更無可說。這種爲諸子分家派的觀念固然較容易見出學術傳承，但若在分派的設準上不同，彼此在歸屬上自會有差異。呂不韋以爲《呂氏春秋》乃「備天地萬物古今之事」，原就有統攝綜覽一切的用心在其中，因此我們只能說《呂氏春秋》有反對秦尙法的深刻用心在其中，〔註34〕至於爭論是以那一家思想爲基礎統攝諸家，恐怕也非《呂氏春秋》作者所知了。

《呂氏春秋》的〈十二紀〉、〈八覽〉、〈六論〉的分法是有其用心的，〈八覽〉可能即是指八方、八極、八表，而〈六論〉可能即是指六虛、六合、六

〔註30〕徐復觀《兩漢思想史》卷二，頁 105。

〔註31〕錢穆《先秦諸子繫年・呂不韋著書考》云：「余疑以此乃呂家賓客借此書以收攬眾譽，買天下之人心。儼以一家《春秋》括新王之法而歸諸呂氏。如昔日晉之魏，齊之田。爲之賓客舍人者，未嘗不有取秦而代之意。即觀其維秦八年之稱，已顯無始皇地位。當時秦廷與不韋之間，必有猜防衝突之情，而爲史籍所未詳者」，這種推論很有可能，蕭公權《中國政治思想史》即以錢穆此解乃得呂氏之動機。

〔註32〕仝註 27 所引書，〈呂氏春秋及其對漢代學術與政治的影響〉一文，頁 2。

〔註33〕仝註 28 所引文。不過金氏只將先秦諸子分爲儒家與道家，而將墨家與陰陽家歸入儒家，名家與法家歸入道家，所以他將《呂氏春秋》劃入儒家與其他人的在設準上是有不同的。

〔註34〕仝註 30 所引書，頁 2。

漢，也就是說〈八覽〉、〈六論〉所象徵的正是空間，而〈十二紀〉所代表的正是時間了。〈十二紀〉是將一年按四季分，每一季再分爲孟、仲、季三紀，即成十二紀，每一紀又統五篇，十二紀即有六十篇，正合六十之數，也許即代表六十甲子之數，正爲法象天地的神秘數。〔註35〕

〈十二紀〉既然象徵時間，這六十篇與〈十二紀〉是否有關係可說？這是值得推敲的問題，《四庫總目提要》以爲「惟夏令多言樂，秋令多言兵，似乎有義，其餘則絕不可曉」，但余嘉錫頗不以爲然，「今以春、冬紀之文考之，蓋春令言生，冬令言死耳」、「故十二月紀以第一篇言天地之道，而以四篇言人事（其實皆言天人相應），以春爲喜氣而言生，夏爲樂氣而言養，秋爲怒氣而言殺，冬爲哀氣而言死，所謂春生、夏長、秋收、冬藏也」（《四庫提要辨證》），今人對〈十二紀〉暗合春生、夏長、秋收、冬藏的現象已有完足的析論，〔註36〕而這〈十二紀〉的來源，今人研究也指出是「吸收了〈夏小正〉及周書的〈周月〉、〈時訓〉，加以整理；而另發展了鄒衍的思想，以此爲經；再綜合了許多因素，及政治行爲，以組織成『同氣』的政治理想的系統」，〔註37〕而〈序意〉中也說：

> 蓋聞古之清世，是法天地。凡十二紀者，所以紀治亂存亡也，所以知壽夭吉凶也。上揆之天，下驗之地，中審之人，若此則是非可不可無所遁矣。

是知〈十二紀〉乃法象天地，因時制宜所構造出的理想秩序模型，而這種理想秩序對漢代的影響極其深遠，黃震《黃氏日鈔》云：

> 括蒼蔡伯尹又跋其書之曰：漢興，高堂生、后、二戴之徒取此書之〈十二紀〉爲〈月令〉，河間獻王與其客取其〈大樂〉、〈適音〉爲〈樂記〉，司馬遷多取其說爲〈世家〉、〈律歷書〉，孝武藏書以預九家之學，劉向集書以繫《七略》之數。今其書不得與諸子爭衡者，徒以不病也，然不知不韋固無與焉者也。

至於象徵八方的〈八覽〉，與象徵六合的〈六論〉，在篇次的安排上並不如〈十二紀〉來的整齊。亦即紀、覽、論三部份顯然以紀最有體系，而〈十二紀〉

〔註35〕此段所說多本楊希枚〈古籍神秘性編撰型式補證〉一文，唯楊氏未曾指出《呂氏春秋》〈十二紀〉與〈八覽〉、〈六論〉正分別代表時間與空間。古籍這種神秘數字在先秦漢代運用極其廣泛，因爲這也是「天人感應」下的產物。

〔註36〕仝註28所引文。

〔註37〕仝註28所引文。

正是將天時人事安在陰陽五行的結構中，今人對這一結體完足的系統多以表格列之，〔註38〕今簡省其大要表列如下：

	春	夏	中央	秋	冬
日	甲乙	丙丁	戊己	庚辛	壬癸
帝	太皞	炎帝	黃帝	少皞	顓頊
神	句芒	祝融	后土	蓐收	畜冥
蟲	鱗	羽	倮	毛	介
音	角	徵	宮	商	羽
數	八	七	五	九	六
味	酸	苦	甘	辛	鹹
臭	羶	焦	香	腥	朽
祀	戶	灶	中霤	門	行
祭	脾	胃	心	肝	腎
方	東	南	中	西	北
色	青	赤	黃	白	玄
食	麥羊	菽雞	稷牛	麻犬	黍彘
德	木	火	土	金	水

除上表所列之外，《呂氏春秋》事實上亦將天文上的日纏、昏星、旦星，明堂，器皿，月侯等安在〈十二紀〉之中，形成一套天文、人事相貫通的宇宙秩序，〔註39〕但春夏秋冬四時配以五行，事實上有其困窘，這個難題在《呂氏春秋》中只是在「季夏」提及土德，在結構上還不算完滿，這個難題則有賴後繼者的《淮南子》來解決了。

〔註38〕如林金泉《周秦陰陽五行家思想研究》（師大國研所碩士論文），第四章。曾錦華《呂氏春秋〈十二紀〉紀首、淮南子時則訓及禮記月令之比較研究》（政大中研所碩士論文），第二章。林宗賢〈陰陽五行之研究〉，《花蓮師專學報》第十五期。以及牟鐘鑑《呂氏春秋與淮南子思想研究》，第一部份，第三章。周桂鈿《董學探微》（北京：師範大學，1989），頁47。彼此詳略互有不同。唯周桂鈿以為「這個系統中，五行缺土，《呂氏春秋》將土附在冬季的後面。〈仲冬季〉稱『土事無作』，〈季冬紀〉提到『出土牛』，將土附於水的後面，沒有明確的地位」，則顯然是誤解了。

〔註39〕十二音律也收攝在這一套定性典範中，換言之，這已成為一種分類範疇。

二、《淮南子》

　　《淮南子》是淮南王劉安集門下賓客方術之士所著，「安爲人好鼓琴，不喜戈獵狗馬馳騁」（《漢書》本傳），所著的《淮南子》原分爲內篇、中篇、外篇三部份，中篇「言神仙黃白之術」（《漢書》本傳），可能就是劉向所見的《枕中鴻寶苑秘書》（《漢書・楚元王傳》），《漢書・藝文志》載「淮南外三十三篇」，今已佚。現今通稱的《淮南子》實爲原書的內篇。

　　與《呂氏春秋》在篇目中法象天地的結構方式相較起來，雖然《淮南子・要略》所稱的成書動機是「夫作爲書論者，所以紀綱道德，經緯人事，上考之天，下揆之地，中通諸理」與《呂氏春秋・序意》的「上揆之天，下驗之地，中審之人，若此則是非可不可無所遁矣」若合符契，但《淮南子》在篇目安排上則以另一種方式呈現其理想的宇宙秩序。此即〈要略〉篇所提到的：

> 凡屬書者，所以窺道開塞，庶後世使知舉錯取舍之宜適，外與物接
> 而不眩，內有以處神養氣，宴煬至和，而己自樂，所受乎天地者也。
> 故言道而不明終始，則不知所倣依；言終始而不明天地四時，則不
> 知所避諱；言天地四時而不引譬援類，則不知精微；言至精而不原
> 人之神氣，則不知養生之機；原人情而不言大聖之德，則不知五行
> 之差；言帝道而不言君事，則不知小大之衰；言君事而不爲稱喻，
> 則不知動靜之宜；言稱喻而不言俗變，則不知合同大指已；言俗變
> 而不言往事，則不知道德之應；知道德而不知世曲，則無以耦萬方；
> 知氾論而不知詮言，則無以從容；通書文而不知兵指，則無以應卒；
> 已知大略而不知譬喻，則無以推明事；知公道而不知人間，則無以
> 應禍福；知人間而不知修務，則無以使學者勸力。欲強省其辭，覽
> 總其要，弗曲行區入，則不足以窮道德之意。故著書二十篇，則天
> 地之理究矣，人間之事接矣，帝王之道備矣。

即〈原道訓〉乃象太一之容，推萬物所由生，〈原道訓〉之後則有〈俶眞訓〉，〈俶眞訓〉是「窮逐終始之化，嬴坤有無之精，離別萬物之變，合同死生之形」，也就是由無形跡進而爲有形跡，有了形跡，仰息於天地之間，於是要注意天文，因爲〈天文訓〉乃是「和陰陽之氣，理日月之光，節開塞之時，列星辰之行，知逆順之變，避忌諱之殃，順時運之應，法五神之常，使人有以仰天承順，而不亂其常者也」，留意天文正所以知時，方能不悖亂、不失序；其次則觀〈地形訓〉，地形者「明萬物之主，知生類之眾，列山淵之數，規遠

近之路，使人通迴周備，不可動以物，不可驚以怪者也」，這四篇由無到有，從天到地，自然秩序於是完足。再來是由法象天地而得的〈時則訓〉，「上因天時，下盡地力，據度行當，合諸人則，形十二節，以為法式，終而復始，轉於無極，因循倣依，以知禍福，操舍開塞，各有龍忌，發號施令，以時教期，使君人者，知所以從事」，亦即以人為本位，察乎自然秩序以為人事的準則，用以建立文化秩序。所以接下來的〈覽冥訓〉即是指在天人感應的作用下，「物之可以喻意象形者，乃以穿通窘滯，決瀆壅塞，引人之意，繫之無極，乃以明物類之感，同氣之應，陰陽之合，形埒之朕，所以令人遠觀博見者也」，換言之，天人感應的思維方式乃是人類認識外界事物的一種方法，藉由這種方法展現天人和諧的秩序觀。

再則在天人感應的思維之下，人之形軀也是法象天地，所以〈精神訓〉談的是「原本人之所由生，而曉寤其形骸九竅，取象與天，合同其血氣，與雷霆風雨，比類其喜怒，與晝宵寒暑竝明」，接下來的〈本經訓〉便是由個人推而至人間，「坿略衰世古今之變，以襃先世之隆盛，而貶末世之曲政也」，順此〈主術訓〉所論的正是如何「作任督責，使群臣各盡其能」，〈繆稱訓〉則在「曲說攻論，應感而不匱」，兩者都是在為人君提舉治術。其次的〈齊俗訓〉則在「一群生之短修，同九夷之風氣。通古今之論，貫萬物之理，財制禮義之宜，擘畫人事之終始」，也就是化成天下；接下來的〈道應訓〉則做了個小結，「攬掇遂事之蹤，追觀往古之跡，察禍福利害之反」，將從來的事例與道相比勘，以證言之有徵。〈氾論訓〉則論治亂興衰，目的在「使人不妄沒於勢利，不誘惑於事態」，〈詮言訓〉則論治國保身之道，以便「差擇微言之眇，詮以至理之文，而補縫過失之闕」，此兩篇目的都在鑑戒。〈兵略訓〉則將全書內容轉至軍事，知兵略方足以應猝起之難，「所以知戰爭分爭之非道不行也，知攻取堅守之非德不強也」，亦即行陣仍然是道的運用。〈說山訓〉、〈說林訓〉是譬喻的集粹，「以領理人之意，解墮結細」；〈人間訓〉則論訴禍福之機，「使人知禍之為福，亡之為得，成之為敗，利之為害也」；〈修務訓〉則在論進德修業，「使學者孳孳以自幾也」；〈泰族訓〉則為全書總結，泰，大也；族，聚也。「總萬方之指，而歸之一本」，與全書做一環扣相應。（以上引文係引自〈要略訓〉）

換言之，這二十篇（〈要略訓〉為全書之敘目）在編者的刻意經營下，就形式上已是自成一套完整的宇宙秩序。

三、春秋繁露

　　與前兩書相較，顯然《春秋繁露》並不能由篇章結構中看出刻意營構的宇宙秩序，但這並不表示《春秋繁露》的宇宙秩序較爲鬆散，而是採取另一種表達方式，其結構之嚴密較前兩書尤有過之。這套宇宙秩序採用的是意義的縮結，以爲人間文化秩序乃至於人體均是法天而來，徐復觀便稱董仲舒的哲學是「天的哲學」，〔註40〕在這套「天的哲學」值得注意的是「人副天數」、「官職象天」以及「性善情惡」的理論，這些理論巧妙地將天人縮結爲一體，是天人感應思想體系化的呈現，也是漢代諸子的通識。〔註41〕

（一）人副天數

　　董仲舒所建構的宇宙秩序，首先值得注意的是「人副天數」的講法，雖然在《淮南子》中也有類似的見解，〔註42〕但就理論的完足及重要性來看均不如董仲舒的這一段話：

> 人有三百六十節，偶天之數也；形體骨肉，偶地之厚也；上有耳目聰明，日月之象也；體有空竅理脈，川谷之象也；心有哀樂喜怒，神氣之類也；觀人之體，一何高物之甚，而類於天也……是故人之身百姿而員，象天容也；髮象星辰也；耳目戾戾，象日月也；鼻口呼吸，象風氣也；胸中達知，象神明也；腹胞實虛，象百物也；百物者最近地，故要以下地也，天地之象，以要爲帶，頸以上者，精神尊嚴，明天類之狀也；頸而下者，豐厚卑辱，土壤之比也；足布而方，地形之象也……天以終歲之數，成人之身，故小節三百六十六，副日數也；大節十二分，副月數也；內有五臟，副五行數也；外有四肢，副四時數也；乍視乍瞑，副晝夜也；乍剛乍柔，副冬夏也；乍哀乍樂，副陰陽也；心有計慮，副度數也；行有倫理，副天地也；此皆暗膚著身，與人俱生，比而偶之弇合，於其可數也，副數，不可數者，副類，皆當同而副天一也。（〈人副天數〉）

〔註40〕徐復觀，〈先秦儒家思想的轉折及天的哲學的完成〉，《兩漢思想史》卷二。

〔註41〕漢代諸子在天人關係上或多或少都有這種傾向，畢竟這種說法已是一種解釋的典範，同時期的人只是一定程度上贊同或反對。

〔註42〕《淮南子・精神訓》有「故頭之圓也，象天；足之方也，象地。天有四時、五行、九解，三百六十六日，人亦有四支、五藏、九竅，三百六十六節。天有風雨寒暑，人亦有取與喜怒，故膽爲雲，肺爲氣，肝爲風，腎爲雨，脾爲雷，以與天地相參也，而心爲之主。是故耳目者，日月也；血氣者，風雨也。」

即將人的形軀、精神與天文節氣相比附，雖然這種比附很可能來自《黃帝內經》等醫書的理論，但董仲舒提出人副天數的目的乃是為了政治上的運用，亦即天人之間本為一體，「道之大原出於天」，所以人受命乎天，自當取法天象，服制象天，〔註43〕受命之後也當改正朔、易服色以順天明志。

（二）官制象天

一己的生命象天，推展到文化秩序上，服制象天，官制也象天，官制象天有兩層涵義，一是順應五行而立五官，符合春生、夏長、秋收、冬藏及五行生剋的原則，〔註44〕另一則是將官制與天人融為一體，〈官制象天〉：

> 王者制官：三公，九卿，二十七大夫，八十一元士，凡百二十人，而列臣備矣。吾聞聖王所取，儀金天之大經，三起而成，四轉而終，官制亦然者，此其儀與！三人而為一選，儀於三月而為一時也；四選而止，儀于四時而終也。三公者，王之所以自持也，天以三成之，王以三自持，立成數以為植，而四重之，其可以無失矣，備天數以參事，治謹於道之意也，此百二十臣者，皆先王之所與直道而行也……天有四時，時三月；王有四選，選三臣……人之材固有四選，如天之時固有四變也……盡人之變，合之天，唯聖人者能之，所以立王事也……求天象之微，莫若於人，人之身有四肢，每肢有三節，三四十二，十二節相持，而形體立矣，天有四時，每一時有三月，三四十二，十二月相受，而歲數終矣；官有四選，每一選有三人，三四十二，十二臣相參，而事治行矣；以此見天之數，人之形，官之制，相參相得也，人之與天多此類者，而皆微忽，不可不察也。

這就是說天子靠三公來輔佐（一領三），三公領九卿（一領三），九卿領二十七大夫（一領三），二十七大夫領八十一元士（一領三），如此四次重複（四轉），正象一年有四季，一季有三月（孟、仲、季），所以官制象天而設。由人副天數說到官制象天，董仲舒運用類比法將天人關係由個體生命的相似演繹出人間秩序的建立也是師法天數。若就董仲舒的理論來說，這原也無師法與否的問題，因為文化秩序原本就是自然秩序的反映，唯有人察乎天的幽微，在文化秩序上實踐出來才算是完成人的價值。

〔註43〕《春秋繁露‧服制像》提到：「劍之在左，青龍之象也；刀之在右，白虎之象也；戟之在前，赤鳥之象也；冠之在首，玄武之象也。」

〔註44〕參見《春秋繁露‧五行相生》及〈五行相勝〉。

（三）性善情惡

「性善情惡」也是董仲舒重要的理論，這項理論來自董氏對陰陽的看法，董仲舒之前論陰陽者都是將陰陽視爲同質的元素，無有價值的高下。但董氏視陽尊陰卑，並將陽尊陰卑的講法收攝在他的理論中，[註45] 得出陽善陰惡、陽經陰權、陽德陰刑等等的原則，並進而將之解釋人性：

> 人之誠有貪有仁，仁貪之氣兩在於身。身之名取諸天，天兩，有陰陽之施，身亦兩，有貪仁之性；天有陰陽禁，身有情欲栣，與天道一也……故性比於禾，善比於米，米出禾中，而禾未可全爲米也；善出性中，而性未可全爲善也。善與米，人之所繼天而成於外，非在天所爲之內也……天地之所生，謂之性情，性情相與爲一瞑，情亦性也，謂性已善，奈其情何？故聖人莫謂性善，累其名也。身之有性情也，若天之有陰陽也，言人之質而無其情，猶言天之陽而無其陰也。（〈深察名號〉）

人副天數，人的仁貪兩氣就相當於天的陰陽兩氣，且「身之有性情也，若天之有陰陽也」，而陰惡陽善，可見董氏是有性善情惡的主張的，不過這是將性情與陰陽相對說時的大原則（即視性爲經爲常，情爲權爲變），若只就性來看只能說是有「善質」，而「善質」並不等於「性善」，要達到性善仍是有賴「教化」與學習才能盡其功的，[註46] 換言之，經過這種歷程，人方能眞正達到副天數，參天地之化育。

四、孟喜、京房易學與齊詩學

上一節中我們提到《易緯》是漢代孟、京易學的發展，《詩緯》頗有齊詩學的遺說，這些典籍影響讖緯自不待言。孟、京易學即是漢代官方易學的代表，漢代易學的中心問題是「如何依於當時之自然知識，配合于五行之系統，與《易經》原有之八卦系統，而求形成一整個之自然宇宙觀，以明天道，再用之于人事，以趨吉避凶，得福免禍，而亦可合于公認之道德倫理政治之標

〔註45〕董仲舒以正月陽氣出，至十月而功成，「三王之正，隨陽而起」，陽盛物亦盛，可見陽尊而陰卑。

〔註46〕徐復觀以爲董仲舒主張性善，但韋政通、周桂鈿均不認爲董仲舒的性善論者，其實其中關鍵就在一是就綜合說，一是分別說。徐說見《兩漢思想史》，韋說見《董仲舒》（臺北：東大，民國 75 年），周說見《董學探微》（北京：北京師大，1989 年）。

準者」，〔註47〕孟、京易學便發展了「卦氣說」，「八卦成列，象在其中矣」，以六十四卦三百八十四爻來解釋宇宙萬物。所謂「卦氣說」就是以卦爻來解釋比附一年的四時、十二月、二十四節氣、七十二候以及三百六十五日，孟喜論之在前，京房紹繼在後，形成漢易的象數系統。

（一）孟喜易學

孟喜易學早已散佚，《玉函山房輯佚書》中輯有《孟氏章句》三卷，民國沈瓞民撰有《周易孟氏學》三卷已約能鉤其沈隱。《新唐書·歷志》載一行《大衍歷·卦議》中曾引孟喜的卦氣說：

> 十二月卦出於《孟氏章句》，其說易本於氣，而後以事明之……當據孟氏：自冬至初，中孚用事，一月之策，九六、七八，是爲三十。而卦以地六，候以天五，五六相乘，消息一變，十有二變而歲復初。坎、震、離、兌，二十四氣，次主一爻，其初則二至、二分也。坎以陰包陽，故自北正，微陽動於下，升而未達，極於二月，凝涸之氣消，坎運終焉。春分出於震，始據萬物之元，爲主初內，則群陰化而從之，極于南正，而豐大之變窮，震功究焉。離以陽包陰，故自南正，微陰生於地下，積而未章，至于八月，文明之質衰，離運終焉。仲秋陰形於兌，始循萬物之末，爲主於內，群陽降而承之，極於北下。而天澤之施窮，兌功究焉。故陽七之靜始於坎，陽九之動始于震，陰八之靜始于離，陰六之動始于兌。故四象之變，皆兼六爻，而中節之應備矣。

這段文字大致可歸納爲如下幾個重點：

（一）四正卦主四時、二十四節氣：四正卦是指坎、震、離、兌四卦，即主四時，每一卦主六節氣，亦即每一爻主一節氣。坎爲水、屬冬、居北方，震爲雷、屬春、居東方，離爲火、屬夏、居南方，兌爲風、屬秋，居西方。

（二）十二月卦主十二月、配七十二候：十二月卦又稱十二辟卦、十二消息卦，即以復、臨、泰、大壯、夬、乾、姤、遯、否、觀、剝、坤等十二卦主十二月，其原則就是：以微陽生於地的復卦代表十一月，隨著陽氣的漸興，至乾卦（四月）而達到頂點，接著便是一陰初見的姤卦，而陰氣漸盛，至坤卦（十月）而達到頂點。十二月卦共七十二爻，每一爻主一候，十二月

〔註47〕唐君毅《中國哲學原論：原道篇·貳》，頁291。

卦即主七十二候。

（三）六日七分法：將四正卦外的六十卦，分配至十二月，每月均得五卦，每卦則主管六日七分，七分是指一日的八十分之七，如此一來，六十卦恰可主三百六十五又四分之一日。〔註48〕

孟喜的這套卦氣說在《易緯・稽覽圖》中有大同小異的講法：〔註49〕

> 小過、蒙、益、漸、泰，寅。需、隨、晉、解、大壯，卯。豫、訟、蠱、革、夬，辰。旅、師、比、小畜、乾，巳。大有、家人、井、咸、姤，午。鼎、豐、渙、履、遯，未。恒、節、同人、損、否，申。巽、萃、大畜、賁、觀，酉。歸妹、无妄、明夷、困、剝，戌。艮、既濟、噬嗑、大過、坤，亥。未濟、蹇、頤、中孚、復，子。屯、謙、睽、升、臨，丑。坎、震、離、兌，以上四者，四正卦，爲四象，每歲十二月，每月五月、卦六日七分，每期三百六十六日，每四分。

可視爲孟喜卦氣說的進一步發揮，《稽覽圖》中尚有「甲子卦氣起中孚」、「六日八十分之七，而從四時卦，十一辰餘從之，坎常以冬至日始效」，也與孟喜易學有關。

（二）京房易學

京房受《易》於焦延壽，其解《易》著作今存《京氏易傳》三卷，《四庫總目提要》稱此書是：「唯以易傳爲名，而絕不詮釋經文，亦絕不附合易義。上卷、中卷以八卦分八宮，每宮一純卦統七變卦，而註其世應、飛伏、游魂、歸魂諸例。下卷首論聖人作易揲蓍布卦；次論納甲法，次論二十四氣候配卦，與夫天地人鬼四易，父母兄弟妻子官鬼等爻，龍德虎刑天官地官與五行生死所寓之類」，這即是京氏易學的重點，茲扼要說明如下：

（一）八宮卦說：八宮卦又稱爲八純卦，即指乾、震、坎、艮、坤、震、離、兌八卦，前四卦爲陽卦，後四卦爲陰卦。每一卦又統七卦，即以八宮卦爲基準，將初爻陰陽易位，即成一新卦，此新卦稱爲一世。二、三、四、五爻準此漸變，亦稱爲世，如此而得五世卦。再來將五世卦中的第四爻，恢復爲本宮

〔註48〕六日七分說的由來，朱伯崑以爲是本於律曆以十二律，配十二卦，一律生五音，當三百六十之數，以及太初曆的一年三百六十五又四分之一天。參見朱氏，《易學哲學史》上冊，頁118。

〔註49〕朱氏在引此文時多出了「坎六震八離七兌九」一句，不知所據。

的爻象，又得一新卦，此卦稱爲游魂卦，再將游魂卦的下卦恢復爲本宮的下卦象，得一新卦，此卦稱爲歸魂卦。如此則六十四卦均可納在陰陽消息的系統中。京房本八宮卦說而又提出「世應說」與「飛伏說」。所謂「世應說」是說每一卦均有所主的爻位，此爻位稱爲「世」，八宮卦以上爻爲世，一世卦以初爻爲世，二、三、四、五世卦各以二、三、四、五爻爲世，游魂卦以四爻，歸魂卦以三爻爲世。然後依上下卦所在的對應位置爲「應」，「世」指的是占者本人，「應」指的是占卜的對象。所謂「飛伏說」即是顯隱說，當下之卦象爲飛、是顯，與卦象相反的是伏、是隱，八宮卦兩兩相爲飛伏。〔註50〕

（二）納甲、納支說：納甲是指以八宮卦配十天干，甲爲天干首位，所以通稱「納甲」，方法是將八宮卦依陰陽分兩組，次將十天干也依陰陽分（甲丙戊庚壬爲陽干、乙丁己辛癸爲陰干），八宮卦的乾、坤兩卦各依內外卦分配甲壬、乙癸二干，其餘六卦則各配一干（即震：庚，坎：戊，艮：丙，巽：辛，離：己，兌：丁）。所謂納支，即將十二地支分陰陽（子寅辰午申戌爲陽支，丑卯巳未酉亥爲陰支），然後配以八宮卦的六爻，如乾卦爲陽卦，由初爻至上爻配以子寅辰午申戌六支，坤卦爲陰卦，由初爻至上爻配以未巳卯丑亥酉六支。〔註51〕

（三）五行說：京氏易學亦將五行配以八宮卦，及卦中各爻。方法是乾卦配金，由初爻至上爻分配以水木土火金土；坤卦配土，由初爻至上爻分別配以土火木土水金；震卦配木，由初爻至上爻分別配以水木土火水土；巽卦配木，由初爻至上爻分別配以土水金土火木；坎卦配水，由初爻至上爻分別配以木土火金土水；離卦配火，由初爻至上爻木土水金土火；艮卦配土，由初爻至上爻分別配以土火金土水木；兌卦配金，至初爻至上爻分別配以火木土水金土。

（四）六日七分說：京房的六日七分說不同於孟喜，京房的六日七分說據《新唐書‧曆志》所說是：「坎、離、震、兌，其用事自分至首，皆得分八十分日之七十三，頤、晉、升、大畜，皆五日十四分，餘皆六日七分」，亦即

〔註50〕高懷民歸納出京房飛伏卦的法則是：一、與飛伏之卦限於八純卦。二、八純卦各與其旁通卦爲飛伏。三、一世卦、二世卦、三世卦，與其內卦爲飛伏。四、四世卦、五世卦，與其外卦爲飛伏。五、游魂卦與五世卦同，歸魂卦則與該宮純卦同。參見《兩漢易學史》（臺北：中國學術著作獎助委員會，民國59年），頁161。

〔註51〕但震、坎、艮、巽、離、兌六卦的配法略有不同，參見前揭書，頁149。

四正卦各主八十分之七三，合計共主 3.65 日，頤、晉、升、大畜四卦各主五又八十分之十四，合計共主 20.7 日，其餘五十六卦，各主六又八十分之七，合計爲 340.9 日，三者相加恰得 365.25 日。這套六日七分說與孟喜說的不同處是在於六十四卦均分配，而孟喜只以六十卦去分配。

（三）齊詩學

　　齊詩學傳自轅固生，夏侯始昌、董仲舒、后蒼、翼奉、匡衡等人皆是齊詩學者，尢以夏侯始昌、翼奉、匡衡最爲名家。齊詩學自三國以來既已亡佚，具體內容歷來不甚清楚，由《漢書・翼奉傳》提到的「《易》有陰陽，《詩》有五際，《春秋》有災異，皆列終始，推得失，考天心，以言王道之安危」、「詩之爲學，情性而已，五性不相害，六情更興廢，觀性以歷，觀情以律」，知齊詩學有五際六情說。由《漢書・郎顗傳》所提到的「臣伏惟漢興以來三百三十九歲，於詩三基，高祖起亥仲二年，今在戌仲十年。《詩氾歷樞》曰：『卯酉爲革政，午亥爲革命，神在天門，出入候聽』。言神在戌亥，司候帝王興衰得失，厥善則昌，厥惡則亡」，知《齊詩》有三基說。再由〈毛詩序〉、《史記・孔子世家》所提及的《毛詩》、《魯詩》四始，知《齊詩》亦當有四始之說。換言之，齊詩學綱領約可以「三基、四始、五際、六情」四項加以統攝，《詩緯》中對這四項均有資料可徵，雖仍不足以還原齊詩學的解詩方法，但至少可知齊詩學對讖緯的影響。茲將「三基、四始、五際、六情說」略加說明如下：〔註52〕

　　（一）三基：所謂「三基」是爲了與曆法、易卦相應合而產生的一套紀年法，即以三百六十歲爲一周，分十二辰，每辰各卅年，一辰又分孟仲季，各十年。《詩緯》宋均注中這樣的一段記載：「天道三十六歲而周也，十周名曰王命大節。一冬一夏，凡三百六十歲一畢，無有餘節，三推終則復始，更定綱紀，必有聖人改世，統理者始此，十周名大剛，則三基會聚，乃生神明，乃聖人改世歟！」「三基」就是「三基」。《詩緯・氾歷樞》載有：「凡推其數，皆從亥之仲起，此天地所定位，陰陽氣周而復始，萬物死而復蘇，大統之始，故王命一節，爲之十歲」，亦即由亥仲開始數起，十年而爲亥季，續接子孟、子仲、子季各十年，至亥孟而爲一周天（三百六十年）。換言之，這套紀年法是以十二辰爲基準而設定的。

〔註52〕此段論齊詩資料除參照緯書外，多本林金泉〈齊詩學的三基四始五際六情〉，《成大學報》二十卷。特此說明。

（二）四始：詩有所謂「四始」，〈毛詩序〉以〈風〉、〈小雅〉、〈大雅〉、〈頌〉爲四始，《魯詩》以〈關雎〉、〈鹿鳴〉、〈文王〉、〈清廟〉爲四始，《韓詩》以四詩之涉及文武者爲四始，〔註53〕《詩緯・氾歷樞》有「大明在亥，水始也；四牡在寅，木始也；嘉魚在巳，火始也；鴻雁在申，金始也」，學者都同意這是齊詩學的四始說，如此規定四始很明顯是將詩三百放在陰陽五行下來解說，〈氾歷樞〉中又載有「卯，天保也；酉，祁父也；午，采芑也；亥，大明也」，由此看來恐是將詩三百置入十二辰，又配以五行，不過文獻不足，無法得知詳情爲何。

（三）五際：〈氾歷樞〉中有「亥爲革命，一際也；亥又爲天門，出入候聽，二際也；卯爲陰陽交際，三際也；午爲陽謝陰興，四際也；酉爲陰盛陽微，五際也」，即以二亥、卯、午、酉爲五際。以日爲喻，亥爲一日之終，卯爲日初夜終，午爲陽盛轉昃，酉爲日入夜起俱是陰陽交際之辰；以月爲喻，亥爲十月立冬，卯爲二月春分，午爲五月夏至，酉爲八月秋分，也是陰陽交際之月，名之爲際不難索解。但亥兼兩際，如此也只四際而已，所缺一際究爲何指？《詩緯・推度災》有「建四始五際而八節通，卯酉之際爲革政，午亥之際爲革命，神在天門，出入候聽」，西北爲天門，屬乾卦，十二辰爲戌亥，可見所缺的一際當是指「戌亥」之間，這或許是取思五行以土以配金木水火四德而來的講法。

（四）六情：相較於三基、四始、五際的文獻難徵，「六情」則清晰多了。《漢書・翼奉傳》云：「知下之術，在於六情十二律而已。北方之情好也，好行貪狼，申子主之；東方之情怒也，怒行陰賊，亥卯主之，貪狼必待陰賊而後動，陰賊必待貪狼而後用，二陰並行，是以王者忌子卯也，禮經必之，春秋諱焉。南方之情惡也，惡行廉貞，寅午主之；西方之情喜也，喜行寬大，巳酉主之，二陽並行，是以王者吉午酉也，詩曰：吉日庚午。上方之情樂也，樂行姦邪，辰未主之；下方之情哀也，哀行公正，戌丑主之，辰未屬陰，戌未屬陽，萬物各以其類應」，六情指的就是好、怒、惡、喜、樂、哀六種情緒，而將這六種情緒配上貪狼、陰賊、廉貞、寬大、姦邪、公正六種品德。「觀情以律」，可知六情是配合六德的。

〔註53〕韓詩以涉及文武者爲四始是魏源《詩古微》中的講法，參見黃振民《詩經研究》（臺北：正中，民國70年），頁157。

第三節　讖緯思維的基調——天人感應的思維方式

一、天人感應的思維方式

　　人是什麼？與其他動物有何分別？當人類意識到自身存在的殊勝時，自然會提出這樣的問題。人類是「宇宙的奇物，人是自然界一部份，受自然法則的支配而無法予以改變，然而他凌駕自然界的其他部份」這是人本心理學家佛洛姆對人的描述，〔註 54〕洪荒之間有了人類，人類以他的智慧闢草萊、創文明，但人卻又無可奈何的面臨了自身的有限性與特殊性，〔註 55〕有其超越的神性一面、卻也有無可避免的軟弱性，〔註 56〕所以當人類體察其獨特之價值，自會發出「惟天地，萬物父母；惟人，萬物之靈」（《僞古文尚書・泰誓篇上》）的贊歎；一旦遭逢挫折，又難免有「天者，人之始也……故勞苦倦極，未嘗不呼天也」（《史記・屈原賈生列傳》）的抑鬱。然而，人究竟是如何看待「天」的？此一問題所涉及的便是人在宇宙間的定位，〔註 57〕同時也就是「人」存在意義的反映。

　　人對天的種種觀念中最先出現的應該是「人格天」（主宰天）的觀念，而這也正是宗教的起源，〔註 58〕隨著理性的覺醒，人開始分辨福善禍淫的種

〔註 54〕佛洛姆以爲人與其他動物最大的區別在於：人在適應環境周圍的過程中缺乏本能的調適，而這種缺乏使人類有了更強的學習能力與頭腦。所以其他動物是不斷改變自己去適應環境的變邊，但人類則有能力去改變環境。參見佛洛姆《自我的追尋》（臺北：志文，民國 71 年）第三章。

〔註 55〕所謂「人的有限性與特殊性」指的是人有其肉體上的侷限，但在此有限的存有中卻能「走向意識的上昇過程」，參見《西洋哲學辭典》，第二〇三條。

〔註 56〕沈清松在〈老子的人性論初探〉一文中提到「人的主體被絕對化與無限化，這又與人的經驗我的有限性與軟弱性難以相容」。此文收在《中國人性論史》（臺北：東大，民國 77 年）。

〔註 57〕「人在宇宙間的定位」這一問題所涉及的便是人生論。參見張岱年《中國哲學問題史》（臺北：彙文堂，民國 76 年），第一篇、第一章。

〔註 58〕英文「宗教」（religion）一詞源自拉丁文 religio，religio 演變爲三個宗教用詞，即 relegere（to re-read）、religare（to re-bind）及 religere（tore-dect），而中國「宗教」一詞則始見於《景德傳燈錄》「滅度後，委付迦葉，展轉相承一人，此亦蓋論當代爲宗教主，如土無二王，非得度者唯爾數也」（〈圭峰宗密禪師答史山人十問〉之九），參見董芳苑《原始宗教》（臺北：長青文化，民國 74年）頁 36～37，卓新平《宗教與文化》（北京：人民，1988）頁 7～12。值得玩味的是 religare 所代表的「再結合」，這表示在西方的觀念中人神本是斷裂不通的，所以必須經由宗教上的努力「再結合」，這與中國傳統「天人合一」的觀念迥不相伴。

種糾結，於是對天的看法也有逐漸分化，關於這一問題，我們可藉由古人概念中的「天」來加以分析。在這方面已有不少學者做過解說：馮友蘭指出中國文字中的天有五義，即：物質之天、主宰之天、運命之天、自然之天、義理之天。〔註59〕唐君毅則以為中國所謂天道所指涉的意義有四：一、天道指上帝之道；二、天道指一般感覺所對之自然宇宙之道；三、天道為萬物究極之理；四、天道指全體普遍之道。〔註60〕勞思光則大致分天為形上天、人格天、意志天。〔註61〕張立文則分中國哲學中的天為：蒼蒼然的天，至高無上的人格神及理。〔註62〕傅偉勳參酌馮友蘭的五義，分天為六義：天地之天，天然之天，皇天之天，天命之天、天道之天及天理之天。〔註63〕從表面上看有三分、四分、五分、六分的區別，但究其實只是內涵開合之際互有出入，並非彼此概念上的不相容。〔註64〕而且，各家分法實與其所欲論述的對象有關，並不能因此有彼無而強斷其優劣。然則，只就天而論，區分天的種種含義，實不如就天人關係加以分類，因為捨人而論天，則天所代表的只有概念上的意義而較不易顯出人在其間的地位，在分類天人關係方面，楊慧傑已有嘗試。楊氏將天人關係分為（一）天人感應：包括《詩》《書》中所言的德、命符應說，及《墨子》與《易傳》的天人關係論。（二）天人合德：包括孔、孟及《中庸》的天人關係論。（三）因任自然：包括《老子》與《莊子》。（四）

〔註59〕 馮友蘭《中國哲學史》（坊間影本），頁54。馮氏並指出：「《詩》《書》《左傳》《國語》中所謂之天，除指物質之天外，似皆指主宰之天。《論語》中孔子所說之天，亦皆主宰之天也。」這便有待商榷了。

〔註60〕 唐君毅《哲學概論》（臺北：學生，民國67年），第一部、第五章，頁81～82。

〔註61〕 參見勞思光《中國哲學史》（香港，崇基，1980）第一卷、第一章。勞氏的形上天是指以天做為「形上學意義的實體」的觀念，而人格天則「表一主宰者，以意願性為本」，但對「意志天」則無說明。

〔註62〕 張立文《中國哲學範疇發展史：天道篇》（北京：中國人民大學，1989）頁65。張氏云「理」有的是「事物的客觀規律」，有的是「精神實體或倫常義理」。又云：天兼三義，納自然（天空之天、天地之天、天然之天）、神（皇天之天、天命之天），義理（天道之天、天理之天）三位一體。即視天有七種含義。

〔註63〕 傅偉勳，〈儒家思想的時代課題及其解決線索〉，《批判的繼承與創造的發展》（臺北：東大，民國75年），頁35。傅氏分天為六義的主要用心是在說明儒學形上學發展歷程。

〔註64〕 另也有針對《詩》《書》中的天做分析者，如傅佩榮《儒道天論發微》（臺北：學生，民國77年），第一部，便分出了天的五種性格：主宰者、造生者、載行者、啟示者與審判者。但作者同時指出這五種天的性格並非一成不變的保留在後世所出現的典籍中（頁72），也就是說這種歸類並不足以窮盡古人對天的觀點，所以本文不加以討論。

天生人成：《荀子》。〔註65〕在這四種類型中，「天生人成」也許是最富「科學」意味的，但在中國傳統的天人關係中卻只能算是異數。〔註66〕「因任自然」則在藝術的領域中影響深遠，〔註67〕若就整體來看，居主流地位的厥爲「天人合德」與「天人感應」二類型。這兩類型有一共通性，即同在「天人

〔註65〕 楊慧傑《天人關係論》（臺北：大林，民國70年），第十一章，頁193～194。楊氏並指出「這四個類型除了荀子的天生人成說之外，其餘三個類型，都可以統攝在『天人合一』的模式之下，也就是說，他們都講天人合一，而講法不同，目的也不同」，其實這種說法唐君毅早已提出，見〈中國原始宗教信仰與儒家天道觀之關係兼釋中國哲學之起源〉，《中西哲學思想之比較論文集》（臺北：學生，民國77年），張立文稱唐君毅的說法「失之簡單」，其實也未必是失之簡單，因爲天人合一是綜合說，若分別來看，自會有種種說法（同註61所引書，頁50）。又，楊氏將《易傳》歸入「天人感應」一類，這是值得商榷的，楊氏的理由是：《繫辭傳》「陰陽不測之謂神」是說陰陽運行神奇奧妙，變化莫測就是神，這個了解與孟子、《中庸》完全不同。孟子、《中庸》言神，純就人的道德而言，也就是從道德上轉化了原始的天神而來。《繫辭傳》就陰陽變化言神，純就自然而言，與人的道德無關（頁179），又以爲：孟子的事天或法天是以存心養性爲前提，《繫辭傳》的「天生神物，聖人則之；天地變化，聖人效之」，則由感應言法天，主位在天而不在人，精神上無異又重新回到古老的宗教傳統（頁182）。但我們以爲楊氏不但摘句爲評，而且太泥於字面意義了，因爲〈咸卦・象傳〉固然提感應，但這可能是《象傳》的旁枝思想，因解卦辭而不得不然的講法，《易傳》的言神只就陰陽變化來談，而非反回人格天的宗教領域，這只要對《易傳》作全面的理解便可清楚明白：「昔者聖人之作易也，幽贊於神明而生蓍，參天兩地而倚數，觀變於陰陽而立卦，發揮於剛柔而生爻，和順於道德而理于義，窮理盡性以至于命。」（〈說卦〉）「化而裁之存乎變，推而行之存乎通，神而明之，存乎其人。默而成之，不言而信，存乎德行。」（〈繫辭傳上〉）「天地之道，恒久而不已也。利有攸往，終則有始也。日月得天而能久照，四時變化而能久成，聖人久于其道而天下化成。觀其所恒，而天地萬物之情可見矣。」（〈恒卦・象傳〉）換言之，《易傳》對天人關係所採取的是「宇宙論的進路」（cosmological approach），但這種宇宙論的進路又不同於西方宇宙論，而是一種以道德爲主的宇宙論，與儒家天人合德觀念的進路是一致的。參見徐復觀《中國人性論史：先秦篇》，頁212～226。牟宗三《中國哲學的特質》，第八講。范良光《易傳道德的形上學》（臺北：商務，民國79年），第一章，此書將對《易傳》所習見的一些誤解，包括勞思光的說法，都做了扼要的釐清。

〔註66〕 荀子的「天地生之，聖人成之」的講法，其目的無非在突顯人文的價值，將禮義之統安在人間，這與孔孟的天人合德大異其趣，與老莊的因任自然也迥然不同，在先秦是一異數，在中國思想史上也是異數，但就本質義來看，「天生人成」的講法與近代科學精神實在並不同科，只是就發生義上來講，彼此形式上雷同吧了。

〔註67〕 參見徐復觀的《中國藝術精神》（臺北：學生，民國72年），顏崑陽《莊子藝術精神析論》（臺北：華正，民國74年）。

合一」〔註68〕的理念下定位人的存在。只是所合的「一」彼此不同而造成殊途，也許這正是菁英文化（elite culture）與大眾文化（popular culture）在共時發展中無可避免的現象。〔註69〕「天人合德」這一詞用的是《易・文言傳》的「大人者，與天地合其德，與日月合其明，與四時合其序，與鬼神合其吉凶，先天而天弗違，後天而奉天時」。〔註70〕在「天人合德」的觀念中，天是道德、是善，自周初「人文精神的躍動」，人自覺地擔當起問題的責任，有了「憂患意識」，〔註71〕這正表示了天人關係進入了一個嶄新的領域，人與天的關係定位在「敬」而非「畏」，便遠離宗教而顯人文精神，〔註72〕至此以降，天人合德的觀念在士大夫階層便不斷地傳承著，及至孟子，將天人合德加以理論化，〔註73〕到《中庸》而有極致的發展。〔註74〕

〔註68〕 楊儒賓以為天人合一是一語意模糊的詞彙，可能會依此而導致整個解釋系統的易位，這種顧慮是合理的，不過，天人合一這一詞彙卻很能清楚表現天人關係，只要界定清楚應無太大困擾。楊文見，《中國古代天人鬼神交通之四種類型及其意義》（台大中研所博士論文），第一章。至於黃樸民以為天人感應與天人合一是兩個不同的概念，前者是粗疏的、不系統的；後者成系統，體大思精，由董仲舒所創立，天人感應是用，天人合一是體……這種講法忽略了天人合一其實有多種論證方式，天人感應也非只是單純的、原始的概念。黃文見文史哲季刊，1988 年第四期。

〔註69〕 所謂「菁英文化」與「大眾文化」也就是早期史學界所通稱的「大傳統」與「小傳統」，參見余英時，〈漢代循吏與文化傳播〉，收在《中國思想傳統的現代詮釋》（臺北：聯經，民國 76 年），頁 167～168。

〔註70〕 這一則中的「與鬼神合其吉凶」指的鬼神並不是宗教意義的鬼神，參見註 65 所引書。

〔註71〕 徐復觀《中國人性論史：先秦篇》，第二章。

〔註72〕 參見牟宗三《中國哲學的特質》，第三講。

〔註73〕 孟子曰：「盡其心者，知其性也；知其性，則知天矣。存其心，養其性，所以事天也。殀壽不貳，修身以俟之，所以立命也」（〈盡心上〉）這是一個由內往上推的過程，由存在而推至超越的根源，盡其心指的是發揮人與生俱來的四端（惻隱、羞惡、辭讓、是非）之心，盡其心則能知其性，可見此性乃是道德義的善性，「口之於味也，目之於色也，耳之於聲也，鼻之於臭也，四肢之於安佚也，性也，有命焉；君子不謂性也。仁之於父子也，義之於君臣也，禮之於賓主也，智之於賢者也，聖人之於天道也，命也，有性焉；君子不謂命也」（〈盡心下〉）由此得來的「盡心知性知天」「存心養性事天」莫不含天人合德的企圖在內，而這也成為儒家正統哲學的理則。

〔註74〕 「天人合德」的極致表現在《中庸》一書中，《中庸》所展現的天有形上義與道德義，是孔孟心性論的進一步發展，首章即指出「天命之謂性，率性之謂道，修道之謂教」，人之性乃是天之所命，所以「思知人不可以不知天」（二十章），但悠悠蒼天究竟要如何「知」呢？二九章提到了：「故君子之道本諸

　　不過，不可否認的是「天人合德」的觀念，在人類思想上雖有其卓特的價值，但，這畢竟只是少數菁英份子才有此種自覺，對多數人來說，是不會也不能夠翻轉到這一層來的，多數仍是繼承古代的信仰。若採取的是這一進路，則天人關係自然會落在感應上。換言之，「天人感應」的觀念是較具有宗教意趣的，〔註75〕而且其源流遠較「天人合德」來的長，其影響也更深遠。〔註76〕所謂「天人感應」，我們可以舉《史記‧樂書》所說的「天與人有以相通，如景之象形，響之應聲。故為善者天報之以福，為惡者天與之以殃，其自然者也」來做為簡單的界定，亦即天道人事是有以相應的，這與「天人合德」的最大差異就在「天人合德」是以道德來規定天，人的行為也以體現道德為首要目標，而「天人感應」中的天則為主宰意味強烈，具有宗教氣息的人格天為主，強調感應、果報等現象。

　　由於天人感應是種普通的心理狀態，隨著時代的思想的演進，「天人感應」的具體內容毫無疑問的也會隨之增減，大體而言，天人感應的起源及其運用可以遠溯至原始的巫術，〔註77〕巫就是溝通天人的媒介，《國語‧楚語下》云：「古者民神不雜，民之精爽不攜貳者，而又能齊肅衷正，其智能上下比義，其聖能光義遠宣朗，其明能光照之，其聰能聽徹之，如是則明神降之，在男曰覡，在女曰巫」，透過巫覡為媒介，人能知上帝的旨意，天人就有了共感的

　　身，徵諸庶民，考諸三王而不謬，建諸天地而不悖，質諸鬼神而無疑，百世以俟聖人而不惑。質諸鬼神而無疑，知天也，百世以俟聖人而不惑，知人也。」足見天人之間是靠德來綰結的，而更清楚宣明天人合德的則是第二十二章的：「惟天下至誠，為能盡其性；能盡其性，則能盡人之性；能盡人之性，則能盡物之性；能盡物之性，則可以贊天地之化育，可以贊天地之化育，則可以與天地參矣。」人若能盡其性則可參贊天地的化育，簡中所表現出對人之價值的肯定與天人合德的證成是再清楚不過了。不過，孔孟主論心性罕言天道，何以到了《中庸》會突顯天的地位？這是值得探究的問題。我們固然可以說這是《中庸》作者推極孔孟本旨所做的理論引申與強化，但也不能忽視戰國末年學者「談天」的風氣，談天即是談人的定位，《中庸》作者逢此思潮，秉孔孟本旨而推之於天，所以開宗明義即指出天人關係。關於《中庸》思想結構的論證討論者眾，以高柏園的《中庸形上思想》（臺北：東大，民國 77年）論述最詳，茲不據引。

〔註75〕較具有宗教理趣，但卻非宗教，尤其天人感應漸成為學說之後，又分化為知識與通俗兩類。讖緯算是知識階層的東西，巫術、方技等則屬於通俗一類。

〔註76〕換言之，天人合德因具有哲學上的理趣所以為後人所重視，但其影響力究竟是遠不如天人感應。

〔註77〕馬凌諾斯基對巫術的功能與意義有較詳盡的解說，參見《巫術、科學與宗教》（臺北：協志工業，民國 78 年）。

憑藉。及民智日興，巫的絕對權威喪失，轉而潛沈於民間，此時天人間的溝通不必再經由特定的媒介，人格神的察照無所不在，「觀乎天文，以察時變」，天垂象便可見吉凶，《左傳》、《國語》多有這種思想的記載。這種近似宗教的果報思想，到了陰陽家手上開始有了變化，陰陽家「序四時之大順」（史記·太史公自序），將天人感應賦予理論上的依據，實爲天人感應思想的一大進展，換言之，此時的天人感應已成了一種學說。

　　然而一種學說的成立必定回應著某種問題，亦即這種學說及其所面臨的問題構成了一個問題與解答的情境，柯靈烏（R.G. Collingwood）指出：一個已知命題的倒底是眞是僞，有意義或是無意義，此乃決定於它要回答的問題是什麼，〔註78〕那麼，陰陽家的課題是什麼？顯而易見的，是秩序的建立。秩序的建立是各個時代共通的問題，在這種問題與解答的敦促下，各時代有各時代的方法。從早期單純的禁忌，〔註79〕再到宗教的福善禍淫，再散爲天文預言、八卦、五行、災異等等的術數，漸漸形成一套龐雜的運作系統，成爲一種解釋性的典範。陰陽家正是將這些觀念收攝，並加以融合成一套思維方式，〔註80〕唐君毅先生就指出陰陽家是「混合雜揉人之推理、想像、功利要求、與道德要求所形成的一思想方式，然此自爲人所可有之一思想方式，亦實爲一般人在日常生活中，自然而然最易形成之一思想方式。此即陰陽思想之本質所在，而其原最遠，其影響于後世至大之故也」，〔註81〕陰陽家結合陰陽五行，運用「類比法」，成爲解釋萬物消息的定性典範。〔註82〕然而更重要的是，將「陰陽」抽象而得的「氣」，使得天人感應有了新的意涵，因爲單用類比法雖可將天人用陰陽五行縮結爲一，但這種縮結畢竟是屬於外在現象的比附，天人感應仍是屬於形式上的，天人之間仍乏一形而上的基礎，換言之，此時天人感應仍是信仰意味大於學說意涵的，但提出「氣」做爲天人感

〔註78〕柯靈烏著，黃宣範譯，《柯靈烏自傳》（臺北：故鄉，民國 74 年），頁 51。

〔註79〕禁忌（taboo）其實也就是維持社會規範的一種方式，佛洛依德在《圖騰與禁忌》（臺北：志文，民國 72 年）一書有詳細的解說。

〔註80〕這是說陰陽家運用陰陽五行等方法將事物做分類，使之安置在一定的秩序之下，從而形成一套思維方法。

〔註81〕唐君毅，《中國哲學原論·原道篇貳》（臺北：學生，民國 69 年），頁 170。

〔註82〕劉君燦在〈生剋消長——陰陽五行與中國傳統科技〉一文指出：陰陽五行與元氣的學說是一個定性的典範，而不是定量的典範，因此不是近代科學的結構；陰陽五行還只是一個解釋性的典範，不是預測性的典範。此文收在《科技史與文化》（臺北：華世，民國 72 年）。

應的形上依據，天人成了同質的存有，天與人方能符應若茲。

　　不過陰陽家對「氣」所完成的天人同質理論似乎尚未有自覺，只是在發展定性典範的過程中不經意帶出的論點，陰陽五行與氣仍是各行其是，反不如《黃帝內經》巧妙地結合陰陽五行與氣而發展出一套天人相通的理論，〔註83〕「《內經》思想中，發揮天人關係最明顯的運氣說，即除了綰合陰陽、五行外，還聯結十天干、十二支、六氣等，以構成一複雜的體系」〔註84〕這種源出醫學上將人體比附宇宙的學說為漢代哲學所吸收，〔註85〕使天人感應的內容更加豐富。

二、讖緯的思維基調

　　讖緯內容雖然龐雜，但思維基調其實就是這種「天人感應」的思想，由這種思想而建構出秩序井然的宇宙觀。值得留意的是讖緯以「人副天數」、「官制象天」來證明天人為同質的存在，並以災異、祥瑞來規範宇宙秩序。在災異、祥瑞思想中尤具代表性的是天文預言，所以我們就以「人副天數」、「官制象天」及「天文預言」三項來說明讖緯的思維基調。

（一）人副天數

　　在「同氣」的理論下，天道與人事是相貫通的，相貫通的具體顯現就是「人副天數」，《淮南子》及《春秋繁露》都提到「人副天數」，這種天人的類比在讖緯中有更進一步的闡發。〔註86〕所謂「人有十八象，皆法天地」（〈援神契〉），究竟是那十八象，又如何法，雖未必皆能指出，但以下的這些記載

〔註83〕參見金春峰，〈漢代自然科學方法論及其與哲學的相互影響〉，《兩漢思想史》（北京：社科院，1985）。

〔註84〕楊儒賓，《中國古代天人鬼神交通之四種類型及其意義》（台大中研所博士論文），第五章。

〔註85〕仝上文，及註92所引文。

〔註86〕但這並不是說讖緯人副天數的理論就是《淮南子》及《春秋繁露》的繼承，事實上，讖緯的人副天數理論更有可能是來自《黃帝內經》之類的醫學著作。但讖緯中對董仲舒以陽陰說性情理以及命的理論均有闡發，如「行善得善曰受命，行善得惡曰遭命，行惡得惡曰隨命。」（〈援神契〉），「命有三科，有受命以保慶，有遭命以謫暴，有隨命以督行。」（〈援神契〉），「性者人之質，人所稟受產，情者陰之數，內傳著流，通於五藏，故性為本，情為末，性主安靜，恬然守常，情則主動，觸境而變，動靜相交，故間微密也。」（〈援神契〉），「情生於陰，欲以時念也；性生於陽，以就理也。陽氣者仁，陰氣者貪，故情有利欲，性有仁也。」（〈鉤命決〉）。

倒也能提供一些訊息：

> 是故爲人，取象於天地。庭法紫微，顏法端門，頤爲輔，北斗以應
> 人之七孔，昆侖爲顚，嵩高爲準，目以象河，口以象海，耳爲附城
> 邊界亭堠也。(〈元命包〉)

> 腰而上者爲天尊，高陽之狀；腰而下者爲陰豐，厚地之重，數合於
> 四，故腰周四尺，髀之爲言跋也，陰二，故人兩髀。(〈元命包〉)

> 人髮與星辰俱設，髮時墮落者，以星不流絕也。(〈元命包〉)

> 掌圓法天，以運動，指五者法五行。(〈元命包〉)

這是就整體來說的，仍是以天地爲比喻，不過已加入了天地數字，像這種加
入天地數字的情況在讖緯中並不少見：

> 頭者神所居，上員象天，氣之府也，歲必十二月，故人頭長一尺二
> 寸。(〈元命包〉)

> 天有攝提，人有兩眉，爲人表候，陽立於二，故眉長二寸。(〈元命
> 包〉)

> 在天爲文昌，在人爲顏顙，太一之謂也。顏之言氣畔也，陽立於五，
> 故顏博五寸。(〈元命包〉)

> 舌之爲言達也，陽立於三，故舌在口中者長三寸。象斗玉衡，陰合
> 有四，故舌淪入溢內者長四寸。(〈元命包〉)

> 心者火之精，火成於五，故人心長五寸。(〈元命包〉)

> 陽立於三，故人脊三寸而結，陰極於八，故人旁八，幹長八寸，齊
> 者下流，並會合爲齊腹。(〈元命包〉)

這些天地數字其實是頗爲牽強的，如依這些數字則一個標準的人是：頭長一
尺二寸，顏寬五寸，眉長二寸，舌長三寸，腰圍四尺，這些數據都是上法天
象的，然則〈文曜鉤〉在同依天人感應的思維方式，卻得出：「氣隨人形，
故南方至溫，其人大口，象氣舒緩也；北方至寒，其人短頸，象氣急縮也；
東方山谷所注，其人小頭兌形，象木水上也……」的結論，尤其聖王賢相更
有特異風貌，可見同在一種思維方式下，各家仍有不同的理論。再則，以五
行配五臟，漢代今古文家說法不一。《禮記・月令・疏》云：「今文尚書歐陽
說：肝木也，心火也，脾土也，肺金也，腎水也。古文尚書說：脾木也，肺
火也，心土也，肝金也，腎水也」，許愼《說文解字》解五臟用的就是古文

家的說法。讖緯中對五行配五臟的說法頗為一致，理論最完足的是下引的這一段：

> 官有六府，人有五藏。五藏者何也？謂肝心肺腎脾也。肝之為言干也，肺之為言貴也，情動得序。心之為言任也，任於恩也。腎之為言寫也，以竅寫也。脾之為言辨也，所以積精稟氣也。五藏：肝仁、肺義、心禮、腎智、脾信也。肝所以仁者何？肝、木之精也，仁者好生，東方者陽也，萬物始生，故肝象木，色青而有枝葉。目為之候何？目能出淚，而不能內物，木亦能出枝葉，不能有所內也。肺所以義者何，肺者金之精，義者斷決，西方亦金，成萬物也，故肺象金，色白也。鼻為之候何？鼻出入氣，高而有竅，山亦有金石累積，亦有孔穴，出雲布雨，以潤天下，雨則雲消，鼻能出納氣也。心所以為禮何？心、火之精也，南方尊陽在上，卑陰在下，禮有尊卑，故心象火，色赤而銳也，人有道尊，天本在上，故心下銳也。耳為之候何？耳能遍內外，別音語，火照有似於禮，上下分明。腎所以為智何？腎者水之精，智者進而止，無所疑惑，水亦進而不惑，北方水，故腎色黑，水陰，故腎雙。竅為之候何？竅能瀉水，亦能流濡。脾所以信何？脾者土之精也，土尚任養萬物，為之象，生物無所私，信之至也。故脾象土，色黃也。口為之候何？口能啖嘗，舌能知味，亦能出音聲，吐滋液。（《樂緯‧動聲儀》）

也有將五臟再配上星辰及五德的，如：

> 目者肝之使，肝者木之精，蒼龍之位也。鼻者肺之使，肺者金之精，制割立斷。耳者心之候，心者火之精，上為張星，陰者腎之寫，腎水之精，上為虛危。口者脾之門戶，脾者口之精，上為北斗，主變化者也。（〈元命包〉）

> 人頭圓象天，足方法地，五藏象五行，四肢法四時，九竅法九分，目法日月，肝仁，肺義，賢智，心禮，膽斷，脾信，膀胱決難，髮法星辰，節法日歲，腸法鈴。（〈援神契〉）

> 肝仁故目視，肺義故鼻候，心禮故耳司，腎信故竅寫，神智故口誨。（〈援神契〉）

我們可以將這些講法製成一表：

五　行	五　臟	五　官	五　色	五　方	五　德	星　宿
金	肺	鼻	白	西	義	□□
木	肝	目	青	東	仁	蒼龍
水	腎	（陰）	黑	北	信	虛危
火	心	耳	赤	南	禮	張星
土	脾	口	黃	中	智	北斗

北斗居中，所以與土相應，張、星爲二十八宿中南方朱雀的距星，虛、危爲二十八宿中北方玄武的距星，二十八宿中東方七宿稱蒼龍，〔註87〕很明顯與金相應的必是白虎，這種配合方式就是〈元命包〉所說的：「人之七孔，內法五藏，外方五行，庶類氣契度也」，也是人副天數下的一種運用。

（二）施政法天

在天人感應的思維下，人既副天數，自然官制也是象天，《論語·讖考》就說：「黃帝受地形，象天文以制官」，至於具體的內容，〈元命包〉載有：「立三台，以爲三爲公，北斗九星爲九卿，二十七大夫內宿部衛之列，八十一紀以爲元士，凡百二十官爲，下應十二子，」既然人副天數、官制象天，自然天子的施政也要法天，這是在天人感應思維下必有的措施。《春秋·元命包》云：「天人同度，正法相授，天垂象，人行其事，謂之教，教之爲言效也，上爲下效，道之始也。」，《尚書·考靈曜》也說：「通天文者明，審地理者昌，明者天之時也，昌者地之財也，明王之治，鳳凰下之」，所以施政法天是自然的，讖緯中對施政法天的具體措施有如下的記載：

> 春發令於外，行仁政，從天常，其時衣青。夏可以毀金銷銅，使備火，敬天之明，其時衣赤。中央土，舉有道之人，與之慮國，可以殺罪，不可起土功，犯地之常，其時衣黃。秋無毀金銅，犯陰之剛，用其時持兵，宜殺猛獸，其時衣白。冬無使物不藏，母害水道，與氣相保，其時衣黑。（〈考靈曜〉）

這是屬於原則性的說明，〈考靈曜〉中另有一段完整的說明：

> 氣在於春，其紀歲星，謂大門，禁民無得斬伐有實之木，是謂伐生絕氣，於其時諸道皆通，與氣同光。佩倉璧，乘蒼馬以出遊，衣青之時，而是則歲星得度，五穀滋矣。

〔註87〕關於二十八宿等星象，第三章第二節有較詳細的說明。

氣在於夏，其紀熒惑，是謂發氣之陽，可以毀骨消金銅，舉與氣同光，使民備火，皆盛以寶，是謂敬天之明，必勿行武，與季相輔，初夏之時衣赤，與季同期，而是則熒惑順行，甘雨時矣。

氣在於季夏，其紀填星，是謂大靜，無立兵，立兵命曰，犯命奪人一畝，倍四以千里，殺人不當，倍四以長子。不可以起土功，是謂觸，天犯地之常，滅德之光，可以居正殿，安處舉有道之人，與之慮國家，以順盛時，時利以布大德，脩禮義，不可以行武事，可以大赦罪人，其禮衣黃，是謂順陰陽奉天之常，而主德中央，而是則填星得度，地災，近者視，遠者來矣。

氣在於秋，其紀太白，是謂大武，用時治兵，是謂得功，非時治兵，其令不昌，禁民無得毀消金銅，是謂犯陰之則，當秋之時，使太白不明，秋以起土功，與氣俱彊，然猛獸，事欲急，以順秋金衣白之時，而是則太白出入當，五穀成熟，民人昌矣。

氣在於冬，其紀辰星，是謂陰明，無發冬氣，使物不藏，無害水道，鶩氣相葆，物極於陰，復始為陽，其時衣黑，與氣同則，如是則辰星宜放其鄉，冬藏不泄，少疾喪矣。（〈考靈曜〉）

這種施政法天的理論其實正是《呂氏春秋》〈十二紀〉的翻版，將四時配上五行，結合時令與天文，構成天人一氣、上下相感的政治理想，將之落實在農事上，就是〈考靈曜〉所說的：「主春者鳥星，昏中，可以種稷；主夏者心星，昏中，可以種黍；主秋者虛星，昏中，可以種麥；主冬者昴星，昏中，則入山，可以斬伐具器械，王者南面而坐，視四星之中者，而知民之緩急，急則不賦力役」，如此則上下就序，無虞失時了。

不過，施政法天的情況不只是這種原則性的說明，事實上這種理念廣佈在各種措施中，如建築、藝術、祭祀中均見到，[註88] 甚至刑罰也是象天，《尚書緯・刑德放》中有這樣的記載：

大辟之屬二百，象天之刑。

大辟象天刑罰，贖之數三千，應天地人。

〔註88〕如漢宮名為未央宮，乃是因八卦中乾卦為天位在西北，坤卦為地位在西南，西南於十二地支中屬未，天之中央為帝星所居的紫微宮，地之中央於方位便是未央，所以天子所居之宮便名之為未央宮，參見陳江風《天文與人文》，第五章。

> 剸屬千，象七政，日月五星，應政變易，膌象七精宿變易，即氣色
> 生也，墨之屬千，斗度變往名。

雖然具體內容不是很清楚，但可以知道這套思維方式將人事的制度巧妙的結合在一起，完成一套施政法天的政治措施。

（三）天文預言

讖緯內容中比重最大的是天文預言，今日看這類天文預言固然覺得荒誕，不過這是因為典範間「不可共量性」所造成的，單就天文預言所根據的原則來看，其間還是有些理序可說，《淮南子・天文訓》就提到：

> 何謂五星？東方木也，其帝太皞，其佐句芒，執規而治春，其神為歲星，其獸蒼龍，其音角，其日甲乙。南方火也，其帝炎帝，其佐朱明，執衡而治夏，其神為熒惑，其獸朱鳥，其音徵，其日丙丁。中央土也，其帝黃帝，其佐后土，執繩而制四方，其神為鎮星，其獸黃龍，其音宮，其日戊己。西方金也，其帝少昊，其佐蓐收，執矩而治秋，其神為太白，其獸白虎，其音商，其日庚辛。北方水也，其帝顓頊，其佐玄冥，執權而治冬，其神為辰星，其獸為玄武，其音羽，其日壬癸。

這段資料可以整理為下表：

方 位	五 行	神	佐	執	四 時	五 星	獸	音	日
東	木	太皞	句芒	規	春	歲星	蒼龍	角	甲乙
南	火	炎帝	朱明	衡	夏	熒惑	朱鳥	徵	丙丁
中央	土	黃帝	后土	繩	四方	鎮星	黃龍	宮	戊己
西	金	少昊	蓐收	矩	秋	太白	白虎	商	庚辛
北	水	顓頊	玄冥	權	冬	辰星	玄武	羽	壬癸

所謂「規生矩殺，衡長權藏，繩居中央為四時根，道曰規始於一」（〈天文訓〉），這應是當時的通說。讖緯就有相當類似的句子：

> 歲星為規，熒惑為矩，鎮星為繩，太白為衡，辰星為權，權衡規矩繩，並皆有所起，周而復始，故政失於春，歲星滿偃，不居其常；政失於夏，熒惑逆行；政失於季夏，鎮星失度；政失於秋，太白失行，出入不當；政失於冬，辰星不效鄉；五政俱失，五星不明，春政不失，五

> 穀孛，夏政不失，甘雨時，季夏政不失，時無災，秋政不失，人民昌，
> 冬政不失，少疾喪，五政不失，日月光明，此則日月五星共爲七政之
> 道，亦名七曜，以其是光曜運行也。（《尚書緯·考靈曜》）

即是將五星視爲標準，配上五行、四時、五方，五星明的祥瑞其實只是生長收藏的另一種表達方式，季夏安不進生長收藏的規律中，所以名之爲「時無災」。星占吉凶大致就是本此原則。

至於天文預言的另一大支——干支占，《淮南子·天文訓》也提到了一些規律：

> 甲、齊，乙、東夷，丙、楚，丁、南夷，戊、魏，己、韓，庚、秦，
> 辛、西夷，壬、衛，癸、越。子、周，丑、翟，寅、楚，卯、鄭，
> 辰、晉，巳、衛，午、秦，未、宋，申、齊，酉、魯，戍、趙，亥、
> 燕。甲乙寅卯、木也，丙丁巳午、火也，戊己四季、土也，庚辛申
> 酉、金也，壬癸亥子、水也。水生火，火生土，土生金，金生水。
> 子生母曰義，母生子曰保，子母相得曰專，母勝子曰制，子勝母曰
> 困，以勝擊殺，勝而無報。

十天干、十二地支各有屬地，再配以五行生剋，即成一以五行爲基準的干支占，類似這種占法讖緯頗有記載，如：

> 日以子丑，二辰變色，齊楚之邦，非兵即旱，其君多疾，若色黑白，
> 必有水與喪。
>
> 日以寅卯，二辰變色，燕宋之郊，青草不生，糴貴四倍，若色青色，
> 其君有憂，且多火災。
>
> 日以辰巳，日變色，鄭楚之邦，水旱不調，兵民戕賊，必有失地之
> 主，若色怒而赤，其邦亡旱三年。
>
> 日以午未，二辰變色，西秦與東周，各有強兵相侵，戰爭不息，若
> 色黑白，周國有殃，秦邦禍輕。
>
> 日以申酉，二辰變色，趙魏之邦，兵甲滿野，大水入城，傷民，若
> 色青白，其災二年乃息。
>
> 日以戍亥，二辰變色，魯衛之邦，君臣不和，上下各有陰謀，若月
> 色赤者，君逐其臣，月色黑者，臣逐其君。（《尚書緯·璇璣鈐》）

這是有關「日月」的天文預言，第一、二、六則的日當爲月之誤，國名的排

列恐怕也有錯誤，如楚既出現在子丑，又出現在辰巳，但方法大致是以十二辰爲斷，以十二辰的方位配上國名，再依五行來斷災異，如子丑位居東北至東北東，五行屬水，時節爲冬，秋冬相結，〔註89〕秋爲金，主兵，所以有「非兵即旱，其君多疾，若色黑白，必有水與喪」的預言：仿此，寅卯位居東北至正東，五行屬木，時節爲春，主生長，春夏相結，夏爲火，所以有「青草不生，糴貴四倍，若色青色，其君有憂，且多火災」的預言。這種干支占的方法自是不只一種，所以十二辰或視爲時間、或視爲方位，不一而足。

另外，《孝經緯・雌雄圖》亦提到：

> 子日日蝕者，燕國王死，期在五月十一月。丑日日蝕者，趙國王死，期在六月十二月。寅日日蝕者，齊國王死，期在七月正月。卯日日蝕者，魯國王死，期在八月二月。辰日日蝕者，楚國王死，期在九月三月。巳日日蝕者，宋國王死，期在十月四月。午日日蝕者，梁國王死，期在五月十一月。未日日蝕者，沛國王死，期在六月十二月。申日日蝕者，陳國王死，期在七月正月。酉日日蝕者，鄭國王死，期在八月二月。戌日日蝕者，韓衛王死，期在九月三月。亥日日蝕者，秦魏王死，期在十月四月。

與上則相較，可知干支占有以日分、時分等的不同，不過大體說來，天文預言乃是依五行生剋及月令等原則而下判語的，底下我們便依此在日月、五星、彗星三類天文預言中各舉數例，來說明天文預言與天人感應的關係。

（一）日　月

日月最常見的異變當是日月蝕了，而天莫明於日，在天人感應的運用下，與日相配的自然是人君了，所以日蝕的天文預言大都與人君有關，甚或更擴大到整個國家，至於月與日相配，其地位相當於人臣，所以與月蝕相應的人事大都與大臣有關，〈推度災〉就說：「蝕者食也，如蟲嚙食，食於日，主人君；食於月，主人臣」，底下我們就依這個原則分析試著分析幾則天文預言：

> 日出而暈，必有敗主；不，乃有師破。（《洛書》）

> 月犯塡星，爲亡地，期不出十二年，其國以饑亡。一曰：天下且有大喪。（《河圖・帝覽嬉》）

日出而暈象徵君權有失，所以「必有敗主」，或者因「國之大事，在祀與戎」，

〔註89〕《尚書緯》有「春夏相與交，秋冬相與互，謂之母成子，子助母」的講法。

其失在軍旅之事，這都是很符合天人感應思維方式的聯想。第二則的塡星屬土，月犯塡星可以想成「亡地」，亡地自然流離失所，會導致「其國以饑亡」，至於以十二年爲期限乃因塡星繞日一周接近十二年。可見這些看似詭異的天文預言其間仍是有些理序可尋的。

（二）五　星

讖緯中有關五星天象預言的資料頗多，這與中國古代特重五星的觀測有密切關切，馬王堆漢墓中就帛書《五星占》，〔註90〕其占語多依五行生剋爲斷，如「熒惑與辰星遇，水火也，舉事大敗」，而這種斷語《河圖・玉版》也有一些記載：

歲星位在東方，主慶喜之事，主屋宇梁棟。

熒惑位在南方，主焚燎毀蕩之事。

鎮位在中央，主土功，主禽獸，主林隉，光明八方歸德。

太白位在西方，主兵鬥，主玉石。

辰星位在北方，主災哭悼大哀圖裏之憂，主出陵沙石。

這些原則並不難理解，東方主生所以是慶喜之事，而東方蒼龍中的房、心均與屋宇有關，所以配上建築是很自然的聯想；熒惑爲火，與焚燎毀蕩相關；太白在西方屬金，色白，所以主兵鬥、主玉石；北方爲水，萬物收藏，生氣消，所以主哭悼大哀。依這些基本原則我們可以看看如下這幾則有關五星的預言：

歲星守天關，在其北，民流死，在西，民以風災死者，虎狼入國，在其南，狗多狂亡，在其東，不利嬰兒。(《孝經緯・內事》)

熒惑守昂，天下多獄，其政煩，雨澤不時，歲爲中。(《孝經緯・內事》)

太白犯大角，天下亂，大起兵，強臣謀，主若貴人被戮，期一年。(〈文曜鉤〉)

辰星之南斗，天下大水，五穀傷，人民饑，辰星居南斗，河戌間道不通。(〈文曜鉤〉)

塡星守營室，邦君有喜，賜其爵祿，有封土者。(《河圖》)

〔註90〕參見陳遵嬀《中國天文學史・星象編》，第十八章第二節。

歲星主收成，屬木，若不居其位常見的災異是流離失所，所以這一則就提到「民流死」，西方於八卦屬巽，巽爲風，在其北恐有「風災死」者；西方於四象屬白虎，所以其災可能有「虎狼入國」。東方爲始生之位，所以在其東，會「不利嬰兒」，這一則裏除「在其南，狗多狂亡」較難解外，其餘均可依基本原則尋得其中規律。第二則的「昴」爲西方七宿中的距星，《史記正義》云：「昴七星爲髦頭，胡星，亦爲獄事」，也就是說昴宿因看似朦朧彷彿，有如獄事的似斷未斷，所以熒惑守昴會「天下多獄」，又因熒惑爲火，故會造成「雨澤不時」的災害。第三則的大角，《史記・天官書》說是「天王帝廷」，太白即金星，屬金主兵，所以會「天下亂，大起兵」，至於爲何會「期一年」？這或許是因太白星的公轉周期爲 0.65 年，所以就以一年爲期限吧。第四則的南斗爲北方七宿的距星，南斗爲爲銀河所經，辰星主水，逼近南斗表示天下大水，若居此正表示水盛，會造成「河戌間道不通」。第五則的填星屬土，而「營室爲清廟，曰離宮，閣道」（《史記・天官書》），即與建築攸關，所以填星居此相得益彰，「有封土者」。

（三）彗　星

對彗星這類逸出規範外的不速之客，古人是特別留意的，甲骨文中已有彗星的記載，馬王堆漢墓帛畫中更有二九幅彗星圖及其占辭，[註 91] 當然這些天文預言大都是有關災異的，讖緯亦然，《春秋・文曜鉤》說：「彗星不吉之星，其見無期，其出行無度，遇聖主則伏而不見，遇暴君則出而助虐，故又名天賊，亦名天狗」，可知在天文預言中，彗星出現與否是政局良窳的一項判準。

> 彗星出北斗，中宮中火起。（〈雌雄圖〉）
>
> 彗星出織女，后黨爲亂，貴女有誅者，若有女變，期百八十日。（〈文曜鉤〉）
>
> 彗星出帝座，大臣爲亂，守之不去，貴人有變更政令。（〈帝覽嬉〉）
>
> 彗星入箕，天下大旱，穀貴，人民飢，十有五死。（《河圖・聖洽符》）
>
> 彗星出填，街塞路，九州粉碎，庶人爲王。（〈文曜鉤〉）

北斗象徵天廷，所以彗星出北斗中宮有災；織女主女工，也是后妃的象徵，彗星出織女，所以說后黨爲亂，這種類比自是漢代政情的反映；帝座爲天子

[註91] 參見陳遵媯《中國天文學史・天文紀事編》，第二六章第一節。二六章第一節。

所居，彗星出帝座必是君權有失，大臣為亂；箕為東方七宿的距星，東方主生，彗星入箕表示害生，所以有天旱、穀貴等的災害；填為土星，居中，彗星出填則有失土之虞，所以說「九州粉碎」，「有土斯有民」，有失有得，所以「庶人為王」。同理，讖緯中也有不少關於「客星」的天文預言，「客星」一般是指新星，〔註92〕但既名之為客，可見對既有秩序也是一種挑戰，能銷融的自然無損於秩序，不能銷融的就會導致秩序的瓦解，所以有關客星的預言是好壞參半，預言方式與上述日月、五星、彗星的預言是相同的，為免煩冗，便不再舉例了。

〔註92〕仝上書，第二六章第四節。

第三章　讖緯中的自然秩序

　　自然與文化是相對的概念，所謂「自然秩序」（order of nature）指的就是本然既具的秩序，「通常我人稱具時空性事物的全部為自然界，因為均由特殊的天性所產生、發展並一起構成自然秩序。由這一角度看去，自然界往往包括一切秩序意識」（《西洋哲學辭典》，「自然」條）。本章所探討的就是在這一定義下的「自然秩序」。必須說明的是，「宇宙生成論」屬自然哲學論述的對象，為自然秩序自無疑義，「世界圖式」談的想像中的世界，非人文所造成，也可歸於自然秩序。至於「星象分野」，這種人為的占星術，如何可說是自然秩序？此乃因在「天人感應」的理路下，「天有九野，地有九州」實是天經地義、自自然然的現象，非經人力所規約。本乎此，所以我們將「星象分野」納入自然秩序來論述。

第一節　宇宙生成論

一、先秦宇宙生成論的三種型態

　　宇宙生成論（Cosmogony）是指討論宇宙起源及變化，也稱為宇宙發生論。這種對宇宙生成及變化進行解說的行為，事實上是人類極其自然的存在感受。屈原在〈天問〉中所提出的：

> 遂古之初，誰傳道之？上下未形，何由考之？冥昭瞢闇，誰能極之？
>
> 馮翼惟象，何以識之？陰陽三合，何本何化？圜則九重，孰營度之？
>
> 惟茲何功，孰初度之？斡維焉繫，天極焉加？八柱何當，東南何虧？

　　九天之際，安放安屬？隅隈多有，誰知其數？天何所沓，十二焉分？

　　日月安屬，列星安陳……〔註1〕

就是對宇宙生成的一種設問。神話其實正是為回應這些問題而出現的。〔註2〕
在神話的種種類型中，探究天地如何生成，萬物何時出現，人類從何而來的
「創世神話」（又稱「宇宙起源神話」）更是「構成神話的主體」，〔註3〕然而
隨著人類掌握世界能力的增強，這種對「起源問題」的存在感受或化為抽象
思惟走入哲學領域，形成了各式各樣的宇宙論；或經由具體的觀測，促成了
天文與曆法等學的興起，若分析各民族對此一問題所採取的進向，未嘗不可
做為「文化系統」差異的說明。〔註4〕

　　不過本文並不想涉入這個龐大的問題，我們感興趣的是，讖緯究竟如何
來解說宇宙的生成，是趨近於神話？抑或是帶有哲學意涵？要回答這個問
題，我們有必要先對讖緯出現前的宇宙生成論做一較清楚的瀏覽。

（一）《老子》的宇宙生成論

　　先秦儒家對宇宙生成似乎並沒有太大興趣，「天何言哉？四時行焉，百物
生焉，天何言哉？」（《論語・陽貨》），四時運行，百物順生，既已成一定的
規律，循乎此道，宇宙就已經是饒富秩序的存在，至於天地如何生物，四時
如何運行，那就不是亟須探究的問題了。但老子則不然，老子並不以為天有
秩序便是奧義俱足，而是更往上溯，溯至萬物未生之際，直接對宇宙生成的
原理做解說，第四十二章云：

　　道生一，一生二，二生三，三生萬物。萬物負陰而抱陽，沖氣以為

　　和。

歷來對這一章的解說甚為分歧，〔註5〕若暫時放下這些爭論，無疑的，這一章

〔註1〕　〈天問〉的名稱歷來爭論頗多，多以為〈天問〉即是〈問天〉，游國恩則以為
　　　　「屈子以〈天問〉題篇，意若曰：宇宙間一切事物之繁之不可推者，欲從而
　　　　究其理耳」，這個解釋允為的論。參見〈天問題解〉，《楚辭論文集》（臺北：
　　　　里仁，民國71年），頁153。又，頁260亦說「天問就是天的問題」。

〔註2〕　有關神話起源的問題，參見屈育德〈論神話創作的思惟活動〉，《神話・禮儀・
　　　　民俗》（北京：中國民聯，1988）頁1～24。

〔註3〕　陶揚、鍾秀《中國創世神話》（上海人民，1989），頁3引C.A.托卡列夫、E.M.
　　　　梅列金斯基《神話與神話學》。

〔註4〕　文化特殊性的問題可參閱牟宗三《中國哲學十九講》（台北、學生、民國72
　　　　年），第一講，頁2～8。

〔註5〕　學者對《老子》此章的解釋頗為紛岐，馮友蘭以為「一就是氣，二就是陰陽

乃是以「道」爲創生的根源。山田慶兒以爲此章所展現的是中國宇宙生成論上的三極構造，這種三極構造的宇宙生成論可以用如下圖型表示：〔註6〕

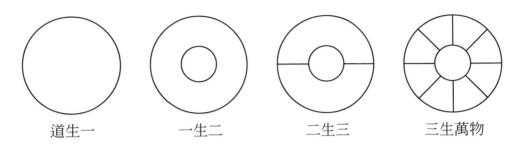

道生一　　　　　一生二　　　　　二生三　　　　三生萬物

山田慶兒以爲「道生一」是無中生有，但「一生二」並不是上下之分，而是分爲內外兩個同心圓，小同心圓表示位居中央的空虛，也就是「無」，〔註7〕其外的大同心圓表示外在世界。「二生三」則表示將外在世界分爲上下，形成與內部世界生分的局面，至於「三生萬物」即是將外在世界再進行分割，由此而形成萬物。山田慶兒更進一步推論「五土」「九州」也就是在這種對外部間進行分割後的所得來的。換言之，井田、九野，其實也就是在這種思考方式下的產物。

論宇宙生成其實便是解釋宇宙秩序的起源，雖然山田慶兒這種解法如放

二氣，三就是陰陽二氣之和氣」（《中國哲學史新編》第二冊，北京，人民，1983，頁50），其實這種講法早見於河上公的「道始所生者一也，一生陰與陽也，陰陽生，和氣濁，三氣分爲天地人也。天地人共生萬物也」歷代採此說法的不乏其人，朱謙之《老子校釋》（臺北：里仁，民國74年）頁112，便引據了多家講法。但此種說解法會陷於氣化宇宙論的困境，所以牟宗三以爲是「一爲無，二爲無與有，三爲有無對立渾沌之玄」（見王邦雄《老子的哲學》，台北，東大，民國72年，頁100引），而徐復觀先生則以爲一是萬物的最基本的共同元素，「二或是指天地而言……天、地與一而爲三此之謂二生三」（《中國人性論史·先秦篇》，台北，商務，民國71年，頁333～337），張舜徽則以君臣關係來解此章（《周秦道論發微》，台北，木鐸，民國77年，頁113）又是另外一種說法。

〔註6〕山田慶兒〈空間·分類·範疇〉，《日本學者論中國哲學史》（臺北：駱駝，民國76年）頁45～94。山田慶兒以爲〈莊子·應帝王〉中的混沌神話乃將空間分割爲三個類型，即由一極構造（混沌狀態），經三極構造（北方、南方，中央之帝）而達到二極構造（秩序）。而空間分割的基本構造是二極構造與三極構造，這兩種分割類型已見於殷人的觀念（四方與五土）。

〔註7〕山田慶兒並舉《老子》第三十章：「三十輻共一轂，當其無有車之用；埏埴以爲器，當其無，有器之用。鑿戶牖以爲室，當其無，有室之用」等例來證成其說。

在哲學史的考量下未必人人贊同，但他的確提供了一種理解中國古代對空間分類的方法，藉由這種解說很清楚看出在《老子》第四十二章所可能導出的宇宙生成圖式，及其分類思考法。

（二）《易繫辭》的宇宙生成論

先秦的宇宙生成論除了《老子》四十二章所代表的三極構造之外，尚有《易繫辭》所代表的另一種形式的宇宙生成論：

> 易有太極，是生兩儀，兩儀生四象，四象生八卦，八卦定吉凶，吉凶生大業。

以圖型表示即是：

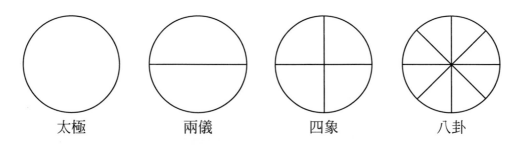

| 太極 | 兩儀 | 四象 | 八卦 |

山田慶兒稱《易繫辭》所代表的這種宇宙生成論為「二極構造」，經由這種二分法，而得到四象、八卦、十二地支等等的分類範疇。

（三）氣化的宇宙生成論

除了《老子》四十二章及《易繫辭》這兩種宇宙生成論外，影響中國宇宙生成論乃至整個中國文化更為深遠的當為「氣」的觀念，這也正是何以日本漢學家在尋找何種觀念最足以代表中國文化特色時會挑出氣來做研究。〔註8〕時下學者在探討「氣」時總慣於就字義做一番尋根探源的考察，遠溯自甲骨文字中的「彡」，又以此字實為乞義與氣字無涉……而在字義中奮力做著爬梳釐清的工作，〔註9〕殊不知這種論證方式正犯了方法上的謬誤。〔註10〕因為「氣」這一概念屬於抽象思維，若就語言學的通則來說，這種抽象思惟必是後起的，也就是說氣是一共名，這一共名是統攝了屬於氣這一概念的內含所

〔註 8〕 小野澤精一在《气の思想》一書的總序中即點出了這個關鍵。

〔註 9〕 諸如前揭書即是由甲骨文論起。

〔註10〕 史華慈（Benjiamini Schwartz）也指出這種方法的謬誤，參見 The World of Thought in Ancient China（Harvard Univiersity Pres, 1985）P.179。

指而得到「氣」這一概念，再由此一概念追溯上去，才會有自然界中的風、雨、雲等都是氣的講法。〔註11〕

其實我們要問的應該是：氣是如何成為哲學概念的，亦即以氣來解釋宇宙生成是如何產生的，何以影響如此深遠？與上述兩種宇宙生成論相較又顯出何種意味？

就文獻資料來看，真正大量出現氣的概念是在《左傳》及《國語》中，此兩書中的氣大致可分為「血氣、勇氣、聲氣、六氣」，〔註12〕在這些紛雜的「氣」中，率皆由生命的血氣流行而引中出來，其中最值得注意的是《國語‧周語上》的：

> 夫天地之氣，不失其序，若過其氣，民亂之也。

以及《左傳‧昭公元年》的：

> 天有六氣，降生五味，發爲五色，徵爲五聲，淫爲六疾。六氣曰：
> 陰陽風雨晦明也。〔註13〕

《國語》多次提到「土氣」，〔註14〕「天地之氣」的地氣大概即是指「土氣」，天氣大概也就是天候的變化，這與《左傳‧昭公五年》的「天有六氣」應該指的是同一件事，不過沒有《左傳》詳細罷了。這裏已將氣上推至天，氣已是生化流行的一端，雖仍未脫自然質素，尚談不上有哲學意涵，但已經將原於人體血氣的用法向上推了一層。再由此進，距離以氣之生生不已的生命力來表示宇宙生成已經不遠了。

及至《莊子》外雜篇便出現了以氣來解說生命的起源以及萬物的生成，如：

> 察其始而本無生，非徒無生也而本無形，非徒無形也而本無氣。雜
> 乎芒芴之間，變而有氣，氣變而有形，形變而有生，今又變而之死，
> 是相與爲春秋冬夏四時行也。（〈至樂〉）

〔註11〕請參見索緒爾（Ferdinand de Saussure）的《普通語言學教程》（臺北：弘文館，民國74年），第二編。黃宣範《語言哲學》（臺北：文鶴，民國72年），第二章。

〔註12〕這是莊耀郎《原氣》中的分法，莊文爲師大國研所碩士論文。

〔註13〕學者有疑此則是後人的作僞，如李漢三《先秦兩漢之陰陽五行學說》，頁35～38。但不可以其語涉災異便以爲是陰陽家的把戲，《詩經‧小雅》中因災異而論及時政的也不少見，如〈正月〉、〈十月之交〉等篇。

〔註14〕如「宣王即位，不籍千畝。虢文公諫曰：……古者，太史順時脈土，陽癉憤盈，土氣震發，農祥晨正，日月底于天廟，土乃脈發」。

> 人之生也，氣之聚也。聚則爲生，散則爲死。若死生爲徒，吾又何患？
> 故萬物一也。是其所美者爲神奇，所惡者爲臭腐，臭腐復化爲神奇，
> 神奇復化爲臭腐，故曰通天下一氣耳，故聖人故貴一。（〈知北遊〉）

〈至樂〉所云即由無形質之中產生了氣，由氣而生形，再由形而產生生命的質素，生命的形質俱足方爲人。這與《荀子・王制》的：「水火有氣而無生，草木有生而無知，禽獸有知而無義。人有氣，有生，有知亦且有義，故最爲天下貴也」頗有相通之處，也許正是當時的一種通說，由此再進一步就是〈知北遊〉的「通天下一氣耳」，萬物的生成實即一氣的流行變化。換言之，舉目所見萬物的生老病死都是氣的聚散。另外在《莊子・田子方》有段對「物之始」的描寫：

> 至陰肅肅，至陽赫赫，肅肅出乎天，赫赫出乎地，兩者交通成和而
> 物生焉，或爲之紀而莫見其形。消息滿虛，一晦一明，日改月化，
> 日有所爲，而莫見其功。生有所乎萌，死有所乎歸，始終相反乎無
> 端而莫知乎其所窮。

雖然沒提到「氣」字，但究其文義所指實即是氣。〔註15〕不過，《莊子》尚未以「氣」來說宇宙生成，而是在氣之上更加推演，〈天地〉篇云：

> 泰初有無，無有無名，一之所起，有一而未形。物得以生謂之德；
> 未形者有分，且然無間謂之命；留動而生物，物成生理謂之形；形
> 體保神，各有儀則謂之性，性修反德，德至同於初。

天地由「無」開始，從而產生「一」，一可以說是「氣」，氣之上的「無」即是抽象的「道」。〔註16〕先秦文獻中較完整以「氣」來解釋宇宙生成的則屬《管子》一書，〔註17〕〈內業〉篇云：

〔註15〕有關先秦之「氣」，莊耀郎《原氣》有較詳細的析論。

〔註16〕參見蕭萐父主編《中國辯證法史稿》（湖北，武漢大學，1990），第一卷，頁196～207。

〔註17〕《管子》一書真偽頗有爭議，有關這一問題，參見《偽書通考》（臺北：宏業，民國68年）頁764～769及《續偽書通考》（臺北：學生，民國73年）頁1459～1537。而近代學者傾向以爲《管子》是稷下黃老學派的集體創作，參見馮友蘭《中國哲學史新編》第二冊，頁197～198。而郭沫若更視〈內業〉、〈白心〉、〈心術〉等篇爲宋鈃、尹文遺著，見郭著〈宋鈃尹文遺著考〉，《青銅時代》，頁210～232；〈稷下黃老學派批判〉，《十批判書》，頁133～161及杜守素〈荀子從宋尹黃老學派接受了什麼〉，《先秦諸子的若干研究》，頁97～125。但也有反對者，如吳光，〈稷下道家三辨〉，《古書考辨集》（臺北：允晨，民國78年）。

> 凡物之精，此則為生。下生五穀，上爲列星，流於天地之間，謂之
> 鬼神，藏於胸中，謂之聖人。是故民氣，杲乎如登於天，杳乎如入
> 於淵，淖乎如在於海，卒乎如在於己……精也者，氣之精者也……
> 凡人之生也，天出其精，地出其形，合此以爲人。〔註18〕

參照〈樞言〉篇的「管子曰：道之在天者日也，其在人者心也。故曰：有氣
則生，無氣則死，生者以其氣」則可知《管子》所謂的「道」實即是「氣」。
〔註19〕由此便開出以氣論宇宙生成的先聲。

二、秦漢時期的宇宙生成論

秦漢時期的宇宙生成論即繼承了這三種理論，如《呂氏春秋·〈大樂〉》
云：

> 太一出兩儀，兩儀出陰陽，陰陽變化，一上一下，合而成章，渾渾
> 沌沌，離則復合，合則復離，是謂天常……萬物所出，造於太一，
> 化於陰陽……道也者，至精也，不可爲形，不可爲名，彊爲之謂之
> 太一。〔註20〕

太一即是道，「太一出兩儀，兩儀出陰陽」即是由道這形而上的創生原理創生
出天地，有天地然後有陰陽二氣，很明顯這裏是融合了《易繫辭》以及氣化
宇宙論一派的講法，而「太一」一詞《莊子·天下》篇稱關尹、老聃「建之
以常無有，主之以太一」，可見將道名之爲「太一」大概是道家的觀念，但自
《易繫辭》以「易有太極」來稱道，太一與太極便成爲同義詞。《呂氏春秋》
此處將各種觀念消融而成一統攝在「太一」之下的宇宙生成論。而〈有始覽〉
中的：

> 一曰天地有始，天微以成，地塞以形；天地合和，生生大經也。以
> 寒暑日月晝夜知之，以殊形殊能異宜說之。夫物合而成，離而生；

〔註18〕 「凡物之精」，張舜徽以爲當做「气、物之精」，見〈内業篇疏證〉，《周秦道
論發微》，頁278。「是故民氣」，丁士涵以爲當做「是故此氣」。

〔註19〕 所以〈内業〉中對道的描寫即是「不見其形，不聞其聲，而序其成謂之道。
凡道無所，善心安愛，心靜氣理，道乃可止……凡道無根無莖，無葉無榮，
萬物以生，萬物以成，命之曰道」。歷來學者也多能指出《管子》中的道與氣
實是同義語，如吳光，〈管子四篇與宋文尹學派辨析〉，《古書考辨集》；徐漢
昌，《管子思想研究》（臺北：學生，民國79年），第三篇，第一章。

〔註20〕 《初學記》所引則作「水者天地之包幕，五行始焉，萬物之所由生，元氣之
津液也」。

知合、知成、知離、知生，則天下平矣。

鄔昆如以爲這是在天人相應的預備工作上，先「定位宇宙」，說明宇宙生成的原理，「合而成」以及「離而生」的宇宙起源論，涵蓋了物質以及生命的二層次，同時在定位宇宙以及安排人生的意義中，作了原始的舖路工作。〔註21〕

《淮南子》論及宇宙生成的章節頗多，尤其是〈天文訓〉、〈精神訓〉等篇中對宇宙生成及萬物生化的過程有非常詳細的描寫：

> 天地未形，馮馮翼翼，洞洞灟灟，故曰太昭。道始於虛霩，虛霩生宇宙，宇宙生元氣，元氣有涯垠，清陽者薄靡而爲天，重濁者凝滯而爲地。清妙之合專易，重濁之凝竭難，故天先成而地後定。天地之襲精爲陰陽，陰陽之專精爲四時，四時之散精爲萬物。(〈天文訓〉)

即天地未形成之前爲「太昭」，這段歷程包括了「虛霩」及由虛霩而來的「宇宙」，及由宇宙中產生了「元氣」，〔註22〕有了元氣之後，清陽之元氣上升而形成了天，重濁之元氣下降而爲地，於是有了天地。在天地之間的精氣化而爲陰陽，其中的精華就形成了四時，再由四時運行中產生了萬物。可見在這個創生的歷程中「元氣」的出現實居於關鍵地位，尤其此處的天地是由元氣所產生與《呂氏春秋》的天地生氣恰形成對比，這個反轉意義重大，突顯了漢代宇宙論的特色。再則，〈精神訓〉也指出：

> 古未有天地之時，惟像无形，窈窈冥冥，芒芠漠閔，澒濛鴻洞，莫知其門。有二神混生，經天營地，孔乎莫知其所終極，滔乎莫知其所止息，於是乃別爲陰陽，離爲八極，剛柔相成，萬物乃形。煩氣爲蟲，精氣爲人。是故精神，天之有也，而骨骸者，地之有也；精神入其門，而骨骸反其根，我尚何存？

這段描述由天地的發生談到了人類的形成，「二神」其實即是〈天文訓〉中清陽與重濁的元氣，元氣交融生化，於是有了天地，天地既生，陰陽交會，散生萬物，而人得氣之精，禽獸僅得氣之粗，所以不如人可上達天聽。將此則與〈天文訓〉參看，可以得知《淮南子》一書所主張的宇宙生成即：

〔註21〕鄔昆如，〈漢代宇宙論之興起與發展及其在哲學上的意義〉，民國79年政治大學主辦「漢代文學與思想學術研討會」宣讀論文。

〔註22〕這段文字各版本有些差異，《太平御覽》所引《淮南子》作「宇宙生元氣」，俗本作「宇宙生氣」，王念孫以爲案之下文，可知當作「宇宙生元氣」，其說甚諦，今從之。

道→虛霩→宇宙→元氣→天地→陰陽→四時→萬物→（人）

可見這已是體系相當完足的宇宙生成論了，至於〈俶眞訓〉的「天地未剖，陰陽未判，四時未分，萬物未生，汪然平靜，寂然清澄，莫見其形」、「物莫不生於有也」也都很清楚說明這種宇宙生成的現象。

其次是《大戴禮記·曾子天圓》也以陰陽二氣說宇宙生成：

> 參嘗聞之夫子曰：天道曰圓，地道曰方，方曰幽而圓曰明。明者，吐氣者也，是故外景；幽者，含氣者也，是故內景。是故火日外景，而金水內景。吐氣者施，而含氣者化，是以陽施而陰化也。陽之精氣曰神，陰之精氣曰靈。神靈者，品物之本也，而禮樂仁義之祖也，而善否治亂所興作也。陰陽之氣各靜其所，則靜矣……唯人爲倮匈而後生也，陰陽之精也。

這與《淮南子》的觀念頗爲類似，也許正是漢代初年所形成的宇宙生成論，特別強調氣的生化作用，較之《莊子》只以氣的聚散說生命的存在是更進一步了，至此而後遂形成漢代「氣化宇宙論」的架構，成爲漢代哲學的特色，〔註23〕尤其這種以氣來論宇宙生成的理論體系是著基於「天人感應」的基礎上，一來突顯了人的價值，二來將人與天地萬物的存在安置在一和諧的秩序中，由此人類的生存便有其存在的意義。

三、讖緯中的宇宙生成論

前兩部份我們扼要地介紹了讖緯出現前的宇宙生成論，現在我們便可順此分析讖緯中的宇宙生成論與這些典籍是否有傳承關係。

> 元氣無形，淘淘蒙蒙，偃者爲地，伏者爲天也。（〈括地象〉）〔註24〕

> 元氣闓，陽爲天。（〈括地象〉）〔註25〕

> 元氣以爲天，混沌無形體。（《春秋緯·說題辭》）

> 上清下濁，號曰天地。（《詩緯·推度災》）

在上引資料中均以元氣來說天地的生成，很明顯是由《淮南子》所提到的清陽之元氣上升爲天，重濁之元氣下降爲地的說法稍加演化而來，但讖緯中也有在形式上承自《易繫辭》，而實質上是《淮南子》宇宙生成論的產物的，如：

〔註23〕關於漢代宇宙論的演變，請參見註21所引文。
〔註24〕類似的文字出現在《洛書·甄曜度》，唯「淘淘蒙蒙」作「匈匈隆隆」。
〔註25〕同樣的文字出現在《河圖·叶光紀》。《河圖·運祿法》作「天氣合，陽爲天」。

> 孔子曰：易始於太極，太極分而爲二，故生天地。(《易緯・乾鑿度》)

> 渾沌者，言萬物相渾成，而未相離。(〈乾鑿度〉)

> 易有太極，是生兩儀，兩儀未分，其氣混沌，清濁既分，伏者爲天，偃者爲地。(〈括地象〉)

> 太極具理氣之原，兩儀交媾，而生四象，陰陽位別，而定天地，其氣清者，乃上浮爲天，其質濁者，乃下凝爲地。(〈靈準聽〉)

在這四則資料最值得留意的是〈靈準聽〉的「太極具理氣之原」一句，究竟這一句所代表的是何種意義，目前尚有爭議，[註26]但由於非關宏旨，我們暫時不處理這一問題。對讖緯中這種宇宙生成論，安居香山曾製一表以表示其間脈絡關係：[註27]

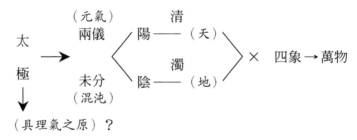

《淮南子・天文訓》對天地形成之前的狀態是以「太昭」來表示，而讖緯對天地形成前這一階段的說明就詳細多了，〈乾鑿度〉云：

> 昔者聖人因陰陽，定消息、立乾坤、以統天地也。夫有形生於无形，乾坤安從生？故曰：有太易、有太初、有太始、有太素也。太易者，未見氣也。太初者，氣之始也。太始者，形之始也。太素者，質之始也。氣形質具而未離，故曰渾沌。

即將天地之前的分爲太易，太素，太始，太素四個階段，太易即「無」的階段，進而爲太初的有氣，再進而爲太始有形，再進而爲太素有質，此時氣形質都已具備了，但尚未分離，也就是元氣混沌，再進一步依清濁分元氣就形成天地了。但《孝經緯・鉤命決》卻將天地形成前分爲五個階段，即：

> 天地未分之前，有太易、有太初、有太始、有太素、有太極，是爲五運。形象未分，謂之太易。元氣始萌，謂之太初。氣形之端，謂

[註26] 參見安居香山《緯書の基礎的研究》，第一篇，第五章。
[註27] 前揭書，頁182。又《緯書》，頁188。

之太始。形變有質，謂之太素，質形已具，謂之太極，五氣漸變，

謂之五運。(《孝經緯·鉤命決》)

與〈乾鑿度〉相較，〈鉤命決〉將未見氣的階段，也就是形象未分的階段稱爲「太易」，與〈乾鑿度〉並無不同，將氣之始也就是元氣始萌的階段稱爲「太初」無不同，將形之始及質之始分別稱爲「太始」與「太素」也無二致，但將《易繫辭》的氣形質具而未離的渾沌狀態稱爲「質形已具」的「太極」便有了不同，兩者是否相等尚有待商榷，再加上將提出了「五氣漸變，謂之五運」也頗令人費解，因爲「五運」即是指太易、太初、太始、太素、太極，「五氣」一般是金木水火土五氣，〔註28〕但氣是在五運的第二階段，也就是「太初」方始萌生，究竟「五氣漸變，謂之五運」所指爲何？難道這裏所指的五運與天地未分前的五運根本是不同的兩個觀念？〔註29〕文獻不足徵，只有存疑。

〈乾鑿度〉中又提到「易變爲一，一變而爲七，七變而爲九，九者氣變之究也，乃復變而爲一。一者形變之始，清輕者上爲天，濁重者下爲地」，即以數字來表示生化過程，針對這一過程，鄭玄提出了：

易，太易也。太易變而爲一，謂變爲太初也；一變而爲七，謂變爲太始也；七變而爲九，謂變爲太素也；乃復變爲一，一變誤耳，當爲二；二變而爲六，六變而爲八，則與上七九意相協，不言如是者，謂足相推明耳。九言氣變之究也，二言形之始，亦足以發之耳，又言乃復之一，易之變一也，太易之變，不惟是而已，乃復變爲二，

〔註28〕《春秋緯·感精符》有「受五氣而易服色」，這裏的「五氣」無疑與《呂氏春秋·應同篇》的：「凡帝王者之將興也，天必先見祥乎下民。黃帝之時，天先見大螾大螻，黃帝曰：『土氣勝』，故其色尚黃，其事則土。及禹之時，天先見草木秋冬不殺，禹曰：『木氣勝』，木氣勝，故其色尚青，其事則木。及湯之時，天先見金刃生於水，湯曰：『金氣勝』，金氣勝，故其色尚白，其事則金。及文王時，天先見火，赤鳥銜丹書集於周社，文王曰：『火氣勝』，故其色尚赤，其事則火。代火者必將水，天且先見水氣勝，水氣勝，故其色尚黑，其事則水。水氣至而不知，數備，將徙于土。」有關。《樂緯》有「上元者，天氣也，居中調禮樂，教化流行，摠五行氣爲一」，此處的五行氣仍是指金木水火土五氣，《易緯·乾鑿度》有「是故八卦以建五氣，以立五常，以之行」「八卦之序成立，則五氣變行，故人生而應八卦之體，得五氣，以爲五常，仁義禮智信是也」此五氣仍是金木水火土五氣。

〔註29〕《易緯》有「月生，交龍光耀，經一夕五運，天下臣競，主兵弱」這裏的一夕五運，也很難具體指出究竟是指什麼。《春秋緯·元命包》有「五德之運，各象其類，興亡之，應錄相次」，〈援神契〉有「五德之運，黃承赤，而白繼黃」恐怕〈鉤命決〉中的「謂之五運」就是指「五德之運」。

> 亦謂變而爲太初，二變爲六，亦謂變而爲太始也，六變爲八，亦謂
> 變而爲太素也。九陽數也，言氣變之終，二陰數也，言形變之始，
> 則氣與形相隨此也。

也就是說一七九屬陽，二六八爲陰，一與二即太初，七與六即太始，九與八
即太素，安居香山亦將這段文字製爲一表，茲引如下〔註30〕

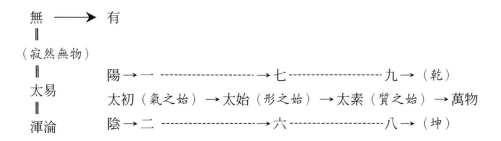

　　另外在《詩緯・推度災》中又有「三節」的說法，也與宇宙生成論有關，
即：

> 陽本爲雄，陰本爲雌，物本爲魂。雄生八月仲節，號曰太初，行三
> 節。

> 陽本爲雄，陰本爲雌，物本爲魂，雌雄但行三節，而雄合物魂，號
> 曰太素也，三氣未分別，號曰渾淪。

與太初、太素牽連上，究竟這段文字在敘述什麼？梁・宋均對這二則文字的
解釋是：

> 節猶氣也。太初氣之始也，必知生八月仲者，總此時薺麥生以爲驗
> 也，陽生物，行三節者，須雌俱行，物乃著也。

又說：

> 本即原也，變陰陽，爲雌雄魂也，亦言未有形也；皆無兆朕，故謂
> 之氣，節猶氣也，太初者，氣之始也；必知生八月仲者，據此時薺
> 麥生，以爲驗也，陽生物，行三節者，須雌俱行，物乃著也。

即是以「氣」來說節，再牽合月令作解，但這種解法並無佐證，無從證明是
否爲本義。〈乾鑿度〉又有「雌生戌仲，號曰太始，雄雌俱行三節」「雄含物
魂，號曰太素」，陳喬樅《詩緯集證》認爲〈乾鑿度〉的「雌生戌仲」當作「雌

〔註30〕仝註26所引書，頁188。

生九月仲節」，〔註31〕若連結前後文，〈推度災〉這段文字當是：

> 陽本為雄，陰本為雌，物本為魂。雄生八月仲節，號曰太初，行三
> 節；雌生九月仲節，號曰太始。雄雌俱行三節，而雄合物魂，號曰
> 太素，三氣未分別，號曰渾淪。

陳喬樅解云：「案詩三基之法，〈汎歷樞〉云：王命一節為之十歲。此三節在
一月中，則節各十日」（詩緯集證），是將八月仲節說成八月中也。但這種說
法對嗎？恐怕大可商榷。其實〈推度災〉的這段文字很可能是源自《老子》
的「萬物負陰而抱陽，沖氣以為和」，〔註32〕以及《淮南子・天文訓》的「北
斗之神有雌雄，十一月始建於子，月從一辰，雄左行，雌右行，五月合午謀
刑，十一月合子德」（意思是說雌為陰氣，雄為陽氣，陽氣左行，始於十一月
冬至，陰氣右行，始於五月夏至；從子左行至午為陽氣由初萌至漸興的過程，
從午右行至子，為陰氣由初萌至興盛的過程），〈推度災〉的「陽本為雄，陰
本為雌」的雄雌指的就是陰陽二氣。再則，陳喬樅以為〈乾鑿度〉的「雌生
戌仲」當作「雌生九月仲節」，亦是誤解。「戌仲」是齊詩學的三基紀年法，〈推
度災〉中就另載有「陽生酉仲，陰生戌仲」的說法，可知此處的「雌生戌仲」
決非「雌生九月仲節」。

然則這〈推度災〉的宇宙生成論究竟該當如何理解？其實若參照〈推度
災〉的「凡推其數，皆從亥之仲起，此天地所定位，陰陽氣周而復始，萬物
死而復蘇。大統之始，故王命一節，為之十歲也」，再配合〈乾鑿度〉的生成
論就可思過半矣，亦即：「三氣未分別，號曰渾沌」相當於〈乾鑿度〉的「太
易」，也就是「渾沌」階段；「雄生八月仲節」當是「雄生酉仲」之訛（當然
也可能並非訛誤，事實上酉相當八月），相當於〈乾鑿度〉的「太初」階段，
〈推度災〉也說「號曰太初」；由此可類推得知「雌生戌仲」，也就是〈乾鑿
度〉的「太始」階段；「物本為魂」是質具，「凡推其數，皆從亥之仲起」，這
個「亥仲」的階段相當於〈乾鑿度〉的「太素」。這段過程可表列如下：

〔註31〕陳喬樅的理由是「案《太平御覽》引〈乾鑿度〉云：雌生戌仲，號曰太始。
考〈乾鑿度〉無此語，以類求之，知是推度災之文，今本《御覽》字譌舛耳。
戌仲當作九月仲節，此緣清語有：起自戌仲至亥而致誤也，知雌生九月仲節
者，《白虎通義》云：九月律謂之無射何？射者，終也。言萬物隨陽氣而終，
當復隨陰氣而起，無終已也……《詩緯》上文云雄行三節，此言雄雌俱行三
節，陽唱陰和，女隨男行也。」
〔註32〕將陰陽和視為三氣（陰陽和）的觀念在漢代就有，參見註5所引河上公註。

（乾鑿度）渾沌 → 太初 → 太始 → 太素 → 萬物

（詩三基）渾沌 → 酉仲 → 戌仲 → 亥仲 → 子

由子開始萬物繁孳，這種以時間論宇宙生成的理論，或可如安居香山所稱的「時間的生成論」，〔註33〕〈推度災〉對這種時間的生成論有一段詳細的描寫：

> 夫王者布德于子，治成于丑，興運于寅，施化于卯，成紀于辰，威震于巳，德王于午。故子者孳也，自是漸孳生也；丑者鈕也，萬物之生，已定樞鈕也；寅者演也，物演漸大，少陽之氣也；卯者茂也，物茂漸成也；辰者震也，物振而連也；巳者次也，漸次而進也；午者甫也，其時可以哺也；未著味也，別其滋味，異其美惡也；丁者勁也，正強壯也；申者伸也，至是而萬物大舒精也；酉者醜也，物至是而形不嘉，凋殘老醜也；戌者滅也，物至是而衰滅也。甲者甲也，萬物孚甲，猶苞幕也；乙者屈也，屈折而起也，己者起也，萬物壯起也，丙者炳也，萬物明見，無有所隱也，戊者富也，庶類富滿也，庚者更也，物至是而敗，將更之也，辛者兵也，物至是而殘篤也，亥者太也，既滅既盡，將復，又有始者也，壬者任也，至精之專，癸者揆也，謂可度其將生之理也。

這可與〈乾鑿度〉以八卦論生成的理論相呼應，也足見漢代重視宇宙秩序的現象。至於《易緯·筮類謀》中「天以變化，地以紀州，人以受圖，三節其本，同出元苞」的「三節」所指與這裏所說的三節並不相同，且無宇宙生成的意味在其中，此處不予討論。此外讖緯中又有「八節」、「六節」的說法，如：

> 建四始五際而八節通，卯酉之際為革令，午亥之際為革命。（〈坤靈圖〉）

> 八節之風，謂之八風。（〈通卦驗〉）

> 四正分而成八節，節四十五日二十一分，八節各三分，各得十五日七分，而為一氣也，分滿三十二為一日，令備，或為復。（〈通卦驗〉）

> 天以斗視，日發明皇，以戲招始，掛八卦談，煌煌之耀，乾為之岡，合凝之類，坤握其方，雄雌呿吟，六節搖通。（〈辨終備〉）

〔註33〕仝註26所引書，頁184。

〈坤靈圖〉及〈通卦驗〉的「八節」很清楚是指立春、立夏、立秋、立冬以及二至二分，〔註34〕〈辨終備〉的「六節」，鄭玄以爲是「六節，六子也」，也就除去乾坤之外的其餘六卦。這種講法是有根據的，〈乾鑿度〉有「六子上不及帝，下有過王，故六子雖純，不爲乾坤」，換言之，「八節」、「六節」云云諸與宇宙生成無太大關係。除了上述較爲完整的宇宙生成論之外，〈元命包〉中尚有一些值得留意的文字，即：

> 水者，天地之包幕，五行始焉，萬物之所由生，元氣之津液也。
>
> 天如雞子，天大地小，表裏有水，地各承氣而立，載水以浮，天如車轂之過。

這種說法就頗帶有科學意味在其中，與上述多透顯哲學意趣的宇宙生成論恰成對比，可惜資料不多，無法做深入的分析。〔註35〕再則讖緯中又有所謂「三元」的說法：

> 禹重瞳子，是爲滋原，上應攝提，下應三元。（〈元命包〉）
>
> 推之以上元爲始，起十一月甲子朔旦月半，冬至，日月五星，俱起牽牛之初。（〈含文嘉〉）

又有所謂五元：

> 上元者天氣也，居中調禮樂，教化流行，總五行爲一；下元者地氣也，爲萬物始質也，萬物之容範，生育長養，蓋藏之主也中元者人氣也，氣以定萬物，通於四時者也，承天心、理禮樂，通上下四時之氣，和合人之情，以愼天地者也。時元者，受氣於天，布之於地，以時出入萬物者也，風元者禮樂之本，萬物之首，物莫不以風成熟也，聖王知物極盛則衰，暑極則寒樂……聖人作樂，繩以五元，度以五星，碌貞以道德，彈形以繩墨，賢者進，佞人伏。（《樂緯》）

彷彿與宇宙生成論也有些關連，唯仍受限於資料，只能存疑。

第二節 星象分野說

人類經由對日月星辰的觀察，發現天文現象的變化其實蘊含著秩序，其

〔註34〕《河圖・始開圖》、《孝經・鈎命決》都有「八節」，也是這種意思。

〔註35〕讖緯中也有不少頗有科學意趣的資料，如文中所引的資料便很可以與西方早期的宇宙論者做比較。

間也有規律可尋，如古埃及人發現天狼星（大犬座α星）早晨出現在東方的時候爲尼羅河泛濫的季節，便由此而制定曆法，做爲農事依據。中國早期也有所謂「火曆」，以大火星（即二十八星宿中的心宿二，西圖的天蝎座α星）黃昏出現在東方正是春分前後，整地始耕，開始一年的農忙，〔註36〕隨著觀察的愈趨精密，於是有曆法的出現，配合天地規律而制度了生活秩序。〔註37〕

另一方面，因爲生活上的需要，昔人對天象徵候總是特別留意，「三代以上，人人皆知天文」（《日知錄‧卷卅‧天文條》），誠爲實情。但天象有異變，如何對天象異變做出解釋便是昔人所面臨的一大課題。《左傳‧文公十四年》曾記載：「有星孛入北斗。周內史叔服曰：不出七年，宋、齊、晉之君皆將死亂」，然則何以是此三國遭殃呢？這就和《周禮‧春官‧保章氏》所說的：「保章氏掌天星，以志星辰日月之變動，以觀天下之遷，辨其吉凶。以星土辨九州之地，所封封域，皆有分星，以觀妖祥」的分野說有關了。所謂「星象分野」就是將星辰運行所產生的種種變化與人事政權相結合，即把天上的星宿與地上的區域相配合，在天人感應思惟的運用之下，將星象的異變視爲相應地域天災人禍或祥瑞的徵兆。

不過，「以星土辨九州之地，所封封域，皆有分星」的具體內容如何？這便有了種種不同的說法：有以北斗分的、有以十二次分的、有以二十八宿（舍）分的、也有綜合數種的。不過在進一步分析這種種不同的類型之前，我們有必要對中國天文學中的星象觀做一概略說明。〔註38〕

天象的命名每每與人事相應，所以「天空中星座的歸納往往反映一國的形上理念和倫理要求」，〔註39〕《漢書‧天文志》就說：「凡天文在圖籍昭昭

〔註36〕有學者指出「火曆」是中國最早的曆法，參見龐樸〈火曆鈎沈——一個遺失已久的古曆之發現〉，《中國文化》創刊號（1989，十二，北京）。龐樸以爲由新石器時代晚期到商代前期便是實施這種曆法。這種說法確實可以解答存在古史中的一些疑難，雖然是否眞存在有一本名爲《火曆》的曆法，仍是有待進一步探討。

〔註37〕曆法的不同正可以反應生活方式與區域特性的差異，參見鄭天杰，《曆法叢談》（臺北：文化大學，民國75年）。

〔註38〕底下的說明，多參考陳遵嬀《中國天文學史：星象篇》（臺北：明文，民國74年），李約瑟《中國之科學與文明（五）：天文學》（臺北：商務，民國74年，高平子《史記天官書今註》（臺北：中華叢書，民國54年），特此誌明。

〔註39〕劉君燦，〈哈雷彗星造訪之際談七曜、三垣、二十八宿〉，《不以規矩不能成方圓》（臺北：東大，民國75年）。陳江風，《天文與人文》對這一方面有更深入的分析。

可知者……皆有州國官宮物類之象」，中國古代將星象分爲三垣、四象、五宮、十二次、二十八宿正是人事秩序的反映。

所謂「三垣」，是指圍繞北極附近的三個星區，即紫微垣、太微垣、天市垣。這三個星區左右各有群星圍成牆垣狀，所以稱爲「垣」，取其屛障北辰的意思。紫微垣即皇宮，所以此垣所在的星都賦以官名。〔註40〕太微垣即外府，此垣所在之星也都賦以官名。〔註41〕天市垣代表諸侯國，所以此垣所在諸星便以諸侯國命名。〔註42〕

所謂「四象」又稱「四宮」，即將星象分爲四部份以定春夏秋冬四時，而每一象各以一動物來表示。這就是左青龍（東方），右白虎（西方），前朱雀（南），後玄武（北方），玄武指的是龜。四象起源於何時頗有爭議，也許河南濮陽西水坡所發現的距今六千年前的仰韶文化遺址中，以蚌貝塑成的龍虎象，便代表這種意象吧〔註43〕

「五宮」是《史記・天官書》所提出來的，所謂「五宮」即中宮及東西南北四宮。也就是四象再加上以太一星居首的中宮，〔註44〕明顯的，五宮的說法正是五行說下的產物，所以四宮皆有物可象，有中宮象爲何物，便有了異說。〔註45〕

〔註40〕如紫微垣的左垣諸星即名爲：左樞、上宰、少宰、上弼、少弼、上衛、少衛。右垣諸星名爲：右樞、少尉、上輔、少輔、上衛、少衛、上丞。

〔註41〕如太微垣右垣諸星即名爲：右執法，上將、次將、上相。左垣諸星即名爲：左執法、上相、次相、次將、上將。

〔註42〕如天市垣右垣諸星即名爲：河中、河間、晉、鄭、周、秦、蜀、巴、梁、楚、韓、左垣諸星名爲：魏、趙、九河、中山、齊、吳越、徐、東海、燕、南海、宋。

〔註43〕烏恩《百川歸海》（臺北：中華，民國79年）頁11～13提到此遺跡，認爲是「華夏第一龍」，並指出是圖騰制度下的產物，但若是圖騰制度的反映，何以是龍虎併呈？難道是混合圖騰制？可惜作者並未進一步說明。若將它視爲天文的反映，也不算太過吧。

〔註44〕換言之，中宮即是指近北極爲主的星座。

〔註45〕《河圖》便說：「東方蒼帝，神名靈威仰，精爲青龍。南方赤帝，神名赤熛怒，精爲朱鳥。中央黃帝，神名含樞紐，精爲麟。西方白帝，神名白招矩，精爲白虎。北方黑帝，神名叶光紀，精爲玄武」便以爲中宮所象之物爲「麟」，而〈春秋緯・文曜鉤〉則說：「東宮蒼帝，其精爲青龍。南宮赤帝，其精爲朱鳥。中宮黃帝，其精爲騰蛇。西宮白帝，其精爲素虎。北宮黑帝，其精爲玄武。」則以中宮爲騰蛇。

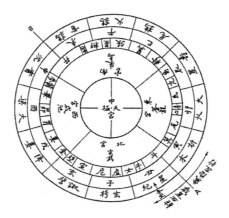

「十二次」指的是星紀、玄枵、娵訾、降婁、大梁、實沈、鶉首、鶉火、鶉尾、壽星、大火、析木。何以有十二次？這就涉及古人在觀測七曜運行的周期時，發現五大行星中體積最大的木星，其繞行一周天的時間約爲十二年（十一·八六年），恰可用來紀錄不同的年份，所以將周天分爲十二次以表示木星所在的位置，也因此木星在古代便被稱爲「歲星」，〔註46〕而將其運行所需的十二年稱爲一紀。不過，十二次是用來表示星象的，與曆法中的歲略有不同。〔註47〕

「二十八宿」又稱爲「二十八舍」，〔註48〕是古人間接參酌月在天空中的位置來推測日的位置而設定的指標，目的是爲了計算四季。因月運行一周約爲二十八天，所以便在四象中選定某些星宿做爲「距星」，來標示方位。亦即將四象各配以七星宿，東方蒼龍：角、亢、氐、房、心、尾、箕。北方玄武：斗、牛、女、虛、危、室、壁。西方白虎：奎、婁、胃、昴、畢、觜、參。

〔註46〕古時對五星都有固定名稱與現代的通稱不同。如水星古時叫「辰星」，但辰星未必都指的是水星，同時也指北極星。而古時的「水」星指的是定星（即營室）。金星古時則稱爲「太白」或「明星」，也有稱爲「啓明」、「長庚」的。火星古時稱爲「熒惑」，若稱「火」時指的是心宿二的大火，即「火曆」的大火星。木星稱「歲星」。土星則因二十八年方運行一周天，每年填滿二十八宿中的一宿，所以稱之爲「填星」，又因每年坐鎮一方，又稱爲「鎮星」。

〔註47〕曆法中的歲指的是太歲，這是以木星運行的軌道爲準，而假設有一與木星運行方向恰好相反的星，而以此觀念中的星所在的位置定一歲的名稱。這十二個名稱爲：攝提格、單閼、執徐、大荒落、敦牂、協洽、涒灘、作噩、淹茂、大淵獻、困敦、赤奮若。

〔註48〕林金泉〈詩緯星象分野考〉（成大學報第二十一卷），指出二十八宿與二十八舍的來源不同。《呂氏春秋·有始覽》稱二十八宿，而〈史記·天官書〉則說二十八舍，來源不同，所以對距星的稱呼也有差異，如「斗」稱爲「建星」、「女」稱爲「須女」、「畢」稱爲「濁」、「昴」稱爲「留」……等。

南方朱鳥：井、鬼、柳、星、張、翼、軫。

　　五宮、十二次、二十八宿之間的配合，參見上頁圖表。〔註49〕

一、星象分野說的類型

（一）依十二次分

　　依十二次分野的，我們可以舉鄭玄在《周禮‧春官‧保章氏》注的話為代表：

> 星紀，吳越也；玄枵，齊也；娵訾，衛也；降婁，魯也；大梁，趙也；實沈，晉也；鶉首，秦也；鶉火，周也；鶉尾，楚也；壽星，鄭也；大火，宋也；析木，燕也。此分野之妖祥，主用客星彗孛之氣為象。

此十二次所主為吳越、齊、衛、魯、趙、晉、秦、周、楚、鄭、宋、燕等十三國，十二個區域（吳越視為一區），鄭玄這種說法大概是種通說，如：

　　實沈與大火：《左傳‧昭公元年》載有：「鄭子產曰：昔高辛氏有二子，伯曰閼伯，季曰實沈，居于曠林，不相能也。后帝不臧，遷閼伯於商丘，主辰，商人是因，故辰為商星。遷實沈于大夏，主參，唐人是因。及成王滅唐，而封大叔焉，故參為晉星」即是以參為晉星。《左傳‧襄公九年》也有「陶唐氏之火正，閼伯居商丘，祀大火，而火時紀焉。相土因之，故商主大火」，商之後為宋，所以大火為宋的分星。

　　鶉火：《國語‧周語》有：「昔武王伐殷，歲在鶉火，歲之所在，則我有周之分野」，即以鶉火為周的分星。

　　星紀：《左傳‧昭公十二年》載：「越得歲」，服虔及杜預注均以為「歲在星紀，吳越分」，可見這是種相承已久的說法。

　　玄枵：《左傳‧昭公十年》有：「今茲歲在顓頊之虛，姜氏、任氏實守其地」，杜預注云：「顓頊之虛謂玄虛。姜，齊姓；任，薛姓，齊薛二國守玄枵之地」。

　　娵訾與降婁：《左傳‧昭公七年》云：「夏四月，日有食之。士文伯曰：去衛地、入魯地，於是有災，魯實受之」，杜預注云：「衛地，豕尾也。魯地，降婁也。日食於豕尾之末，及降婁之始乃息。周四月，今二月，故日在降婁」，

〔註49〕此表引自高平子《史記天官書今註》，頁85。又，《中國之科學與文明（五）》，頁100也有類似的圖表。

由此可知降婁爲魯之分星。《帝王世紀》有「豕尾之次，一名娵訾」，是知「豕尾」就是娵訾，即衛之分星。

　　鶉尾：《左傳‧襄公二十八年》載：「今茲周王及楚子皆將死。歲失其次，而旅於明年之次，以害鳥帑，周楚惡之」。杜注云：「失次於北，禍衝在南。南爲朱鳥，鳥尾曰帑。鶉火、鶉尾，周、楚之分。故周王、楚子受其咎」，可知鶉尾爲楚的分星。

　　至於大梁、壽星等分野，由於文獻不足徵，只好闕其疑了。〔註50〕

（二）依二十八宿分

　　雖然二十八宿的名稱至《呂氏春秋‧有覽始》及十二月紀中才較完整的出現，但在一九七八年湖北隨縣所出土的戰國早期曾侯乙墓，其中就有一寫有二十八宿的漆箱蓋，可見二十八宿的起源至少不會晚於戰國早期，潘鼐更以爲二十八宿的成立至遲爲春秋中後期，〔註51〕依二十八宿來分野的，我們可以舉《史記‧天官書》爲代表：

> 角、亢、氐，兗州。房、心，豫州。尾、箕，幽州。斗，江湖。牽
> 牛、婺女，揚州。虛、危，青州。營室至東壁，并州。奎、婁、胃，
> 徐州。昴、畢，冀州。觜觿、參，益州。東井、輿鬼，雍州。柳、
> 七星、張，三河。翼、軫，荊州。

這是將十三個地理區域配二十八宿，若將這十三個地理區域與《漢書‧地理志》的十三州相較，「江湖」「三河」及「揚州」與〈地理志〉的「交阯」「朔方」「涼州」不同，所謂「江湖」，王先謙說是「九江，盧江、丹楊諸地，均襟帶江湖，故曰江湖」（《史記會注考證》引），其實也就是揚州所統下的九江郡、盧江郡及丹陽郡，並非州名。而「三河」據《史記‧貨殖傳》：「昔唐人居河東、殷人都河內、周人都河南。夫三河在天下之中，若鼎足，王者更居也」，也就是〈地理志〉中的「司隸校尉」，但「司隸校尉」的屬性爲何尚有爭議，〔註52〕所以十三個地理區分屬十二州，這就與〈天官書〉結論中的「二

〔註50〕孫詒讓《周禮正義》頗引《乙巳占》來解這些文獻不足說明的分野，不過《乙巳占》爲唐李淳風所撰，時代較晚，所以本文不採用。

〔註51〕陳遵嬀曾將《史記》以前所出現零星的二十八宿名稱製成一表，參見註38所引書，頁66。二十八宿成立年代，參見潘鼐〈我國早期的二十八宿觀測及其時代考〉，收在劉君燦主編《中國天文學史新探》（臺北：明文，民國77年）。

〔註52〕參見顧頡剛，〈郊居雜記（二）〉，「十三州各家說」條。收在《顧頡剛讀書筆記》（臺北：聯經，民國79年），第三卷。

十八舍主十二州」的說法符合。不過很明顯的，《史記・天官書》的這十三個
地理區域都是以漢民族所在區域爲主，異民族的「交阯」「朔方」「涼州」並
不與焉，莫怪梁玉繩要提出：「豈日星只在中國，而不臨四夷哉」（《史記志疑》）
的疑問了。

　　《漢書・天文志》的分野和《史記》相同，但張守節《史記正義》所引
的《星經》，對二十八宿的分野法便與《史記》有些不同，若在加上《淮南子・
天文訓》的二十八宿分野，可見出這種分野的紊亂。爲對照方便，茲將《呂
氏春秋・有始覽》的九天、二十八宿，〈天官書〉，〈地理志〉、〈天文訓〉及《星
經》的相關資料製成下表：〔註53〕

《呂覽》九天	二十八宿	史記天官書	漢書地理志	淮南子天文訓	星　經
中央鈞天	角	兗州	韓	鄭	兗州
	亢	兗州	韓	鄭	兗州
	氐	兗州	韓	宋	豫州
東方蒼天	房	豫州	宋	宋	豫州
	心	豫州	宋	宋	豫州
	尾	幽州	燕	燕	幽州
東北方變天	箕	幽州	燕	燕	幽州
	斗	江湖	吳地	越	揚州
	牛	揚州	粵地	越	揚州
北方玄天	女	揚州	粵地	吳	青州
	虛	青州	齊地	齊	青州
	危	青州	齊地	齊	并州
	室	并州	衛地	衛	并州
西北方幽天	壁	并州	衛地	衛	并州
	奎	徐州	魯地	魯	徐州
	婁	徐州	魯地	魯	徐州
西方顥天	胃	徐州	魯地	魏	冀州
	昂	冀州	趙地	魏	冀州
	畢	冀州	趙地	魏	益州

〔註53〕顧頡剛，〈松上讀書記（四）〉也曾將《呂覽》、《淮南子》、《漢書・地理志》
　　　的分州與分野製成一表，但有錯誤，〈地理志〉的柳、七星、張配周地，顧氏
　　　誤將張宿配楚地。

西南方朱天	參	益州	魏地	趙	益州
	觜	益州	魏地	趙	益州
	井	雍州	秦地	秦	雍州
南方炎天	鬼	雍州	秦地	秦	雍州
	柳	三河	周地	周	三河
	星	三河	周地	周	三河
東南方陽天	張	三河	周地	周	三河
	翼	荊州	楚地	楚	荊州
	軫	荊州	楚地	楚	荊州

不過，二十八宿分野也有變形，如《呂氏春秋·有始覽》的分野法是先將天劃九部份，再將二十八宿配合九野，亦即：

> 何謂九野？中央曰鈞天，其星角、亢、氐。東方曰蒼天，其星房、心、尾。東北曰變天，其星箕、斗、牽牛。北方曰玄天，其星婺女、虛、危、營室。西北曰幽天，其星東壁、奎、婁。西方曰顥天，其星胃、昴、畢。西南曰朱天，其星觜巂、參、東井。南方曰炎天，其星輿、鬼、柳、七星。東南曰陽天，其星張、翼、軫。

九野應當是配九州的，所謂九州，乃是：

> 河漢之間為豫州，周也。兩河之間為冀州，晉也。河濟之間為兗州，衛也。東方為青州，齊也。泗上為徐州，魯也。東南為揚州，越也。南方為荊州，楚也。西方為雍州，秦也。北方為幽州，燕也。

雖然呂覽此處說「天有九野，地有九州」，不過，所指的九州顯然未雜有鄒衍的大九州之說，而是以〈禹貢〉九州為範疇的，〔註54〕王成組以為它采用戰國早期的九國作為各州的標記，具有相當明確的『近代』意義……按照所列的國名，大致代表公元前四七五年越滅吳，和公元前四六八年齊滅魯之間的形勢」，〔註55〕但可怪的是這裏的「天有九野，地有九州」兩者並不相配，「豫州」、「冀州」、「兗州」、「徐州」在文中並未明確交待方位，如以相對位置來安排，兗州較靠近東北，豫州較靠近中央，可順利補在中央、東北二個方位，但徐州在揚州之北，兗州之南，青州之西，豫州之東，冀州在豫州之北，兗州之西，均與所剩下的方位不合。（參見上表）

〔註54〕關於九州說的問題，參見本章第三節。
〔註55〕王成組，《中國地理學史》（北京：商務，1988），頁28。

造成這種現象的原因，或許是因爲呂覽作者只是將九野與九州做形式上的類比，而忽略與現實地域的搭配。

（三）綜合型

《史記·天官書》提到：「二十八舍主十二州，斗秉兼之，所從來久矣。秦之疆也，候在太白，占於狼、弧；吳楚之疆，候在熒惑，占於鳥、衡；燕齊之疆，候在辰星，占於虛、危；宋鄭之疆，候在歲星，占於房、心；晉之疆，亦候在辰星，占於參、罰。及秦并吞三晉、燕、代，自河山以南者中國。中國於四海內，則在東南爲陽。陽則日、歲星、惑、塡星，占於街南，畢主之。其西北，則胡貉、月氏，諸衣旃裘引弓之民爲陰。陰則月、太白、辰星，占於街北，昴主之。故中國山川東北流。其維首在隴、蜀，尾沒于勃、碣。是以秦、晉好用兵，復占太白。太白主中國。而胡、貉數侵掠，獨占辰星，辰星出入躁疾，常主夷狄，其大經也。此更爲客主人。熒惑爲孛，外則理兵，內則理政。故曰：雖有明天子，必視熒惑所在。」這是綜合各種分野說的一段記載，分析此段文獻，大致是：

（一）北斗七星兼主十二州：北斗七星的分野方式，〈天官書〉也有記載：「杓攜龍角，衡殷南斗，魁枕參首。用昏建者杓：杓，自華以西南。夜半建者衡：衡，殷中州河濟之間。平旦建者魁：魁，海岱以東北也。斗爲帝車，運于中央，臨制四鄉。分陰陽，建四時，均五行，移節度，定諸紀，皆繫於斗」。

（二）以五星爲候：候也是占驗的意思，這裏是以五星爲候。太白星，於五行屬金，居西方，主征伐。歲星於五行屬木，居東，主農事。辰星，於五行屬之水，居北方，主四時氣候。熒惑，於五行屬火，居南方，主兵燹、疾疫。塡星，於五行屬土，居中央，主土地。五星中歲星、辰星、塡星主吉，太白、熒惑主凶。

（三）以二十八舍爲占：二十八舍與二十八宿的星宿名稱略有不同，〈天官書〉爲二十八舍系統，狼、弧二舍即井、鬼二宿，罰即參。至於，「鳥」、「衡」指的就是南方七宿，〈天官書〉即云：「南宮：朱鳥，權、衡」。

（四）以陽陰分中外，畢主中國，昴主外國：以中國在四海的東南方，這種講法隱約有鄒衍大九洲的影子在，不過又配上陰陽的觀念，以中國爲陽，西北方的異民族爲陰，再將陽配上日、歲星、熒惑、塡星；陰配上月、辰星、太白。又，畢宿與昴宿之間的兩星稱「天街」，「天街」以南爲中國，屬畢，

以北爲異民族，屬昴。換言之，這裏先運用中國屬東南方的說法判定中國爲陽，次將七曜也分陰陽，再則把畢宿與昴宿間的「天街」視爲華夷之界，分由畢昴主之。

可知〈天官書〉的這套星象分野說其實是頗爲複雜的，而這種已是天文占卜的綜合分野說，其實在《左傳・襄公二十八年》已有記載：

> 二十八年春，無冰。梓愼曰：今茲宋、鄭其饑乎？歲在星紀，而淫
> 於玄枵，以有時菑，陰不堪陽，蛇乘龍。龍，宋、鄭之星也。宋、
> 鄭必饑。玄枵，虛中也。枵，耗名也。土虛而民耗，不饑何爲？

魯大夫梓愼因鑑於此年冬季因有冰而無冰，觀察天象發現歲星應在星紀卻越位到了玄枵枵，天象異常必有災異，而冰爲陰，冰不出自是陽過盛，歲星（木星）於五行中屬東方，其象爲龍，而玄枵於四象中屬玄武（龜蛇），所以是「蛇乘龍」，以五星分野來說宋、鄭的分星爲歲星，所以「蛇乘龍」必是宋、鄭遭殃，至於所遭的災害則饑饉，因爲玄枵所主爲女、虛、危三宿，虛宿正居其中，虛爲耗，不足之意，所以得饑饉之災。這裏運用了十二次，四象，二十八宿的觀念，已是綜合類型的先聲了。

二、讖緯中的星象分野說

星象分野的說法有何依據？這個問題在讖緯中有很適切的回答，《春秋・感精符》云：「地爲山川，山川之精上爲星，各應其州域分野，爲國作精神符驗也」，〔註56〕即天地之氣相感應，天有九野，所以地就有九州，而得天地之精氣的人類仿天地而建構文化秩序，分封建國其實也是與列星相應的，「王者封國，上應列宿之位；其餘小國，不中星辰者，以爲附庸」「庸者通也。官小德微，附於大國以名通，若畢星之有附耳」〔註57〕（〈元命包〉）。換言之，星象分野正是宇宙秩序的反映。

讖緯中的星象分野說由於典籍殘缺，詳細內容不甚清楚（如《尚書緯・考靈曜》提到了九野說，但無具體分野法），大致可知有依北斗七星分的，有依十二次分的，有依二十八宿三類，也有難以斷定分法的，唯林金泉已對《詩緯・推度災》所出現的星象分野做了詳盡的論述，〔註58〕本文不擬重複，茲

〔註56〕「地爲山川，山川之精上爲星」的說法在讖緯中，尤其是《河圖》、《洛書》裏有更詳細的論說，詳見下節。

〔註57〕附耳星屬於畢宿的附座，《史記・天官書》云：「畢宿大星旁一小星曰附耳」

〔註58〕仝註48所引文。林文所得結論爲「詩緯分野乃就詩經國風十三國配天宿而言，

將其他讖緯中的分野說依類別分述如下：

（一）依北斗七星分

《尙書‧堯典》云：「在璇璣玉衡，以齊七政」，璇璣玉衡即指北斗七星，讖緯對這句話有很深入的闡發，「七政天斗：上一星天位，二主地，三主火，四主水，五主土，六主木，七主金」（〈含神霧〉），「宮主君，商主臣，角主父，徵主子，羽主夫，少宮主婦，少商主政，是法北斗而爲七政」（《禮緯‧斗威儀》）等等皆是，說的更詳細的大概是《洛書》中的這段話了：

> 開樞受微，逆天失度；提旋序微，地道失理；機耀緒微，人民怨結，政乖失常；權拾取微，江河涸竭，水失道；玉衡樞微，音節災紀；開陽紀微、律歷鐘呂，昧失理；搖光吐微，星辰政度失序。
>
> （《洛書》）

七星既與七政有關，《史記‧天官書》又提到「二十八宿主十二州，斗秉兼之」，讖緯對此自然也有更進一步的推演。《尙書緯》云：

> 北斗居天之中，當崑崙之上，運轉所指，隨二十四氣，正十二辰，建十二月，又州國分野年命，莫不政之，故爲七政。

既然「州國分野年命，莫不政之」，那究竟如何分呢？《尙書緯》沒有說明。不過，〈文曜鉤〉倒有一些說明：

> 華歧以北，龍門積石至三危之野，雍州屬魁星；太行以東，至碣石王屋砥柱，冀州屬璇星；三河雷澤東至海岱以北，兗、青之州屬機星；蒙山以東至羽山，南至江會稽震澤，徐、揚之州屬權星；大別以東至雲澤九州衡山，荊州屬衡星；荊山西南岷山北距鳥鼠，梁州屬陽星；外方熊耳以東至泗水陪尾，豫州屬杓星。

即將九州中的兗、青同歸機星，徐揚同歸權星，如此七星恰可主九州。這裏的九州就是〈禹貢〉中的九州。不過，北斗七星的稱呼在〈文曜鉤〉中另有不同的說法：

> 雍州屬魁星……冀州屬樞星，兗州、青州屬機星……徐州、揚州屬權星……荊州屬衡星……梁州屬開星……豫州屬搖星。

前者稱七星是魁星、璇星、機星、權星、衡星、陽星、杓星。而後者稱爲魁星、樞星、機星、權星、衡星、開星、搖星。其中「開陽星」一稱開星、一

與實際地域並不相應，卻與歲星運行及歷法三正攸關」。

稱陽星,「搖光星」一稱搖星、一稱杓星都無關緊要,值得留意的是對「魁星」的異稱,前者將「天樞星」視為魁星,但後者的魁星卻是指「天璇星」,問題就在於雍州屬魁星,魁星所指又不一致,可見這種分野只是形式上的區分,恐怕未曾實際運用過。〔註59〕

(二)依二十八宿分野

〈元命包〉中有段零星的記載,是依二十八宿分野的,茲述如下:

牛、女為江湖,江湖者所以開神潤化,故其氣遄急。

昴畢間為天街,散為冀州,分為趙國,立為常山。

牽牛流為揚州,分為越國。

虛危之精,流為青州,分為齊國,立為萊山。

天弓星主司弓弩,流為徐州,別為魯國,徐之為言舒也,言陰收內安詳也。

軫星散為荊州,分為楚國,荊之為言強也,陽盛物堅,其氣急悍。

五星流為兗州,兗之為言端也,言隄精端,故其氣纖殺,分為鄭國。

鉤鈐星別為豫州,豫之為言序也,言陰陽分布,各得處也。

東井、鬼星,散為雍州,分為秦國,東距殽阪,西有漢中,南高山,北阻居庸,得東井,動深之萌,其氣險也。

觜參流為益州,益之為言隘也,謂物類並決,其氣急切決列也。

箕星散為幽州,分為燕國,幽之為言窈也,言風出入窈冥,敏勁易曉,故其氣躁急。

營室流為并州,分為衛國之鎮,立為明山,并之為言誠也,精舍交并,其氣勇抗誠信也。

將這些片斷的記載,配上天干可歸納成如下表格:

〔註59〕其實讖緯中對北斗七星名稱的記載是相當紊亂的,〈洛書〉說:「北斗魁,第一曰天樞,第二曰璇星,第三璣星,第四權星,第五玉衡,第六開陽,第七搖光。第一至第四為魁,第五至第七為杓,含陰布陽,故稱北斗。這似乎是說一至四星合稱為魁,但〈文曜鉤〉中卻又說「斗者天之喉舌,玉衡屬杓,魁為璇璣」,又是以璇璣二星為魁。

天干	星宿	州	國	山	天干	星宿	州	國	山
子	虛、危	青州	齊	萊山	午	□□	□□	□□	□□
丑	牽牛	揚州	越國	楊山	未	卒、鬼	雍州	秦	□□
寅	箕	幽州	燕	□□	申	觜參	益州	晉魏	□□
卯	鉤鈐	豫州	□	□□	酉	軫、畢	冀州	趙	常山
辰	五星	兗州	鄭	□□	戌	天弓	徐州	魯	□□
巳	軫	荊州	楚	□□	刻	營室	并州	衛	明山

由這張表格中我們可以看出，〈元命包〉的這些零星記載其實是很疏略，可知必有脫漏，基本上是以二十八宿排列，但「鉤鈐」「五星」「天弓」有些不同。「鉤鈐」是房的附座，一如附耳爲畢的附座，此處大概是舉「鉤鈐」以代房宿。兗州的分星是「五星」，若就二十八宿的排列，「五星」應當是角宿或亢宿中的屬星，但此二宿中並無此「五星」，不知所指爲何。至於徐州的分星「天弓」，《晉書‧天文志》做「氐」，但是依前後均是就二十八宿的排列上看，應當是奎宿、婁宿或胃宿，而不是氐宿，但「天弓」也非此三宿中的屬星，甚至二十八宿中也無此星，諒是出自另一系統。至於所缺的部份，若與〈天官書〉相校，則與豫州相應的當是「宋」，午所缺的屬星當是「星、張」，相應的地域是「三河」與「周」。

（三）綜合型

〈洛書〉中有一段是將十二次，配合二十八宿而來的分野說，即：

> 從南斗十二度至須女七度爲星紀，在丑，揚州。須女八度，至危十五度，爲玄枵，在子，青州、齊也。危十六度至奎四度爲娵訾，在亥，并州、衛也。奎五度至胃六度爲降婁，在戌，徐州、魯也。胃七度至畢十一度爲大梁，在酉，冀州、趙也。畢十二度至井十五度爲實沈，在申，益州晉、魏也。井十六度至柳八度爲鶉首，在未，雍州、秦也。柳九度至張十七度爲鶉火，在午，周三河。張十八度至軫十一度爲鶉尾，在巳，荊州楚也。軫十二度至互四度爲壽星，在辰，兗州鄭韓也。互五度至尾九度爲大火，在卯，豫州，宋也。尾十度至斗十一度爲析木，在寅，幽州，燕也。（《洛書》）

我們可將這段記載與〈天官書〉的十二州，及《周禮‧春官‧保章氏》的鄭玄注相較，製成如下的表格：

天干	洛 書					鄭玄注	史 記 天 官 書	
	次	分	度	州	國	國	宿	州
子	玄枵	須女8	危13	青州	齊	齊	虛、危	青州
丑	星紀	南斗12	須女7	揚州	□	吳越	牽牛、婺女	揚州
寅	析木	尾10	斗11	幽州	燕	燕	尾、箕	幽州
卯	大火	氐5	尾9	豫州	宋	宋	房、心	豫州
辰	壽星	軫12	氐4	兗州	鄭韓	鄭	角、亢、氐	兗州
巳	鶉尾	張18	軫11	荊州	楚	楚	翼、軫	荊州
午	鶉火	柳9	張17	周	三河	周	柳、七星、張	三河
未	鶉首	井16	柳8	雍州	秦	秦	東井、輿鬼	雍州
申	實沈	畢12	井15	益州	晉魏	晉	觜觿、參	益州
酉	大梁	胃7	畢11	冀州	趙	趙	昂畢	冀州
戌	降婁	奎5	胃6	徐州	魯	魯	奎婁胃	徐州
亥	娵訾	危16	奎4	并州	衛	衛	營室至東壁	并州

由這張對照表可看出：

（一）《洛書》中星紀缺了對應的方國，由鄭玄注可知此方國為「吳越」。

（二）〈天官書〉所列只有二十七宿，這是因為與斗宿對應的是「江湖」，實屬於「揚州」。

（三）以《洛書》與〈天官書〉的二十八宿相較，《洛書》星紀的「須女八度至危十五度」與〈天官書〉的「虛、危」，《洛書》其實包括了須女、虛、危三宿，兩者倒無不同，其間的差別只在〈天官書〉舉其成數，而《洛書》取其頭尾。

（四）《洛書》所云的星宿角度與《漢書·律歷志》歲術所載的角度完全相符，可知《洛書》以及〈律歷志〉二者是同一來源。〔註60〕

至於《論語讖》中有以太微垣的「三台」為分野的，其說為：

　　上台上星主兗豫，下星主荊揚，中台上星主梁雍，下星主冀州。

若以北斗七星所配的九州來說，三台星所配實少青州、徐州二州，東方無一星與之對應，其說更為無據。

〔註60〕《晉書·天文志》說：「班固取三統歷十二次配十二野，其言最詳。又有費直說周易，蔡邕月令章句，所言頗有先後」，其間的差別就在角度上的互有出入。

由上可知讖緯中的星象分野正反映了自古以來的各種分野法，不過資料殘缺，只能大略指出其間關係而已，至於分野說的眞正目的乃是方便星象預言，關於這點，本文第二章第三節已有扼要說明，此處不再贅言。

第三節　讖緯中的世界圖式

前兩節裏分別介紹了讖緯中的宇宙生成論與星象分野說，這兩節都是屬於天文方面，不過星象分野說已關係到地理的安排，本節則順此轉入讖緯中對世界圖式的論述，不過在論述方式上與前兩節稍有不同，前兩節均先就讖緯出現前的宇宙生成論及星象分野說做說明，其次則分析讖緯與這些觀念間的關係，本節則先分三項說明讖緯的世界圖式，每分析完一項，隨即探討其可能來源，並採取表列比較方式來說明。

一、昆侖爲地中心說

讖緯中的地理觀首先值得留意的是「昆侖爲地中心」的說法，這種說法主要見於《河圖》與《洛書》中：

> 地中央曰昆侖，昆侖東南，地方五千里，名曰神州，其中有五山，帝王居之。(《河圖‧括地象》)

> 昆侖者，地之中也，地下有八柱，柱廣十萬里，有三千六百軸，互相牽制，名山大川，孔穴相通。(《河圖‧括地象》)

昆侖爲地中央這種觀念的提出反映出何種意義？這是頗值探究的問題。關於這一問題我們可以換句話來表示，即：何以昆侖是地中央？要回答這個問題則必須先分析「八柱」的觀念，在〈括地象〉中有這樣的記載：「昆侖山爲天柱，氣上通天」，〈龍魚河圖〉中也說「昆侖山天中柱也」，「天中柱」即天柱，對天柱的描寫〈括地象〉中有一段較詳細的說明：

> 昆侖有銅柱焉，其高入天，所謂天柱也。圍三千里，周員如削。下有仙人九府治之，與天地同休息。其柱銘曰：昆侖銅柱，其高入天，員周如削，膚體美焉。

這似乎是說天柱是一，然則此天柱是一還是八？其實這問題所涉及的是古人對天的看法，而且即是蓋天說觀點下的產物。〔註61〕蓋天說的理論扼要說明

〔註61〕中國古代的天論主要是渾天說與蓋天說，蓋天說的理論是天圓地方，以《周

就是「天圓地方」，地的八方有八根天柱來支撐著天，即所謂「八柱」，不周山即是其一，但崑崙山的天柱並不屬於這八柱之一。因爲崑崙是地中央，而八柱則在地的八極。換言之，八柱與崑崙的關係猶如輻轂一般，由此我們便可知「崑崙爲地中央」所透顯的意義了。

其次，〈括地象〉中又有稱崑崙爲「地首」者，如：

> 崑崙之山爲地首，上爲握契，滿爲四瀆，橫爲地軸，上爲天鎮，立爲八柱。

> 地之位起形於崑崙，從廣萬里，高萬一千里，神物之所生，眾仙之所集也，其上有五色雲氣。

「地之形起於崑崙」與「崑崙爲地之中」是否同質？其實這個問題並不難回答，因爲崑崙所代表的天柱是上達於天的樑柱，地勢極其高聳，〔註62〕想像中地是以崑崙爲中心而向外拓展，所以這兩者所說的實際上是同質的。《春秋緯・命歷序》就說「天地開闢，萬物渾渾；無知無識，陰陽所憑。天體始於北極之野，地形起於崑崙之墟」。因爲地形是由崑崙開始，崑崙以其高聳所以「氣上通天」，五色雲氣聚集，〔註63〕神人居焉，而八極則是八柱的所在地，也就是大地的盡頭。

地形始於崑崙，所以與古人生活息息相關的河，想像中也是源於崑崙：〔註64〕

> 黃帝問風后曰：余欲知河之始開。風后曰：河凡有五，皆始開于崑崙之墟。（《河圖・始開圖》）

> 黃河出崑崙東北角剛山東，自北行千里，折西行於蒲山；南流千里，

牌算經》爲代表，渾天說的理論則主張「渾天如雞子，天體圓如彈丸」（張衡，渾天儀圖注），至於這兩派間的關係是排斥抑或是互補，渾天說是否有地圓的主張……仍是學術界爭議不休的課題，參見陳遵媯《中國天文學史》第六冊（臺北：明文，民國79年），第九編，第三章。劉君燦編，《中國天文學史新探》（臺北：明文，民國77年），第三部份。《中國天文學史文集》第四集（北京：科學，1986）。

〔註62〕這種上通於天的「天柱」，便是賴以登天的攀援憑藉，參見袁珂《中國神話傳說辭典》（臺北：華世，民國76年），「天梯」條。

〔註63〕「五色雲氣」便說明了崑崙不是偏至，不虞有生克的現象產生，所以得地之中眾仙成集。

〔註64〕這是因爲「河者水之伯，上應天漢」（〈援神契〉），「日月爲陰陽宗，北辰爲星宗，河爲水宗」（《尚書緯》），在這種天有其象，地有其形的感通下，自然會將源遠流長的河說是自崑崙來。

至文山；東流千里，至秦澤；西流千里，至潘澤陵門；東北流千里，
至華山之陰；東南流千里，至下津；然河水九曲，其長九千里，入
渤海。(《河圖・始開圖》)

不過《河圖・降象》中有段記載，頗值得留意，這段記載是：

河導昆侖山名地首，上爲權勢星，一曲也；東流千星至規其山，名
地契，上爲距樓星，二曲也；邠南千里至積石山，名地肩，上爲別
符星，三曲也。邠南千里入隴首山，間抵龍門首，名地根，上爲營
室星，四曲也；龍門上爲王良星，爲天橋，神馬出河躍，南流千里，
抵龍首，至卷重山，名地咽，上爲卷舌星，五曲也；東流貫砥柱，
觸閼流山，名地喉，上爲樞星，以運七政，六曲也，西距卷重山千
里，東至雒會，名地神，上爲紀星，七曲也；東流至大岯山，名地
肱，上爲輔星，八曲也；東流至絳水，千里至大陸，名地腹，上爲
虛星，九曲也。

這正說明了星是氣之精者，在天成象，在地成形，山川與天上的星宿是相通
的，天垂象，地就有與之相應之物。

　　讖緯中「昆侖爲地中央」的說法已如上述，接下來我們要追問，這種說
法是從何而來，要清楚「昆侖爲地中央」的說法，我們必須先瞭解「昆侖」
的原委始末。「昆侖」一詞在〈禹貢〉中已有記載，這段記載是這樣的：「黑
水西河惟雍州，弱水既西，涇屬渭汭；漆沮既從，灃水攸同；荊、歧既旅，
終南惇物，至於鳥鼠；原隰底績，至於豬野；三危既宅，三苗丕敘。厥土惟
黃壤，厥田惟上上，厥賦爲中下。厥貢惟球、琳、琅玕。浮於積石，至於龍
門西河，會于渭汭。織皮：昆侖、析支、渠搜，西戎即敘。」這是非常值得
留意，但卻不太爲人所重視的問題，此乃因學者多以爲〈禹貢〉晚出（戰國
末年），其主要證據不外是梁州貢鐵、九州五服等項似不可能早於春秋以前，
[註65] 但近年考古資料證明，春秋時代已運用鐵器，梁州貢鐵並非絕無可能，
[註66] 辛樹幟更以爲〈禹貢〉成書可能還在西周文、武、周公、成、康的全
盛之世，[註67] 縱使我們接受屈萬里的說法，以春秋末年至戰國初年爲寫成

〔註65〕 參見《續僞書通考》（臺北：學生，民國73年），上冊，頁140～214。
〔註66〕 姚涌彬〈中國歷史文物〉一文提到，江蘇六合程橋春秋晚期墓中出現了鐵器
　　　　標本，河南洛陽、湖北大治、河北易縣也都有鐵器出土，參見《中國歷史學
　　　　四十年》（北京：書目文獻，1989），頁519。
〔註67〕 仝註65所引書，頁179～213。

年代，也不因此而殺減其價值。因爲在先秦文獻中除《山海經》外，對昆侖的描寫沒有比這段記載更清楚的了，如《管子・輕重甲》談的是經濟問題，其中有「昆侖之墟不朝，請以璆琳琅玕之幣乎？」由上下文可知是此「昆侖之墟」是承繼〈禹貢〉的講法，其次如〈離騷〉的「邅吾道夫昆侖兮，路脩遠以周流」，以及〈天問〉的「昆侖縣圃，其尻安在？增城九重，其高幾里？」對昆侖所在的位置流露出深深的迷惑，均不如〈禹貢〉點出了昆侖的實際位置，不過〈禹貢〉對昆侖的描述僅止於事實的陳述，並未雜有神話傳說的色彩在裏面，與讖緯中對昆侖的描寫頗有差距。

　　《山海經》對「昆侖」的描寫頗多，不過究竟是《山海經》取材自〈禹貢〉，或是〈禹貢〉取材自《山海經》，還是兩者各有來源而不相屬？這個問題至今仍未取得共識，〔註68〕在〈西山經〉、〈海內西經〉、〈大荒西經〉、〈海內東經〉、〈大荒北經〉均曾提到「昆侖」，比較詳細的是下面幾段文字：

> 昆侖之丘，是實爲帝之下都，神陸吾司之。其神狀虎身而九尾，人面而虎爪。是神也，司天之九部及帝之圃時……有獸焉……有鳥焉……有木焉……有草焉……河水出焉……赤水出焉……洋水出焉……黑水出焉……。（〈西次三經〉）

> 海內昆侖之墟，在西北，帝之下都。昆侖之虛，方八百里，高萬仞。上有木禾，長五尋，大五圍。面有九井，以玉爲檻。面有九門，門有開明獸守之，百神之所在，在八隅之巖，赤水之際，非仁羿莫能上岡之巖。赤水出東南隅，以行其東北。河水山東北隅，以行其北，西南又入渤海，又出海外，即西而北，入禹所導積石山。洋水、黑水出西北隅，以東，東行，又東北，南入海，羽民南。弱水、青水出西南隅，以東，又北，又西南，過畢方鳥東。（〈海內西經〉）

這裏所記載的昆侖亦虛亦實，將河水、赤水、洋水、黑水、弱水與〈禹貢〉所提到的導山、導水相比，近來學者已能指出昆侖之虛指的就是「巴顏喀拉山」，〔註69〕黑水就是「金沙江」，赤水上游可能就是「雅礱江」，下游可能就

〔註68〕其實也有可能是兩者各有來源，並不相統屬，因爲〈禹貢〉爲地理書自古無異議，但《山海經》在歸類上出入甚大，如《漢志》即將之歸在「形法類」，視爲一種相書，參見祝平一《漢代的相人術》（臺北：學生，民國79年），第三章。

〔註69〕鄧少琴，〈山海經昆侖之丘應即青藏高原巴顏喀拉山〉，收在《山海經新探》（四川，社科院，1986），頁15～25。

是「盤江」，〔註70〕「洋水」就是「嘉陵江」，也稱為「西漢水」，弱水就是「瀾滄江」，〔註71〕而這些記載與〈禹貢〉相較是完全契合的，這是實的部份。虛的部份就是其中的神話傳說，「帝之下都」云云在《淮南子·地形訓》中有進一步的發揮。

　　雖然《山海經》提到河出昆侖，及昆侖為帝之下都等與讖緯所描述的昆侖有關，但這並不就是說讖緯對昆侖的說法是源自《山海經》，我們毋寧說，讖緯中對昆侖的描寫其實是師法《淮南子·地形訓》，這點由如下的表格對照即可清楚看出：

淮南子·地形訓	河　　　圖
有增城九重，其高萬一千里百一十四步二尺六寸	昆侖在西北，其高一萬一千里。
上有木禾，其修五尋，珠樹、玉樹、琁樹不死樹在西，沙棠、琅玕在其東，絳樹在其南，碧樹、瑤樹在其北。	上有瓊樓玉樹。 昆侖虛北有玉樹。
旁有四百四十門，門間四里，里間九純，純丈五尺，旁有九井，玉橫維其西北之隅。 北門開以內不周之風。 傾宮旋室， 縣圃、涼風、樊桐在昆侖閶闔之中，是其疏圃。疏圃之池，浸之黃水，黃水三周復其原，是謂丹水，飲之不死。河水出昆侖東北陬，貫渤海，入禹所導積石山，赤水出其東南陬，西南注南海丹澤之東。赤水之東，弱水出自窮石，至于合黎，餘波流入流沙，絕流沙南至南海。洋水出其西北陬，入于南海羽民之南。凡四水者，帝之神泉，以和百藥，以潤萬物。	昆侖之上為首，上為握契，滿為四瀆，橫為地軸，上為天鎮，立為八柱。 黃河出昆侖東北角，剛山東。 昆侖之弱水中，非乘龍不得至，有三足神鳥為西王母取食。 黃帝問風后曰：余欲知河之始開，風后曰：河凡有五，皆始開乎昆侖之虛。 有昆侖山廣萬里，高萬一千里，神物之所生，聖人仙人之所集也，出五色雲氣，五色河水。 昆侖者，地之中也。地下有八柱，柱廣十萬里，有三千六百軸，互相牽制，名山大川，孔內相通。

〔註70〕黑水、赤水的考證見張國光〈山海經西南之黑水即金沙江考——兼論赤水實指今之雅礱江與盤江〉，全上書，頁59～72。
〔註71〕洋水、弱水的考證全註72所引文。

昆侖之丘，或上倍之，是謂涼風之山，登之而不死；或上倍之，是謂懸圃，登之乃靈，能使風雨，或上倍之，乃維上天，登之乃神，是謂太帝之居。扶木在陽州，日之所曤；建木在都廣，眾帝所自上下，日中無景，呼而無響，蓋天地之中也。若木在建木西，末有十日，其華照下地。	昆侖有銅柱焉，其高入天，所謂天柱也。圍三千里，周員如削。下有仙人九府治之，與天地同休息。柱銘曰：昆侖銅柱，其高入天，員周如削，膚體美焉。

雖然《河圖》論昆侖的資料頗為零散，但大體上可以看出與《淮南子‧地形訓》的類似性，但突顯了「地之中」的說法，然則地之中的觀念從何而來呢？這就和九州說有關了。

二、九州與大九州

昆侖既為地的中央，也是地的啟始，換言之，地是向四面八方擴展的。緊接而來的問題便是：地究竟有多廣？〈括地象〉對此一問題也做了說明：

地廣東西二萬八千里，南北二萬六千里，有君長之。八極之廣，東西二億三萬三千里，南北二億三萬一千五百里。〔註72〕

這段文字中我們首先要注意的是「八極之廣」，所謂「八極」，在〈括地象〉中曾提到「九州之外，是為八夤」「八夤之外，是為八紘」「八紘之外，是為八極」，又說「地有八極」，可知八極是八柱的所在地，換言之，八極是地的盡頭。所以在這段記載中後者所說的八極之廣方是指地的廣度，而前者的地廣實指中國所在的九州，關於這一問題我們可以參看〈括地象〉中的另一則記載：

地南北三億三萬三千五百里，地部之位，起形高大者，有昆侖山，廣萬里，高萬一千里，神物之所生，聖人仙人之所集也。出五色雲氣，五色流小，其泉東南流入中國，名曰河也，其山中應于天，最居中，八十城布繞之，中國東南隅，居其一分，是奸城也。

與上一則相較南北距離相差了一億有奇，但若參照〈含神霧〉中的「天地東西二億三萬三千里，南北二億三萬一千五百星，天地相去一億五萬里」來看，這一則的「三億三萬三千五百里」當是「二億三萬三千五里」之誤，更有利

〔註72〕〈括地象〉中還有一條類似的記載：地廣東西二萬八千，南北二萬六千，有君長之州，有九阻，中土之文德，及而不治。

的證據是，傅大爲指出這種「天地之數」可能是有公式可推算，推算後的數
據約爲二億三萬四千里，與「二億三萬三千里」的數字相距不遠。〔註73〕在
這一則中提到連中國共有八十城環繞昆侖，也就是說，若把昆侖也算在內，
則天下共可分爲八十一分，而中國僅是其中之一而已。〈括地象〉中又記載說：

> 天有九部八紀，地有九州八柱，東南神州曰晨土，正南迎州曰深土，
> 西南戎州曰滔土，正西弇州曰并土，正中冀州曰白土，西北柱州曰
> 肥土，北方玄州曰成土，東北咸州曰隱土，正東揚州曰信土。

我們若將此段文字，配合〈括地象〉及《河圖》都有記錄的：

> 凡天下有九區，別有九州，中國九州名赤縣，即禹之九州也，上云
> 九州八柱即大九州，非禹貢赤縣小九州也。

則我們可以如此說：第一層結構是「九區」，也稱「九州」，即大九州，也就
是所謂「地有九州，以苞萬類」的九州。第二層結構則是每一區又各有九州，
中國只是東南神州下這一區下的赤縣，即天下的八十一分之一；而此赤縣又
經大禹劃爲九州，即小九州。我們可以稱小九州爲第三層結構。但因小九州
有「君長文德之治」，風土人情居於神州之冠，所以在以部份代全體的情況
下，赤縣與神州便互稱了，《河圖》所說的「昆侖東南五千里，號神州，亦
稱赤縣」便是因此而來。有了這種觀念之後，再看「昆侖在西北，其高一萬
一千里，上有瓊玉之樹……」（〈括地象〉），當可知道這是以赤縣神州的方位
來說的。

　　然而，有趣的是，我們在《河圖》中又見到「地門」、「地理」、「地雌」、
「地穴」、「地乳」的記載，這與黃河九曲的情況是一致的：

> 嶓冢山，上爲狼星，武關山爲地門，上爲天高星，主圖圖，荊山爲
> 地雌，上爲軒轅星，大別爲地理，以天合地以通，三危山在鳥獸之
> 西南，上爲天苑星，岐山在昆侖東南爲地乳，上爲天糜星，汶山之
> 地爲井絡，帝以會昌，神以建福，上爲天井，桐柏山爲地穴，上爲

〔註73〕傅大爲，〈論周髀研究傳統的歷史發展與轉折〉，清華學報新十八卷第一期。
傅氏的推算方式是，由《禮記·王制》的「凡四海之內九州，州方千里，建
百里之國三十七」，以及「凡四海之內，斷長補短，方三千里，爲田八十萬億
一萬億畝」，得到「九州之界方千里」的基本數，將此基本數配上大九州說，
即三千乘九爲二萬七千里（大九州之一州），這個數據與〈括地象〉中的「地
廣」相較誤差爲一千里，再以二萬六千里爲基本數，乘九，得二億三萬四千
里，與讖緯或其他古書中的天地之數相差不大。

維星，鳥鼠同穴山，地之幹也，上爲掩畢星，熊耳山地門也，精上
爲畢附耳星。〔註74〕

爲醒眉目，茲將這段資料表列如下：

嶓冢山	□□	狼星	岐山	地乳	天糜星
武關山	地門	天高星	汶山	井絡	天井
荊山	地雌	軒轅星	桐柏山	地內	維星
大別山	地理	□□□	鳥鼠同穴山	地之幹	掩畢星
三危山	□□	天苑星	熊耳山	地門	附耳星

〈禹貢〉有「嶓冢導漾，東流爲漢」，即嶓冢爲漢水上源所出之山，狼星
指的天狼星，爲南方井宿的屬星，天苑星爲西方昴宿的屬星，軒轅星爲南方
張宿的屬星，附耳星爲西方畢宿的屬星，這所代表的其實就是「山川之精上
爲星辰」（〈感精符〉）的說法。

由上述的分析可知，讖緯中的九州觀念顯然是鄒衍大九州說的進一步發
揚，再與《山海經》中的昆侖神話相結合，而形成的一種世界觀，然則這種
世界觀是如何縮結完成的？這便要追溯「九州」一詞是何時出現，以及如何
被鄒衍的大九州說所吸收。

九州一詞早見典籍所載，如《左傳·宣公四年》載〈虞人之箴〉「芒芒
禹跡，畫爲九州，經啓九道」，〈齊侯鎛鐘〉：「尃受天命，咸有九州，處禹之
堵」，至於九有、九牧、九伯……，〔註75〕更是屢見古籍，這種九分法事實
上是一種分類的範疇，九州說也許是從井田制推展出來的，〔註76〕不過這些
九州都是泛指，並未具體說出九州究竟是那九州；眞正指出九州的是〈禹
貢〉，〈禹貢〉九州是冀州、兗州、青州、徐州、揚州、荊州、豫州、梁州及

〔註74〕　〈括地象〉中也有同樣的記載，但文字略有出入。「汶山之地爲井絡，帝以會
昌，神以建福，上爲天井」句，〈括地象〉做「岷山之地，上爲井絡，帝以會
昌，神以建福，上爲天井」。

〔註75〕　《古史辨》第二冊收有顧頡剛〈秦漢統一的由來和戰國人對於世界的想像〉、
張蔭麟〈評顧頡剛：秦漢大統一的由來和戰國人對於世界的想像〉等文，即
是對九州虛實的討論。顧氏在此文中劃了張大九州的圖，不過此圖有誤，其
誤在於將中國置於大九州的正中央，事實上中國應置於大九州中央的東南。

〔註76〕　井田制是否存在曾有一番激烈論辯，參見柯金《中國古代社會》（坊間本），
及趙岡、陳鍾毅的《中國土地制度史》（臺北：聯經，民國74年），第一章，
但這種分類法容八方於中央，成一向中央靠攏的制度，在古代應當是存在的。

雍州，鄒衍則提出了：「儒者所謂中國者，於天下乃八十一分居其一分耳。中國名曰赤縣神州，赤縣神州分自有九州，禹之序九州是也。不得爲州數，中國外如赤縣神州者九，乃所謂九州也。於是有裨海環之，人民禽獸，莫能相通者，如一區中者，乃爲一州。如此者九，乃有大裨海環其外，天地之際焉。」（《史記·孟荀列傳》）。讖緯中的大九州說很顯然是繼承了這種講法，但大九州的名稱在《史記》中並沒有記載，不過《淮南子·地形訓》中則有大九州的州名，茲將《淮南子·地形訓》與《河圖·括地象》中的大九州比較如下：

淮南子·地形訓	河圖·括地象
天地之間，九州八極，	天有九部八紀，地有九州八柱。
土有九山，山有九塞，澤有九藪，風有八等，水有六品。	天有五行，地有五岳；天有七星，地有七表；天有四維，地有四瀆；天有八氣，地有八風；天有九道，地有九州。
何謂九州？東南神州曰農土，正南次州曰沃土，西南戎州曰滔土，正西弇州曰并土，正中冀州曰中土，西北台州曰肥土，正北泲州曰成土，東南薄州曰隱土，正東陽州曰申土。	東南神州曰晨土，正南□州曰深土，西南戎州曰滔土，正西弇州曰并土，正中冀州曰白土，西北柱州曰肥土，北方玄州曰成土，東北咸州曰隱土，正東州曰信土
闔四海之內，東西二萬八千里，南北二萬六千里。	地廣東西二萬八千里，南北二萬六千里，有君長之州，有九阻，中土之文德，及而不治。
禹乃使太章步自東極，至于西極，二億三萬三千五百里七十五步，使豎亥步自北極，至于南極，二億三萬三千五百里七十五步。	極廣所長南北二億三萬三千五百里，東西二億三萬三千里。 ◇自東極至於西極，五億十萬九千八百八步（春秋·元命包）
九州之外，乃有八殥，亦方千里。自東北方曰大澤，曰無通；東方曰大渚，曰少海；東南方曰具區，曰元澤；南方曰大夢，曰浩澤；西南方曰者資，曰丹澤；西方曰九區，曰泉澤；西北方曰大夏，曰海澤；北方曰大冥，曰寒澤。	夫九州之外，是爲八殥；八殥東南，興區曰無澤；南方曰大夢，曰浩澤；西南增資，曰丹澤；西方九區，曰泉澤；西北大夏，曰海澤；北方大冥，曰寒澤；東北無通，曰大澤；東方大渚，曰少澤。
八殥之外，而有八紘，亦方千里。自東北方曰和丘，曰荒土；東方曰棘林，曰桑野；東南方曰大窮，曰眾女；南方曰都廣，曰反戶；西南方曰焦僥，曰炎土；西方曰金丘，曰沃野；西北方曰一目，曰沙所；北方曰積冰，曰委羽。	夫八殥之外，是爲八紘。東南大窮，曰眾女；正南都廣，曰反戶；西南焦僥，曰炎土；正西金邱，曰沃野；西北一目，曰沙所；北方積冰，曰委羽；東北和邱，曰荒土；東方棘林，曰桑野。
八紘之外，乃有八極。自東北方曰方土之山，曰蒼門；東方曰東極之山，曰開明之門；東南方曰波母之山，曰陽門；南方曰南極之山，曰暑門；西南方曰編駒之山，曰白門；西方曰西極之山，曰閶闔之門；西北方曰不周之山，曰幽都之門；北方曰北極之山，曰寒門。	夫八紘之外，是爲八極。南方南極之山，名曰欒暑之門；西南編駒之山，名景白之門；西方西極之山，名曰閶闔之門，西北不周之山，名曰幽都之門；北方北極之山，名曰寒凌之門；東北方土之山，名曰綠蒼之門，東方東極之山，名曰開明之門。

是故山氣多男，澤氣多女，障氣多瘖，風氣多聾，林氣多癃，木氣多傴，岸下氣多腫，石氣多力，險阻氣多癭，暑氣多夭，寒氣多壽，谷氣多痺，丘氣多狂，衍氣多仁，陵氣多貪，輕土多利，重土多遲，清水音小，濁水音大，湍水人輕，遲水人重，中土多聖人，皆象其氣，皆應其類。……是故堅土人剛，弱土人肥，壚土人大，沙土人細，息土人美，耗土人醜，食水者善游能寒，食土者無心而慧，食木者多力而□，食草者善走而愚，食葉者有絲而蛾，食肉者勇敢而悍，食氣者神明而壽，食穀者知慧而夭。	九州殊題，水泉剛柔名異，青州角徵會，其氣剛勇，人聲塞，其泉苦以辛；兗豫宮徵會，其氣平靜，人聲端，其泉苦以甘；雍冀商羽會，其氣馺烈，人聲捷，其泉鹹以辛。 氣隨人形，南方至溫，其人大口，象氣舒緩也。北方至寒，其人短頸，象氣急縮也，東方川谷所清，其人小頭兌形，象木小上也。西方高土，日月所入，其人面多毛，象山多草木也。中央四通，雨露所施，其人面大，象土平廣也。（春秋·文曜鈎）

　　經由上述的比較，我們可以清楚看出，讖緯中的九州說事實上是脫胎自《淮南子·地形訓》，這與昆侖為地中央的情況是一樣的。

三、遠方異國

　　中國方位既已確定，但要構成一完整的世界圖式，對中國之外的遠方異民族是不能不加介紹的，《淮南子·地形訓》曾說：

　　　　凡海外三十六國：自西北至西南方，有修股民、天民、肅慎民、白民、沃民、女子民、丈夫民、奇股民、一臂民、三身民。自西南至東南方，結胸民、羽民、讙頭國民、裸國民、三苗民、交股民、不死民、穿胸民、反舌民、豕喙民、鑿齒民、三頭民、修臂民。自東南至東北方，有大人國、君子國、黑齒民、玄股民、毛民、勞民。自東北至西北方，有跂踵民、句嬰民、深目民、無腸民、柔利民、一目民、無繼民。

這種對海外諸國的描述與漢代既有的地理知識是不成比例的，〔註77〕究其實這段文字是取材自《山海經》，袁珂曾對兩者做了比較：「《淮南子·地形訓》……俱本此經文為說。唯自西北至西南方，多天民，無巫咸國、軒轅國；自西南至東南方，多裸國民、豕喙民、鑿齒民，無厭火國，載國、周饒國：自東南至東北方，無青丘國，雨師妾國；自東北至西北方，無聶耳國、夸父國，是其異。」，〔註78〕〈括地象〉中對這些遠方異國也有些記載，雖資料殘缺，但有部份仍可以看出是依仿自《山海經》，不過在敘述上遠為詳盡，茲將兩者共

〔註77〕漢代對海外諸國的認識其實並不貧乏，既使是劉安在編此書的時代亦復如此，參見沈福偉，《中西文化交流史》（臺北：東華，民國78年），第二章。
〔註78〕袁珂，《山海經校注》（臺北：里仁，民國71年），頁185。

通處製成下表：

山　海　經	括　地　象
羽民國在其東南，其為人長頭，身生羽。一曰在比翼鳥東南，其為人長頰。	羽民有羽，飛不遠也，鸞鳥食其卵，去九疑四萬兩千里。
貫穿國在其東，其為人匈有竅。一曰在戴國東。	禹誅防風氏，夏后德盛，二龍降之，禹使范氏御之以行。經南方，防風神見，禹怒射之，有迅雷，二龍升去，神懼以刃自貫其心而死，禹哀之，瘞以不死草，皆生，是名穿胸國。
三身國在夏后啓北，一首而三身。	庸成氏實有季子，其性喜淫，晝淫于市，帝怒放之於西南，季子儀馬而產子，身人也，而尾馬，是為三身之國。
奇肱之國在其北，其人一臂三目，有陰有陽，乘文馬。	奇肱民能為飛車，從風遠行，湯時西風吹，奇肱車至於豫州，湯破其車，不以示□，十年西風至，乃復作車遣賜之，去玉門四萬里。
丈夫國在維鳥北，其為人衣冠帶劍。	殷帝大戊，使王孟採藥於西王母，至此絕糧。食木食，衣木皮，終身無妻，而生二子，從背間出，是為丈夫，民去玉門二萬里。
大人國在其北，為人大，坐而削船。一曰在䠀丘北。（海外東經）	大人國，其民孕三十六年而生兒，生兒長大，能乘雲，蓋龍類，去會稽四萬六千里
有白民之國，帝俊生帝鴻，帝鴻生白民白民銷姓，黍食，使四鳥：虎、豹、熊、羆。（大荒東經）	白民白首，身被髮。
君子國在其北，衣冠帶劍，食獸，使二大虎在旁，其人好讓不爭。有薰華草，朝生夕死。一曰在肝榆尸北。（海外東經）	君子民帶劍，使兩文虎，衣野絲，土方千，多薰華之草，好讓，故為君子國。薰華朝生夕死，大極山西，有采華之草，服之通萬里之言。
無腎之民在長股東，為人無腎。	無咸民食土，死即埋之，其心不朽，百年生，去玉關四萬六千里。納民無繼，民並穴居食土，無夫婦，死則埋之。〔註79〕
肅慎之國在白民北，有樹名雄常，先入伐帝，于此取之。〔註80〕	肅民穴處，日入時處也，去玉門三萬里。

〔註79〕袁珂以為此無咸民當是《山海經‧海外北經》中的「無腎民」之誤，見袁珂《中國神話傳說辭典》「無咸民」條，這種講法其實是引伸郭璞的：「腎，肥腸也。其人穴居，食土，無男女，死即薶之，其心不朽，死百廿歲乃復更生」而來。至於「納民」由上下文敘述上看來，當亦是指「無腎民」。

〔註80〕《大荒北經》又載有：「大荒之中有山名不咸，有肅慎氏之國」，郭璞注云：「今肅慎國去遼東三千餘里，穴居，無衣，衣豬皮，冬以膏塗其體，厚數分，用卻風寒。其人皆工射，弓長四尺，勁彊；箭以楛為之，長尺五寸，青石為鏑。此春秋時隼集陳侯之庭所得矢也」，由「穴居」判斷，「肅慎之民」應當就是「肅民」，而「納民」也當是指「無腎民」。而「肅慎」古時有此民族，參見呂思勉《中國民族史》（上海：中國大百科全書，1987），第七章。

讖緯中仍有不少異國是《山海經》，以及《淮南子》所未曾提及的，這些異國可分為兩類，一類是出自想像的異民族，如：

> 納民無繼，民並穴居食土，無夫婦，死則埋之。

> 莜路之民，地寒穴居，冬則食草木之根。去朔方萬二千里。

> 從昆侖以北九萬里得龍伯國，人長三十丈。生萬八千歲而死，從昆侖以東得大秦國，人長十丈，從此以東十萬里，得佻吐洞國，人長三丈五尺，從此以東千里，得中秦國，人長一丈。(《河圖‧玉版》)

> 昆侖以西得焉波國，有人長一丈，大九尺，踐龜蛇，戴朱鳥，青龍，右按白虎，知河海斗斛，識山大多少、通天下鳥獸言語，明百穀草木滋味甘苦，名為無不達。(《河圖‧玉版》)

> 昆侖以北得無路，人長二千里，足間相去十里，圍千五百里，好飲酒，常遊天地間，不犯百姓，不干萬物，與天地同死生。(《河圖‧玉版》)

> 昆侖之東十萬里，有大秦之國。人民長三十丈，亦壽萬八千歲，不知田作，但食沙石子。(《河圖》)

另一類是有事實可徵的異國：

> 桀放三年死，子獯鬻妻桀之眾妾，居北野，謂之匈奴。

> 天毒國，最大暑熱，夏草木皆乾死，民善沒水，以避日入時暑，常入寒泉之下。

> 丁零之民，地寒穴居。食土及禽獸之肉，神邱月火穴，光照千里，去琅琊三萬里。

稱「匈奴」為夏桀的後裔即是指匈奴為中國屬地，「天毒國」即身毒，「丁零」為匈奴以北的一小國，《史記》、《漢書》都有記載。

經由「昆侖為地中央」、「九州與大九州」以及「遠方異國」的說明，可以很清楚的看出，讖緯中的世界圖式乃是由內而外，在勢力所及的地域建立秩序，勢力所不及之處就以神話來塑造其神秘性，這與當時的地理知識其實並不相符，漢代對域外諸國的認識事實上已遠達東羅馬帝國，讖緯中這種遠方異國的圖式，其實是種心理的投射，而非徵實，其目的無非在說明中國得天地之最貴，及文化秩序上的差序格局。

第四章　讖緯中的文化秩序
──以政治興革爲中心的考察

　　上一章我們分析了讖緯中的自然秩序，也試著將之安置在歷史環節中探求其原委始末，由這些分析中我們發覺讖緯中的自然秩序其實正是人類意識的投射，所謂「黃帝受地形，象天文以制官」（《論語讖・譔考》），乃是一種經由「存有論的解析」所逆推得來的想法，[註1] 而這正是天人感應所慣用的模式，如：漢代陸賈在述歷代存亡之徵而呈於漢高祖的《新書》的首篇，一開始便說：

> 故曰：張日月，列星辰，序四時，調陰陽，布氣治性，次置五行，
> 春生夏長，秋收冬藏，陽生雷電，陰成霜雪，養育群生，一茂一亡，
> 潤之以風雨，曝之以日光，溫之以節氣，降之以殞霜，位之以眾星，
> 制之以斗衡，苞之以六合，羅之以紀綱，改之以災變，告之以禎祥，
> 動之以生殺，悟之以文章。（〈始基〉）

顯然就把政權建立（政治秩序）與天人關係劃上了等號，奉天承運，除舊佈新，正是此種思想的反映。在這一章中我們要探究的正是這種「自然秩序」背後的理路，亦即人世間的「文化秩序」。

　　在正式進入「文化秩序」的探討前，我們必須要說明的是，既云「文化秩序」，則自然有與之相應的「時代」以供敘述的驗證，否則所論便顯得疏闊

〔註 1〕牟宗三曾提指出：就「存在之然」推論其所以存在之定然之理以爲其定然之性……此是表示此理此性之方式之根本倒轉。此表示方式之倒轉函有一對於存在之然之「存有論的解析」。《心體與性體》，冊一（臺北：正中，民國 76年），頁 82〜83。

而無理序，而與讖緯關係最密切的自非漢代莫屬，所以本章在論「文化秩序」所據引的現象便以漢代爲主。再則本文所謂「文化」指的是「經過人類的思慮、反省，而認爲是合理的一種生活方式和態度；所以它是含有理想、目的的成分在裏面，而與自然生活或野蠻生活相對稱的」，〔註 2〕在這種觀點下文化所涉及的層面自是非常的廣，諸如文學、藝術、宗教、政治均可納入其中，本章所指的「文化秩序」實際上僅是藉政治上的興革爲立論中心，經由對政治秩序興革來探討「文化秩序」的現象。

第一節　秩序的建立與維持：禮樂與孝道

一、禮樂與孝道在文化秩序上的意義

人類因血緣關係而形成了「家」的自覺，這既是文化初步的肇立，也是「秩序」隱微的要求，由家爲啓始而縮結有相同血緣關係的宗族便形成了「氏族」，〔註3〕爲維繫「氏族」於不墜，則必需有共同的信仰，祭祀於是起焉。

禮源於祭祀，這已是學界的定論，〔註4〕祭祀過程中，歌舞以娛神，於是有樂之作，可知禮樂的起源自是極古。禮樂之初既是爲了祭祀，而祭祀的目的無非是致福延年，永保太平，極其明顯的，禮樂的原始意涵便有維繫秩序的要求在其中。尤其，祭祀之重禮樂所代表的正是一種溝通天人的企圖，天之秩序實即人世所企求的。

及至周公制禮作樂，奠定了有周一代的政教規模，此時的禮樂經過了一番轉化，加入了人文精神在其中，已不僅僅侷限在祭祀的行爲，〔註5〕所以錢穆以爲周公的制作「實不啻爲一種新的政治制度的創建」，〔註6〕〈洛誥〉云：

〔註 2〕徐復觀，〈中國孝道思想的形成與演變及其歷史中的諸問題〉，《中國思想史論集》（臺北：學生，民國 77 年），頁 156。

〔註 3〕參見李玄伯，〈家邦通論〉收在《中國上古史論文選集》（臺北：華世，民國 68 年），白川靜，《中國古代文化》（臺北：文津，民國 72 年），第三章。

〔註 4〕近代學者多從字源上來推論禮的起源，雖然在禮、豊、等字上略有爭論，但對禮起源於祭祀已是一種共識。參見邱衍文《上古禮制考辨》。

〔註 5〕詳見徐復觀，《中國人性論史・先秦篇》，第三章。

〔註 6〕錢穆，〈周公與中國文化〉，《中國文化學術論叢（二）》（臺北：東大，民國 65 年），頁 83〜98。不過要注意的是所謂周公制禮作樂並不是指制度全部完成於周公一人之手，而是以周公來代稱，參見許倬雲，《西周史》（臺北：聯經，民國 75 年），第五章。

周公曰:「王肇稱殷禮,祀于新邑,咸秩無文。予齊百工,伻從王于
周;予惟曰庶有事。今王即命,曰:『記功,宗,以功作元祀』惟命
曰:『汝受命篤弼;丕視功載,乃汝其悉自教工。』孺子其朋,其往。
無若火始燄燄,厥攸灼,敘弗其絕。厥若彝及撫事。如予惟以在周
工,往新邑。伻嚮即有僚,明作有功;惇大成裕,汝永有辭。」

換言之,制禮作樂其實正是一新秩序的完成,禮除了代表人文精神之外也由
此而轉成具文,即所謂「禮儀三百,威儀三千」。而大一統的政權為求確保長
治久安,勢必留意禮樂及其相關制度的制建,藉以達成一大至國常彝典,小
至個人行為舉止的「生活秩序」,所以《周禮》開章明義便云「惟王建國,辨
方正位,體國經野,設官分職,以為民極」。然而周公制禮作樂所採取的方法
是宗法制度的「親親尊尊」,〔註7〕隨著西周末葉西北邊患不斷,以及宗法制
度因行之既久逐漸失卻其原始親親尊尊的意涵,再加上周王室所行不正,難
孚眾望,〔註8〕造成了春秋諸侯爭霸,孔子於是有「夷狄之有君,不如諸夏之
亡也」(《論語・學而》)的慨歎,諸侯大夫僭禮亂樂之舉時有所聞,禮徒為具
文,樂亦趨於紛擾,〔註9〕導致禮壞樂崩,諸侯各自為政。而禮壞樂崩指的即
是秩序的瓦解,所以重建禮樂便成了彼時知識階層的首要工作,〔註10〕各種
對禮樂的探討一時蔚興,也促成禮樂思想的進一步發展。〔註11〕

　　早在孔子之前女叔齊已經有「禮所以守其國,行其政令,無失其民者也」
(《左傳・昭公五年》)的見解,孔子則對禮做了本質義的反省,將禮的精神
直指仁心,賦與禮以價值義。〔註12〕在先秦諸多禮論裏,尤以荀子的理論最
可留意,在〈禮論〉中,荀子指出「禮者養也」,以禮的目的在「養人之欲,

〔註7〕 〈左傳・桓公二年〉師服云:「吾聞國家之立也,本大而末小,是以能固。故
　　　　天子建國,諸侯立家,卿置側室,大夫有貳宗,士有隸子弟,庶人工商各有
　　　　分親,皆有等衰。是以民服事其上,而下無覬覦。」這是對宗法制度一段理
　　　　想性的描寫。
〔註8〕 厲王暴虐,幽王廢太子宜臼均是對宗法制度的沈重打擊。
〔註9〕 春秋列強侵陵禮樂的舉動時有所聞,如季孫氏的「八佾舞於庭」,管仲的「樹
　　　　塞門」均是對既有禮制的背離。
〔註10〕此處對「知識階層」的認定是採取余英時的講法,詳見氏〈古代知識階層的
　　　　興起與發展〉,收在《中國知識階層史論・古代篇》(臺北:聯經,民國73年)。
〔註11〕劉澤華在〈先秦禮論初探〉一文對先秦諸子對禮所抱持的理論有很扼要的分
　　　　析,此文收在復旦大學主編《中國文化研究集刊》第四輯。
〔註12〕關於孔子對禮所做的本質義的反省,參見勞思光,《中國哲學史》卷一,頁39
　　　　～47。

給人之求」，爲達到此目的則須「明分使群」，使「貴賤有等，長幼有差，貧富輕重皆有稱者」，而這種秩序之所以能完成的原因乃在禮的精神乃出於「三本」，所謂「三本」即「天地者，生之本也；先祖者，類之本也；君師者，治之本也」，換言之，一切禮制乃是基於「禮三本」的原則而加以規劃籌設的。同理，荀子在〈樂論〉中也提到「樂者，樂也；人情之所必不免也，故人不能無樂，樂則必發於聲音，形於動靜；而人之道，聲音動靜，性術之變盡是矣」，正因爲音樂的入人之深，化人之速，所以先王特爲之節，以齊一人心。基於上述原因，所以荀子強調：

> 國無禮則不正，禮之所以正國也，譬之猶衡之於輕重也，猶繩墨之於曲直也，猶規矩之於方圓也，既錯之而人莫之能誣也。（〈王霸〉）

> 且樂也者，和之不可變者也；禮也者，理之不可易者也。樂合同，禮別異，禮樂之統，管乎人心矣。窮本極變，樂之情也；著誠去僞，禮之經也。（〈樂論〉）

禮樂的功能其實正是「樂合同，禮別異」，而秩序的建立也正基於此種要求，荀子爲禮樂建立了系統理論，漢代論禮諸家其禮學淵源或多或少均受有荀子影響，甚或即是荀子禮學的繼承。〔註13〕

禮的客觀價值即使是屬行法家刑罰之治的秦朝也是不得不承認的，秦始皇在泰山刻石亦書著「貴賤分明，男女禮順。愼遵職事，昭隔內外，靡不清淨」，琅邪刻石記功的碑文上也說「皇帝作始：端平法度，萬物之紀。以明人事，合同父子。聖智仁義，顯白道理」，仁義禮順在這都成了當政者亟欲提倡的道德規範，所以顧炎武在《日知錄》中便有「秦之任刑雖過，而其坊民正俗之意，故未始異於三王也」（卷十三·秦紀會稽山刻石），雖然始皇是否眞如亭林所云，猶有可議之處，但由刻石看來，尚法的秦政亦不得不承認禮義有其一定的價值。

漢代既承暴秦之弊，但因行「秦本位政策」，所以草創之初制度一仍秦舊，〔註14〕及漢高祖患群臣飲酒爭功，狂妄無儀，叔孫通因而說上：

〔註13〕荀子與西漢儒學的淵源歷來治經學者多已言之，如汪中〈荀子通論〉即云漢代經學傳承泰半與荀子有關。徐平章《荀子與兩漢儒學》（臺北：文津，民國77年）便是有關此一問題的專著。

〔註14〕漢初行「秦本位政策」所以在制度上率皆襲用秦朝之舊的說法是李偉泰所提出的，這種觀點確可解釋漢初制度史上的問題。李文見所著《漢初學術及王充論衡述論稿》（臺北：長安，民國75年），第一、二篇。

> 五帝異樂，三王不同禮。禮者，因時事人情因而爲之節文者也。故
> 夏、殷、周之禮所因損益可知者，謂不相復也。臣願頗采古禮與秦
> 儀雜就之。

不過此時所定的「朝儀」，與其說是禮制，倒不如說是將君尊臣卑的觀念加以制度化，所以漢高祖親體這草創的朝儀時，發而爲言的感觸會是「吾迺今日知爲皇帝之貴也」，然而，隨著陸賈、賈誼等人對秦亡漢興所做的知性反省，也提出對漢朝大一統政權的熱切期望。〔註15〕於是陸賈針對禮、法之辨提出了「民知畏法，而無禮義；於是中聖乃設辟雍庠序之教，以正上下之儀，明父子之禮，君臣之義，使強不凌弱，眾不暴寡，棄貪鄙之心，興清潔之行」（〈道基〉篇）。而賈誼也以爲「漢興至今二十餘年，宜定制度、興禮樂，然後諸侯軌道，百姓素樸，獄訟衰息，迺草具其儀」，換言之，賈誼以爲定制度、興禮樂乃是建立秩序的方法，所以在《新書》中賈誼反覆陳述禮樂的意義與價值，如〈禮篇〉云：

> 道德仁義，非禮不成；教訓正俗，非禮不備。分爭辨訟，非禮不決。
> 君臣上下，父子兄弟，非禮不定。宦學事師，非禮不親。班朝治軍，
> 蒞官行法，非禮威嚴不行。禱祠祭祀，非禮不誠不莊。是以君子恭
> 敬撙節退讓以明禮。禮者所以固國家，定社稷，使君無失其民者也。

便是以禮來重建秩序，將禮提昇到一切價值規範的中心。其實，這種重禮的思想幾乎是漢初知識份子的共同的論點。徐復觀即明確地指出：「大小戴禮的成立，淮南門客特長於言法言禮，司馬遷著《史記》而特立〈禮書〉、〈樂書〉，都是在此一背景下之，約百年之間，儒生所追求的合理的政治社會的大方向」。〔註16〕

　　及至漢武獨尊儒術，對禮樂在建立秩序上的意義給以肯定與支持。如元

〔註15〕徐復觀曾指出「西漢知識份子幾乎無不反秦，而反秦實際上即是反漢」，見氏著〈兩漢知識份子對專制政治的壓力感〉，收在《兩漢思想史》卷一（臺北：學生，民國71年），是否西漢知漢份子的反秦即是反漢我們不敢說，但陸賈、賈誼等漢初儒者對亡秦所做的反省確實是對當時政治制度的一種抗議，這可由他們的著作中對漢代「承秦制」的深惡痛絕，以及名著作爲《新語》、《新書》就可知他們所期待的是另一個新的秩序的來臨。

〔註16〕徐復觀〈賈誼思想的再發現〉，《兩漢思想史》卷二，頁140。文中所謂「都是在此同一背景之下」指的是西漢儒生集結戰國中期以來的禮的思想，以作爲法治的根據，及教化的手段與目的。徐氏在《中國經學史的基礎》（臺北：學生，民國71年）頁168，也有同樣的論述。

鼎六年立樂府、定郊祀禮、祠太一、祭后土，元封元年封泰山，太初元年改正朔、易服色、定宗廟百官之儀、造太初曆……在制禮作樂的態度上遠較文、景積極，〔註17〕所以班固在《漢書·武帝紀·贊》中會說：

> 漢承百王之弊，高祖撥亂反正，文景務在養民，至于稽古禮文之事，猶多闕焉。孝武初立，卓然罷黜百家，表章六經。遂疇咨海分，舉其俊茂，與之立功。興太學，修郊祀，改正朔，定曆數，協音律，作詩樂，建封禪，禮百神，紹周後，號令文章，煥焉可述。

雖然徐天麟譏武帝的這些指施是「大典既失，末節何議」，〔註18〕但較之漢初以採行黃老之故的勿多興革，武帝的這些作爲對建立漢代文化秩序實有開創之功。《禮記·樂記》云：「樂者，天地之合也；禮者，天地之序也。和，故百物皆化；序，故群物有別」，禮樂正是建立與維持秩序的必要手段。班固《漢書·禮樂志》也說：

> 六經之道同歸，而禮樂之用爲急。治身者斯須忘禮，則暴嫚入之矣；爲國者一朝失禮，則荒亂及之矣。人函天地陰陽之氣，有喜怒哀樂之情。天稟其性而不能節也；聖人能爲之節而不能絕也。故象天地而制禮樂，所以通神明，立人倫，正情性，節萬事者也……禮節民心，樂和民聲，政以行之，刑以防之。禮樂政刑四達而不誖，則王道備矣。〔註19〕

除禮樂之外，漢代政治特重孝道，就政治而言，提倡孝道也是維持秩序的一種手段，田延年說「漢之傳諡，常爲孝者，以長有天下，令宗廟血食也」（《漢書·霍光傳》）一語道破其中關鍵，但若因此如徐復觀所說：孝道和傳子的政治有密切關係，甚至可說是起源於政治的傳子制度，〔註20〕則未免太強調政治上的發用，而忽略了孝道本是人倫自然之情，傳子制度只是藉孝道的親親

〔註17〕 文景時代對禮樂制度的建設僅有文帝元年有司議立儀禮，但卻因文帝的反對無疾而終，若將景帝元年制昭德舞一事也算在內，則也只此二事而已。雖然賈山、賈誼多方鼓吹，仍是無用。

〔註18〕 徐天麟《東漢會要》卷三案語指武帝「甘泉實奉秦一之祠，音律或雜鄭魏之聲，以封禪則惑方士之言，以宗廟則遺七廟之制，大典既失，末節何議」。

〔註19〕 有趣的是，賈誼說：「夫立君臣、等上下，使父子有禮，六親有紀，此非天之所爲，人之所設也」是視禮樂制度爲人爲創作，而班固的「象天地而制禮樂」則是人察天心而加以制作，可見漢初與東漢思想的演化過程。

〔註20〕 同註2所引文。

之情來維繫宗族政治，並不可以反過來說孝道是起源於傳子制度。〔註21〕

　　既然孝道在政治上有其維繫秩序的作用，爲政者自然要加以提倡，漢初的〈安世房中歌〉在十七章中便有五章提到孝，〔註22〕可見對孝道重視之一斑。至於漢代對孝道具體的提倡，大致上可分爲以下二點：

（一）舉孝廉

　　自惠帝起對孝廉、孝弟便有多種獎勵，〔註23〕武帝「元光元年十一月，初令郡國舉孝廉各一人」（《漢書・武帝紀》），爲恐此令不行，在時隔六年後的元朔元年，更下詔曰：「不奉詔，不舉孝，當以不敬論」。這種以察舉方式選舉孝廉的方式乃成爲漢代的定制，〔註24〕爲入仕的正格。

（二）對《孝經》教育的重視

　　《後漢書・儒林傳》曾提到：「爲功臣子弟，四姓末屬別立校舍，搜選高能以受其業，自期門羽林之士，悉令通孝經，匈奴亦遣子入學」，這是針對貴族所特地成立的措施，具有明顯的穩定政治秩序的要求在其中，〔註25〕而《孝經》在漢代教育制度中所代表的則是一種公民教育，爲學次第乃由小學而孝經而論語而六經，所以未有通一經而不通孝經的。〔註26〕

〔註21〕 至於周予同以爲孝道與生殖崇拜有關（〈「孝」與「生殖崇拜」〉，收在《古史辨》，第二冊）更是將原始觀念與哲學思想混淆爲一。蕭欣義在《中國古代思想史研究法舉隅》（臺北：淡江大學，淡江講座叢書）便舉孝道爲例，探討近人在處理古代孝道問題時，常以後世的定義來規約古代，正犯了方法上的誤置，其說甚諦。

〔註22〕 首章：「大孝備矣，休德昭清」，三章：「大矣孝熙，四極爱饗」，四章：「清明鬯矣，皇帝孝德」，十章：「孝奏天儀，若日月光……孝道隨世，我署文章」，十二章：「烏呼孝哉，案撫戎國」。

〔註23〕 關於這方面的措施，詳見《西漢會要》卷四五。

〔註24〕 兩漢察舉制度可分三途：一爲察舉直接任用，二爲經對策後任，三爲特種選舉。舉孝廉者多直接任爲縣令長、侯國相、縣丞、尉等地方行政官，至於因此而產生的流弊與相對而來的限制，詳見楊樹藩《中國文官制度史》上冊（臺北：黎明，民國75年），第一篇，第二章。

〔註25〕 徐復觀指出：西漢特別重視孝經，其背景有三。一爲以孝增強諸侯王對王室的向心力，二是「事君不忠，非孝也」的觀念有利統治，三是以孝爲家族精神紐帶所組成的社會，是和平安定且有利生產的社會，見《中國經學史基礎》，頁192。光武帝的這項舉動其實也有這種目的在內（參見註26）。

〔註26〕 方師鐸在〈漢初的孝經博士與孝經教育〉一文中，針對〈漢志〉六藝略「孝經，十一家，五十九篇」竟包含五種成份（孝經、五經雜議、爾雅、古今字、弟子職）提出了小學家與漢孝經家代表兩種不同教育階段的解釋，詳氏著《方

其次，由漢律有「無尊上、非聖人、不孝者斬首梟之」（沈家本《漢律摭遺》卷五）的刑罰，以及《孝子傳》的首度出現〔註27〕也可看出孝道在漢代所受重視的現象。

綜上所述，禮樂與孝道既與秩序的建立與維持有如此密切的關係，接著我們便可轉入讖緯中禮樂與孝道思想的探討，不過，在正式進入此向探討之前，我們可以先舉東漢受讖緯影響而改制的禮樂儀典的具體事例，以爲張本。

二、受讖緯影響的禮樂制度

東漢一朝因讖緯影響而立新制、改舊儀的現象歷歷皆是，茲以時代先後爲序，將受讖緯影響而更新的禮樂制度條述如後：

（一）光武帝

1. 建武二年改服色

《東觀漢記》卷一載：

> 自帝即位，按圖讖推五運，漢爲火德，周蒼漢赤，木生火，赤代蒼。
> 故帝都洛陽，制兆於城南七里，北郊四里，行夏之時。時以平旦，
> 服色犧牲尚黑，明火德之運，常服徽幟尚赤，四時隨色，季夏黃色。

〔註28〕

2. 建武二六年定禘祫禮

《後漢書・張純傳》載光武詔張純「宜據經典」制定禘、祫之禮，張純引據《春秋公羊傳》、《漢舊儀》、《禮》及《禮說》。引《禮說》云：

> 三年一閏，天氣小備；五年再閏，天氣大備。故三年一禘，五年一

師鐸文史叢稿・雜著篇》。這種講法，吳承仕在《經典釋文序錄疏證》已發先聲，吳氏云：「孝經、論語，漢人所通習，有受孝經、論語而不受一經者，無受一經而不先受孝經論語者」（臺北：新文豐，民國64年），頁108。但功臣子弟得因父蔭等方式入仕，免經察舉任官，所以光武要在京師別立校舍，爲這些特殊份子講授孝經。

〔註27〕 專以孝子事成書者始於劉向《孝子圖傳》，紀傳體史書中《東觀漢記》則首次出現了孝子傳。關於這方面資料，詳見吳樹平，〈紀傳體史書中孝子傳創始始末考〉，《秦漢文獻研究》（山東：齊魯書社，1988），頁388～404。

〔註28〕 本文又說：「議者曰：……圖讖著伊堯，赤帝之子，俱與后稷並受命而爲王。漢劉祖堯，宜令郊祀帝堯以配天，宗祀高祖以配上帝」，但據《續漢書・祭祀志》的記載，建元七年杜林上疏力爭「漢起不因緣堯，與殷周異制」，光武採納杜林的講法，並不以高祖配祭。

祫。禘之爲言諦，諦定昭穆尊卑之義。禘祭以夏四月，夏者陽氣在上，陰氣在下，故正尊卑之義也。祫祭以冬十月，冬者五穀成熟，物備禮成，故合聚飲食也。

《禮說》即爲《禮緯・稽命嘉》，〔註29〕而禘、祫之禮經張純的議制遂爲定制。

3. 建武二七年立辟雍、明堂

《後漢書・張純傳》云「純以聖王之建辟雍，所以崇尊禮義，既富而教者也、乃案七經讖、明堂圖、河閒古辟雍記、孝武太山明堂制度，及平帝時議，欲具奏之」，雖然博士桓榮已先著鞭，但「純議同榮」，其事果行。不過「純議同榮」指的是兩者同對建辟雍的理念一致，或是對辟雍的建制一致，史無明文，難得其實，但兩者應該是沒有太大差距的。〔註30〕

4. 建武三二年行封禪禮

《續漢書・祭祀志》云「三十二年正月，上齋，夜讀《河圖・會昌符》，曰：赤劉之九，會命岱宗。不愼克用，何益於承。誠善用之，姦僞不萌。感此文，乃詔松等復案索河雒讖文言九世封神事者。松等列奏，乃許焉」，先是張純等人於建武三十年奏請封神，光武下詔峻拒，雖然張純在上奏中也引用《樂緯・動聲儀》「以雅治人，風成於頌」，但與河、雒諸讖文的直指劉九，效能上相距甚遠，〔註31〕及見〈會昌符〉遂決定封禪。

（二）明 帝

1. 永平二年五郊迎氣服色

《續漢書・祭祀志》有「迎時氣，五郊之兆。自永平中，以禮讖及月令有五郊迎氣服色」，迎氣的淵源或即與農業生產有關，《國語・周語上》便有「古者太史順時脈土，陽癉憤盈，土氣震發，農祥晨正，日月底于天廟，土乃脈發」的說法。

2. 永平三年改〈大樂〉為大予樂

〔註29〕 參見安居香山《緯書の成立とその展開》（日本，圖書刊行會，昭和五九年），後篇，第一章，第二節，第一項，頁354。

〔註30〕 桓榮所學爲歐陽尚書學，又世爲經學大家，歐陽尚書爲今文經學，讖緯乃附庸今文經學而行，由此推知桓榮與張純的主張應是一致的。其後光武雖在中元元年營明堂辟雍，但未用事，明帝即位始行祀禮。

〔註31〕 《續漢書・郊祀志》提到光武封禪泰山之前，遣侍御史及蘭臺令史將工先行上山刻石，刻石的內便大量引用讖緯，參見《續後書・祭祀志》。

《後漢書·曹褒傳》:「顯宗即位,(曹)充上言:漢再受命,仍有封禪之事,而禮樂崩闕,不可爲後嗣法。五帝不相沿樂,三王不相襲禮,大漢自當制禮,以示百世。帝問曰:制禮樂云何?充對曰:《河圖·括地象》曰:有漢世禮樂文雅出。《尚書緯·璇璣鈐》曰:有帝漢出,德洽作樂,名予。帝善之,下詔曰:今且改〈大樂〉官曰太予樂,歌詩曲操,以俟君子。」

(三)章　帝

1. 元和二年制禮樂

《後漢書·曹褒傳》云:

會肅宗欲制定禮樂,元和二年下詔曰:《河圖》稱「赤九會昌,十世以光,十一以興」,《尚書·璇璣鈐》曰:「述堯理世,平秩禮樂,放唐之文」。予末小子,託於數終,曷以纘興,崇弘祖宗,仁濟元元?

〈帝命驗〉曰:「順考堯德,題期立象。」且三五步驟,優劣殊軌,況予頑陋,無以克堪,雖欲從之,末由也已。每見圖書,中心愿焉。

…………

褒既受命,乃次序禮事。依準舊典,雜以五經讖記之文,撰次天子至於庶人冠婚吉凶終始制度,以爲百五十篇,寫以二尺四寸簡。其年十二月奏上。帝以衆論難一,故但納之,不復令有司平奏。

曹褒制禮是「依準舊典,雜以五經讖記之文」,及章帝崩,和帝即位,曹褒更爲所制定的禮樂制度做章句,和帝乃賜名《新禮》。其後雖遭衆議而未施行,但依讖緯而制禮的事實畢竟存在。

三、讖緯中的禮樂與孝道思想

以讖緯與漢代政治糾葛之深,可以想見讖緯中的禮樂與孝道思想必然也是極其豐富的,爲敘述方便,我們將讖緯中的禮樂與孝道思想分爲:(一)禮樂制度(二)樂與與風俗(三)孝道思想,三部份加以探討。

(一)禮樂制度

禮樂即是制度,制禮作樂本有非常濃厚的象徵意義在,「制禮作樂者,所以改世俗,致祥風,和雨露,爲萬牲獲福於皇天者也,聖人作樂,繩以五元,度以五星,碌貞以道德,彈形以繩墨,賢者進,佞人伏」(《禮緯·動聲儀》),讖緯中對禮樂的敘述並不少見,且論述層面非常廣泛,如對禮的起源有這樣

一則記載：

> 禮有三起：禮理起於太一，禮事起於遂皇，禮名起於黃帝。(《禮緯‧
> 含文嘉》)

也就是說禮的精神於天地初開時便已存在，及遂皇出，人事現象發生，於是
有禮的行爲出現；黃帝時，人倫大備，因其事實而賦予各種名稱。這自然是
一種理想性的描述，《禮記‧禮運》的「禮必本於太一，分而爲天地，轉而爲
陰陽，變而爲四時，列而爲鬼神」也是這種說法。《荀子‧禮論》說「禮有三
本：天地者，生之本也；先祖者，類之本也；君師者，治之本也」，都是在爲
禮尋得形而上的依據。〔註32〕

　　至於論禮制的文字頗爲零散，底下分爲甲、明堂，乙、靈臺，丙、辟雍
與三老、五更，三部份加以敘述。

甲、明　堂

　　明堂起於何時頗難追考，《尸子》有「黃帝曰合宮，有虞氏曰總章，殷人
曰陽館，周人曰明堂」的說法，是否就是事實並不清楚。漢代議立明堂始於
趙綰、王臧所提出的「欲議古立明堂城南，以朝諸侯」(《史記‧封禪書》)，
但爲竇太后所抑止，這或許是因爲建明堂其實是有深刻意涵的，「修建明堂的
意義遠遠不止于僅是提供一個祭祀天地神靈的廟宇，它是和整個上層建築的
『改革』，即是重新建立一種政治的，倫理的體系聯繫在一起，作爲一個政治
的、倫理的象徵豐碑而被提出來」，〔註33〕所以武帝正式掌權後，在元封二年
就在泰山籌建了明堂，〔註34〕不過此時的明堂並未建在國都，直到平帝時，
王莽才在國之陽建立了明堂，並成了東漢的定制。東漢學者對明堂的形制及
其象徵意義有深入的論述，如桓譚《新論》：

> 王者造明堂、辟雍，所以承天行化也。天稱明，故曰明堂。上圓法
> 天，下方法地，八窗法八風，四達法四時，九室法九州，十二坐法

〔註32〕　《大戴禮記》也有〈禮三本篇〉，其內容應是依仿《荀子‧禮論》。又，讖緯
　　　　將禮樂賦予形上義的例子並不少見，《樂緯》中也提到：「上元者，天氣也，
　　　　居中調禮樂，教化流行，總五行氣爲一」，〈含文嘉〉也說「禮之動搖也，與
　　　　天地同氣，四時合信，陰陽爲符，日月爲明，上下和洽，則物獸如其性命」。
〔註33〕　王世仁，〈明堂形制初探〉，收在《中國文化研究集刊》(復旦大學)，第四輯。
〔註34〕　這個明堂的形狀，據《漢書‧郊祀志》的說法是：「明堂中有一殿，四面無壁，
　　　　以茅蓋，通水，水圜宮垣，爲複道，上有樓，從西南入，名曰昆侖，天子從
　　　　之入，以拜祀上帝焉」。

十二月，三十六戶法三十六雨，七十二牖法七十二風，為四面堂各
從其色，以倣四方。（〈正經〉）

班固《白虎通義》：

天子立明堂者，所以通神靈，感天地，正四時，出教化，崇有德，
重有道，顯有能，褒有行者也。明堂上圓下方，八窗四闥，布政之
宮在國之陽，上圓法天，下方法地……（卷六，〈辟雍〉）

蔡邕《明堂論》：

明堂者，所以明天地，統萬物……其制度之數，各有所依。堂方
四十四尺，坤之策也；屋圜屋徑二百一十六尺，乾之策也；太廟、
明堂方三十六丈，通天屋徑九丈，陰陽九六之變也；圜蓋方載，
六九之道也；八闥象八卦，九室以象九州，十二宮以應十二辰，
三十六戶、七十二牖，以四戶八牖成九室之數也；戶皆外設而不
閉，示天下不藏也，通天屋高八十一尺，黃鍾九九之實也，二十
八柱列于四方，亦七宿之象也，堂高三丈，以應三統，四鄉五色
者，象其行外廣二十四丈，應一歲二十四氣，四周以水，象四海，
王者之大禮也。

將明堂建制的象徵意義，闡述的十分詳細。讖緯中對明堂的解釋主要為如下
的幾則：

明堂所以通神靈，感天地，正四時，出教令，崇有德，褒有行。（《禮
緯・含文嘉》）

明堂者，天子佈政之宮，八窗四闥，上圓下方，在國之陽。（〈援神契〉）

明堂之制，東西九筵，筵長九尺也，明堂東西八十一尺，南北六十
三尺，故謂之太室。（〈援神契〉）

明堂有五室，天子每月於其室聽朔布教，祭五帝之神，配以有功德
之君。（〈援神契〉）

得陽氣明朗，謂之明堂。以明堂義大，故所合理廣也。（〈援神契〉）

明堂文王之廟，夏后氏曰世室，殷人曰重屋，周人曰明堂。東西九
筵，南北七筵，堂崇一筵。五室。凡室二筵，蓋之以茅，周公所以
祀文王於明堂，以昭事上帝。（《孝經緯》）

我們可將東漢學者論明堂的建制與讖緯所云制成下表：

	東 漢 學 者	讖 緯
名 稱	天稱明，故曰明堂 明堂者，所以明天地，統萬物	得陽氣明朗，謂之明堂
功 能	通神靈，感天地，正四時，出教化，崇有德，重有道，顯有能，襃有行。 天子造明堂辟雍，所以承天行化也	通神靈，感天地，正四時，出教令，崇有德，襃有行。 明堂者天子佈政之宮
建 制	堂方一百四十四尺，屋圜屋徑二百一十六尺，方三十六丈，通天屋高九丈，九室，十二堂，二十八柱，三十六戶，七十二牖，八闥。	八窗四闥，上圓下方，在國之陽。 明堂東西八十一尺，南北六十尺。 明堂有五室。

　　經由上表的比較，可以發現東漢學者與讖緯對明堂建制的說法出入甚大，如讖緯云「五室」，但東漢學者說「九室」；讖緯說「東西九筵，南北七筵」，但東漢學者說「堂方一百四十四尺，堂徑二百一十尺六寸」；讖緯說「八窗四闥」，東漢者說「七十二牖，八闥」，彼此分明是出自不同系統，而東漢學者所說的明堂其建制遠較讖緯所記載的爲大，且與近年出土的東漢明堂建制相符。〔註 35〕讖緯的明堂說並非東漢明堂的如實反映，而是傳說中周代的建制：「周人明堂，度九尺之筵，東西九筵，南北七筵，堂崇一筵。五室，凡室二筵」(《周禮·考工記》)。不過周代的明堂原只是「文王之廟」，〔註 36〕功能爲祭祀先祖，而讖緯提到「祭五帝之神，配以有功德之君」，這就與周代明堂有所出入，實是東漢制度的反映了。〔註 37〕

　　但《重修緯書集成·孝經緯》中引有趙在翰輯《七緯》及黃奭輯《漢學堂叢書》，均收有《隋書·牛弘傳》的一則明堂資料，這則資料是：「堂方一百四十四尺，屋圓楣徑二百一十六尺，太室方六丈，通天屋，徑九丈，八闥二十八柱，堂高三尺，四向五色」，似乎與《孝經緯》中其他論明堂的資料相距甚多，反倒切近東漢學者的說法，經查《隋書·牛弘傳》，知此文實是牛弘引《周書·月令篇》，《重修緯書集成》誤收。

乙、靈　臺

　　讖緯中關於靈臺的記載主要是如下幾則：

　　　　二十九年伐崇侯，作靈臺，改正朔，布王號於天下，受錄應河圖。(〈乾

〔註 35〕參見註 3 所引文。
〔註 36〕參見王夢鷗〈古明堂圖考〉，收在《三禮研究論集》(臺北：黎明，民國 70 年)。
〔註 37〕《後漢書·明帝紀》就載有：「宗祀光武皇帝於明堂，以配五帝」的說法。

—99—

鑿度〉）

靈臺侯天意也，經營靈臺，天下附也。（《詩緯‧汎歷樞》）

靈臺考符居高顯，聖王所以宣德察微。（《孝經緯‧援神契》）

天子有靈臺，以侯天地；諸侯有時臺，以候四時。（《禮緯》）

禮天子靈臺，所以觀天人之際，陰陽之會也。揆星度之驗徵，六氣
之瑞應，神明之變化，睹因氣之所驗，爲萬物獲福於無方之原，招
太極之清泉，以興稼穡之根，倉廩實知禮節，衣食足知榮辱，天子
得靈臺之則，五車三柱，明制可行，不失其常，水泉川流，無滯寒
暑之災，陸澤山陵，禾盡豐穰。（《禮緯‧含文嘉》）

據戶川芳郎的研究，靈臺有三種意義：一是指心，二是指高臺之名，三是指
供日月、星辰等天體觀測和雲霧、風向等氣象測侯用的高層建築物。〔註38〕
讖緯中的靈臺則顯然是屬於第三義。上引諸則中〈乾鑿度〉的「伐崇侯，作
靈臺」可以暫置不論，〔註39〕而〈含文嘉〉所言遠較〈汎歷樞〉爲詳，所以
此處便以〈含文嘉〉爲論述依據。《後漢書‧明帝紀》載永平二年正月辛未詔
有「升靈臺，望元氣。吹時律，觀物變」的說法，可見靈臺與「氣」有某種
程度的關聯，同年十二月「始迎氣於五郊」，〔註40〕三年春正月明帝迎春於東
郊，並下詔曰：

朕奉郊祀，登靈臺，見史官，正儀度。夫春者，歲之始也。始得其
正，則三時有成。比者水旱不節，邊人食寡，政失於上，人受其咎。
有司其勉順時氣，勸督農桑，去其螟蜮，以及蟊賊，詳刑慎罰，明
察單辭，夙夜匪懈，以稱朕意。

將這段文獻與上引〈含文嘉〉相比較，可以清楚的發現兩者的思想脈絡是一
致的。「正儀度」指的是正天文儀器，也就是〈含文嘉〉的「揆星度之驗徵」；
「勉順時氣」亦與「六氣之瑞應，神明之變化」相當，這些舉止其實完全是
天人感應思想下的產物，一切措施必須法天。

〔註38〕 戶川芳郎，〈禮統和東漢的靈臺〉，收在《日本學者論中國哲學史》。

〔註39〕 因爲由上下文看，這裏的靈臺指的似乎是觀測天體用的高臺，不過未獲得更
完足的證據只好暫時存而不論。

〔註40〕 《後漢書‧明帝紀》有「是歲（永平二年），始迎氣於五郊」，注引《續漢書》
云：「迎氣五郊之兆，四方之兆各依其位也。中央之兆在未，壇皆三尺，立春
之日，迎春於東郊，祭青帝句芒，車服皆青，歌青陽，八佾舞雲翹之舞……」
五郊指的就是五帝神。

丙、辟雍與三老、五更

　　要維繫秩序不能不由最根本的教化著手，這種觀念漢初儒者談論已多，而「教化之行，建首善自京師始，繇內及外」（《漢書·儒林傳序》）的要求可說是共同的理想，辟雍就是在這種理念下所創造出極富象徵意義的教育場所。漢代辟雍雖早自武帝時代兒寬就已提出，不過遲至王莽專權才正式將辟雍建立起，到東漢光武、明、章諸帝才將辟雍的象徵意義徹底表現出來。所謂「辟雍的象徵意義」指的就是「崇有德，褒有行」（《禮緯》），其施行的方法就是將西漢即已設置的三老五更等鄉吏賦予象徵教化實行者的身份，而以天子之尊親禮敬之，以表示國家對教化的重視，〔註41〕讖緯對這種禮制頗有鈙述，如「三老五更，皆取有妻女完具者」（〈援神契〉），說的是三老五更的條件，「三者道成於三，五者訓於五品，言其能以善道改己」（〈含文嘉〉），則解釋也「三」老「五」更象徵意義。至於底下四則則指明了尊事三老的具體行爲：

> 三老五更，皆取有妻女完具者。（〈援神契〉）
>
> 天子臨辟雍，尊事三老，兄事五更。（〈援神契〉）
>
> 天子辟雍，親割牲以養三老。（〈援神契〉）
>
> 尊三老者，父象也，謁者奉几，安車軟輪，供綏執；事五更，寵有度，接禮交容，謙恭順貌。（〈援神契〉）

當然，「辟雍之禮得，穆穆皇皇和服，則太微諸侯明也」（〈含文嘉〉）這種的祥瑞說更是少不了。

　　讖緯中論禮制的文字尙有許多，唯多數是斷簡，敘述較清楚的則是有關袷禘之禮的幾則：

> 天子袷禘，巡狩有度，考功貴室，內外之制，各得其宜，四方之事無蓄滯，上下交通則山澤出靈龜寶石，麒麟出苑圃，六畜繁多天苑，有德星見。（〈含文嘉〉）
>
> 三年一袷，五年一禘，以衣服，想見其容色，三日齊，思親志意，想見所好意喜，然後入廟。（〈稽命徵〉）

〔註41〕《漢書·武帝本紀》云：「二年舉民五十以上，有修行能帥眾爲善，置以爲三老。鄉一人，擇鄉三老一人爲縣三老，與縣令丞尉以事相教，復勿繇戍，以十月賜酒肉」。

這可與光武時期張純援引讖緯以定祫禘之禮之事相應證，至於其它論廟制、喪制、服飾的文字因過於瑣碎，此處就不具引了。

（二）樂與風俗

聽樂可以觀風俗，這種論點早見於《左傳》、《國語》（如季札觀樂），《詩緯》、《樂緯》中也多有陳述，〈動聲儀〉就提到：

> 樂者，移風易俗。所謂聲俗者，若楚聲高，齊聲下；所謂事俗者，若齊俗奢，陳俗利巫也。先魯後殷，新周故宋，然宋商俗也。

對各地樂與風俗的不同，〈含神霧〉中有很詳細的記載，如：

> 齊地處孟春之位，海岱之間，土地汙泥，流之所歸，利之所聚，律中太蔟，音中宮角。陳地處季春之位，土地平夷，無有山谷，律中姑洗，音中宮徵。

> 曹地處季夏之位，土地勁急，音中徵，其聲清以急。

> 秦地處仲秋之位，男懦弱，女高燎，白色秀身，音中商，其言舌舉而仰，聲清而揚。

> 唐地處孟冬之位，得常山太岳之風，音中羽，其地磽磽而收，故其民險而好畜，此唐堯之所起。

> 魏地處季冬之位，土地平夷。

> 邶鄘衛王鄭，此五國者，千里之城，處州之中，名曰地軸。

> 鄭代己之地，位在中宮，而治四，參連相錯，八風通氣。

這是將十五國風配以四季、十二律，並以五行方位而做的「風俗」判斷，可以說是標準的天人感應思維下的秩序反映。

再則，各地方樂可以表達各地的風俗，由此便可知得失，自考正，但這是民間的俗樂，天子亦當制樂，制樂的目的有二，一是「受命而王，為之制樂，樂其先祖也」（〈叶圖徵〉），二是「先王制樂，所以節百事」「樂聽其聲，和以音，考以俗，驗以物類」「聖人作樂，不可以自娛也，所以觀得失之效者也」（〈叶圖徵〉），各地有風謠，天子有雅樂，如此便可「樂合同」，經由這兩條路徑秩序便在掌握中了。

再則〈動聲儀〉將五音也賦予秩序義，即：

> 宮為君，君者當寬大容眾，故其聲弘以舒，其和清以柔，動脾也；
> 商為臣，臣者當以發明君之號令，其聲散以明，其和溫以斷，動肺

也；角爲民，民者當約儉不奢僭差，故其聲防以約，其和清以靜，動肝也；徵爲事，事者君子之功，旣當急就之，其事當久流亡，故其聲貶以疾，其和平以功，動心也。羽爲物，物者不齊委聚，故其聲散以虛，其和斷以散，動腎也。

亦即將五音與五臟，以及君、臣、民、事、物合冶一爐，所代表的意義就是樂由人生，與人事制度是一致的，共成一完整的秩序意義。不過，將樂與秩序連上關係最具代表性的當是〈叶圖徵〉中的這一段文字：

坎主冬至，宮者君之象，人有君，然後萬物成；氣有黃鐘之宮，然後萬物調，所以始正天下也，能與天地同儀，神明合德者，則七始八終，各得其宜，而天子穆穆，四方取始，故樂用管。艮主立春，陽氣始出，言雷動百里，聖人授民田，亦不過百畝，此天地之分，黃鐘之度，九而調八音，故聖人以九頃，成八家，上農夫食九口，中者七口，下者五口，是爲富者不足以奢，貧者無飢餒之憂，三年餘一年之蓄，九年餘三年之蓄，此黃鐘之所成，以消息之和，故樂用塤。震主春分，天地陰陽分均，故聖王法承天，以立五均；五均者亦律也，音至眾也，聲不過五，物至蕃也，均不過五，爲富者慮貧，強者不侵弱，智者不詐愚，市無二價，萬物同均，四時當得，公家有餘，恩及天下，與天地同德，故樂用鼓。巽主用夏，言萬物長短各有差，故聖王法承天，以法授事焉，尊卑各有等，於士則義讓有禮，君臣有差，上下皆次，治道行，故樂用笙。離主夏至，陽始正，陰又成物，故聖王法承天，以法授衣服制度，所以明禮義顯貴賤，明燭其德，卒之以度，則女功有差，男女有禮，故樂用絃。坤主立秋，陽氣方入，陰氣用事，昆蟲首穴欲蟄，故聖王法之，授宮室度量，又章制有宜，大小有法，貴賤有差，上下有順，故樂用磬。兌主秋分，天地萬物人功皆以定，故聖王法承天，以定爵祿，爵祿者，不過其能，宮爲君，商爲臣，商、章也，言臣章明，君之功德，尊卑有位，位有物，物有宜，功成者爵賞，功敗者刑罰，故樂用鐘。乾主立冬，陰陽終而復始，萬物死而復作，故聖王法承天，以制刑法，誅一動千，殺一感萬，使死者不怨，故用柷梧。

這段長文實有深刻的社會理想在其中，以春生夏長秋收冬藏的時序爲綱，將井田、五均、尚賢、愼罰等等安排在內，又巧妙地結合了律學中的三分損益

法，以黃鐘（君）爲主軸貫串整個時序，即是說明了樂與生長秩序，同時也規範了人君。

（三）孝 道

《孝經緯‧援神契》說：「孔子在庶，德無所施，功無所就，志在《春秋》，行在《孝經》，以春秋屬商，孝經屬參」，又說：「孔子云：欲觀我褒貶諸侯之志，在《春秋》，崇人倫之行，在《孝經》」，這都與漢代崇尚孝道、重視《孝經》的背景有關。讖緯論禮時曾將禮到的起源上推到「太一」，論孝亦復如此，〈援神契〉便將孝推到天地未生的鴻濛元氣中，所謂「元氣混沌，孝在其中」，人得氣之精，自然與生俱來就有孝思孝行，這無疑是爲孝道提供了形上的理據。除了這種有理論意趣的思想外，讖緯中最常將孝與災異祥瑞合在一起談：

> 天子德洽則神龜來，孝道行則地龜出。（〈援神契〉）

> 天子行孝，四夷和平。（〈援神契〉）

> 庶人孝，則木澤茂，浮珍舒，恪草秀，水出神魚。（〈援神契〉）

> 惟孝者，爲能法天之神，麗日之明。（《孝經緯‧右契》）

> 聖主不孝，四方仰怨，仁政不施，苛刑布遍，則四時聚彗，八節投蜺。（〈鈎命訣〉）

這自是天人感應思想下很自然的說法，值得注意的是《孝經緯》曾提到：「孔子曰：事親孝，故忠可遺於君。是以求忠臣必於孝子之門」，將孝與忠君聯結在一起，忠是孝的拓展，孝已有強烈社會功能的要求在其中，這分明是漢代以孝道做爲維繫秩序，尤其是政治秩序的一重反映，其次如〈援神契〉的：

> 天子孝曰就，就之爲言成也；天子德被天下，澤及萬物，始終成就，則其親獲安，故曰就也。諸侯孝曰度，度者法也，諸侯居國，能奉天子法度，得不危溢，則其親獲安，故曰度也。卿大夫者曰譽，譽之爲言名也，卿大夫言行布滿，能無惡稱，譽達遐邇，則其親獲安，故曰譽也。士孝曰究，究者以明審爲義，士始升朝，辭親入仕，能審資父事君之禮，則其親獲安，故曰究也。庶人孝曰畜，畜者含畜爲義，庶人含情受樸，躬耕力作，以畜其德，則其親獲安，故曰畜也。

乃是承繼《孝經》以等級說孝，與後世的《孝傳》等書實是一脈相承，也可以說是「三綱說」下的產物。〔註42〕

〔註42〕三綱說早在《韓非子‧忠孝篇》、《呂氏春秋‧恃君覽》中已有類似的說法，

第二節　秩序的變革與再興：災異與革命

　　政權草創，秩序藉由禮樂與孝道所形成的制度來維持，但「三年不爲禮，禮必壞；三年不爲樂，樂必崩」，制度一旦成了具文便難以與時推移，終會導致行爲規範與價值意義的相離，〔註43〕如此一來，輕者社會失序，重者造成秩序的瓦解。魏徵在上太宗〈十漸不克終疏〉反省朝代的興亡提出了：「豈不以居萬乘之尊，有四海之富，出言而莫己逆，所爲而人必從，公道溺於私情，禮節虧於嗜欲故也」，這種饒富歷史哲學意味的判斷，一語中的了朝代興亡的關鍵。不過有這種睿智的實是代不乏人，在察微覺幽，體恤民瘼以及知識份子的使命感要求下，士人總會竭其心智以種種方式來防上失序的出現。〔註44〕「災異」說正是在這種理念下，爲漢儒所提出來用以諍諫君王的一種方式。

一、災異說的形成及其運用

（一）何謂「災異」

　　何謂「災異」？就秩序義而言，「災異」是對既有秩序的一種背離。它溢出了既有的秩序造成了認知上的困難，象徵著失序的警訊，因此，「災異」特別值得留意。不過「災」、「異」是有區別的，《左傳‧宣公十六年》云：「凡火，人火曰火，天火曰災」，便是將「災」界定在爲自然災害。《爾雅‧釋天》的：「穀不熟爲饑，蔬不熟爲饉，果不熟爲荒，仍饑爲薦；災」亦復如此。所以地動山搖、水旱不時便名之爲「災」；至於「異」，《春秋公羊傳》云：「（隱公）三年春王二月，己巳日有食之。何以書？記異也」，是知「異」指的是異常的現象，諸如日蝕月暈、鳳凰群集，枯木再生等均是「異」，至於「異」究竟成不成爲災，那便有賴詮釋者的慧解了。〔註45〕

　　但，董仲舒在應答武帝的〈天人三策〉中說：

　　　　正式提出「三綱」一詞則是在《春秋繁露‧基義篇》。讖緯也有部分論及三綱的，如〈元命包〉「三綱之義，日爲君，月爲臣」，「君爲臣綱，父爲子綱，夫爲妻綱」（含文嘉）又，今漢魏叢書中收有《孝傳》一卷，傳爲陶潛所撰。此書就分孝爲天子、諸侯、卿大夫、士、庶人五等，與〈援神契〉同科。
〔註43〕形式與意義間的關係極其複雜，參見龔師鵬程《思想與文化》（臺北：業強，民國75），第二章，頁51～61。
〔註44〕此處所謂「知識份子」是用余英時對「知識階層」的界說，詳見余英時，〈古代知識階層的興起與發展〉，收在《中國知識階層史論》（臺北：聯經，民國73年）。
〔註45〕對於這種不常之變的異究竟是祥瑞或是災異，其實是見仁見智的。

> 臣謹案春秋之中，視前世已行之事，以觀天人相與之際，甚可畏也。
> 國家將有失道之敗，而天先出災害以譴告之；不知自省，又出怪異
> 以警懼之；尚不知變，而傷敗乃至。以此見天心之仁愛人君而欲止
> 其亂也。

竟以「災」先而「異」後了，同樣的講法在《春秋繁露・必仁且智篇》也提
到：

> 天地之物，有不常之變者，謂之異。小者謂之災，災常先至，異乃
> 隨之。災者，天之譴也；異者，天之威也。譴之而不知，乃畏之以
> 威。《詩》云：「畏天之威」，殆此之謂也。凡災異之本，盡生於國家
> 之失，國家之失乃始芽，而天出災異以譴告之，譴告之而不知變，
> 乃見怪異以驚駭之；驚駭之尚不知恐，其殃咎乃至。

以「不常之變」來釋「異」，這很合理，然而以災先異後、災小異大來說「災」
「異」便頗值玩味了。因為《春秋》「二百四十二年之間，凡紀災異一百二
十二」，究其實災自「災」、異自「異」，看不出有「災常先至，異乃隨之」
的現象，〔註46〕但春秋學家在解釋這些「災異」現象時卻能巧妙地結合「天
災」與「異變」，而將「災異」說成一種「天譴」。如《漢書・五行志》載：

> 嚴（莊）公二十年「夏，齊大災」。劉向以為齊桓好色，聽女口，以
> 妾為妻，適庶數更，故至大災。桓公不寤，及死，適庶分爭，九月
> 不得葬。《公羊傳》曰：大災，疫也。董仲舒以為魯夫人淫於齊，齊
> 桓姊妹不嫁者七人。國君，民之父母；夫婦，生化之本。本傷則末
> 夭，故天災所予也。

換言之，「災」「異」因詮釋者的詮釋而結合成「災異」的新概念，在漢代形
成了一種政治語言。〔註47〕然而問題是，這種政治語言是怎麼形成的？時人

〔註46〕據高士奇的統計：這一百二十二件的災異，就其類別言，則是「日食三十六
也，星孛三也，星隕、隕石各一也，不雨七也，無冰三也，大雨震電一也，
雨雪三也，大雨雹三也，地震五也，山崩二也，大水九也，有年二也，大旱
二也，饑三也，無麥苗一也，大無麥禾一也，隕霜不殺草，李梅實一也，隕
霜殺菽一也，雨木冰一也，多麋、有蜮、有蜚、螽生各一也，六鶂退飛一也，
螟三也，螽十也，牛傷四也，牛死二也，宮室災六也，震廟一也，屋壞二也，
齊大災一也，宋、陳、魏、鄭災一也，宋、陳災各一也」（《左傳紀事本末》，
卷五三，春秋災異），災歸災，異歸異。
〔註47〕災異說的對象是當政者，與一般民眾無涉，所以說它是一種政治語言，亦即
這種災異說一種工具，用它來達到勸戒君王的目的，和日常的禁忌不同。站

又如何來運用？

（二）災異說的形成

《漢書・李尋傳・贊》云：

> 漢興，推陰陽言災異者，孝武時有董仲舒、夏侯始昌。昭宣則眭孟、夏侯勝。元成則京房、翼奉、劉向、谷永。哀平則李尋、田終術。此其納說時君著明者也。察其所言，彷彿一端，假經設誼，依託象類，或不免乎億則屢中。仲舒下吏，夏侯囚執，眭孟誅戮，李尋流放，此學者之大戒也。京房區區，不量淺深，危言刺譏，構怨彊臣，罪辜不旋踵，亦不密以失身。悲夫。

再參以〈五行志〉的：

> 漢興，承秦滅學之後，景武之世，董仲舒治《公羊春秋》，始推陰陽為儒者宗。宣元之後，劉向治《穀梁春秋》，數其禍福，傳以〈洪範〉，與仲舒錯。至向子歆，治《左氏傳》。其《春秋》意亦已乖矣，言〈五行傳〉又頗不同。

這似乎是說自董仲舒起才開始推陰陽、言災異，其實不然，陸賈就已說到：「夫世人不學《詩》、《書》，存仁義，尊聖人之道，極經藝之深，乃論不驗之語，學不然之事，圖天地之形，說災變之異」（《新語・懷慮》），可見災異說早在漢初已有之，不過此時說災異的是方士、巫者，非根於《詩》《書》立論，換言之，不是在一個秩序義的考量下來說災異。倘若存仁義，觀天地之化，而得到「惡政生惡氣，惡氣出災異」（《新語・明誡》）的判斷，堅信「善惡不空作，禍福不濫生，唯心之所向，志之所行而矣」（《新語・思務》），而主張修齊治平之道，如此的說災異則只是陳述事實，用以警戒。這也就是說，在天人感應的思想基調下，儒者的說災異其實是有一「秩序」的要求，因災異而反省人事措施是否有失天地生物之道，而一般的方士、巫者就未必有這層用心。不過，陸賈在《新語》中並未積極闡發這種理念，〔註48〕及至董仲舒轉而主以推陰陽、言災異來推動其政治理念。亦即董仲舒在「災異」這種政治

在社會語言學的角度來解釋這種現象，就非常清楚。參見 R.A.赫德森《社會語言學》（北京：中國社會科學，1990），第四章。

〔註48〕 因為陸賈呈《新語》是在漢初，此時天下初定，百廢待舉，論政重點與其說落在警戒，毋寧說是落在制度的建立方較切實，所以《新語》、《新書》多的是對新政權建立制度的規劃，或者是對亡秦的反省，而少直接「警戒」的意味在裏面。

語言的形成過程中有其創始之功，所謂「始推陰陽為儒者宗」應當就這個角度來理解。

再則董仲舒、夏侯始昌、眭孟、夏侯勝、京房、翼奉、劉向、谷永等人的言災異，在方法上彼此也有不同。夏侯始昌「通五經，以齊詩、《尚書》教授」，但夏侯始昌卻是道道地地的魯人，其詩學自轅固，〔註49〕不過與齊詩學的四始、五際、六情之說似乎沒什麼關係；至於《尚書》學，〈五行傳〉說他「通五經，善推〈五行傳〉」，可知本傳的「明於陰陽，先言柏梁臺災日，至期日果災」是由其《尚書》學的系統推衍出來，夏侯勝「從始昌，授《尚書》及《洪範五行傳》，說災異」更可見夏侯氏的說災異的根據來自《洪範五行傳》。眭孟則是董仲舒的學生，「推《春秋》之意」而言禪讓，與夏侯氏的傳承不同。京房從焦延壽學《易》，焦氏「其說常於災變，分六十四卦，更直日用事，以風雨寒溫為候，各有占驗」而「房用之尤精，好鍾律，知音變」，〔註50〕可知京房推災異乃由《易》來。翼奉治齊詩，「好律曆陰陽之占」，齊詩學的五際、六情之說便是翼奉的發明，〔註51〕至於李尋「治《尚書》，好〈洪範〉災異，又學天文、月令、陰陽」、劉向「集合上古以來春秋六國至秦漢符瑞災異之記，推跡行事，連傳禍福，著其占驗，比類相從，各有條目，凡十一篇，號曰《洪範五行傳》」。兩人所學又以《尚書》為主，由此可知這些儒生的推災異，或緣於《易》，或緣於《詩》、或緣於《春秋》、或緣於《尚書》，學各有淵源，卻同推災異，這究竟象徵著什麼意義呢？

其實就中關鍵，翼奉在上元帝封事中已一語道破了，翼奉云：

> 臣聞之於師曰：天地設位，懸日月，布星辰，分陰陽，定四時，列五行，以視聖人，名之曰道。聖人見道，然後知王治之象，故畫州土，建君臣，立律曆，陳成敗，以視賢者，名之曰經。賢者見經，然後知人道之務，則《詩》、《書》、《易》、《春秋》、《禮》、《樂》是也。《易》有陰陽，《詩》有五際，《春秋》有災異，皆列終始，推得失，考天心，以言王道之安危。

〔註49〕《漢書‧儒林傳》「諸齊以詩顯貴，皆固之弟子也。昌邑太傅夏侯始昌最著」。
〔註50〕京氏易學旳內容，參見朱伯崑，《易學哲學史》上冊（北京：北京大學，1986），第四章。高懷民，《兩漢易學史》，第四節。
〔註51〕齊詩學的三基四始五際六情說與陰陽五行說綰結成一緊密的體系，從而自成一套觀看世界的方法論，參見林金泉〈齊詩學之三基四始五際六情說探微〉，成大學報第二〇卷。

這也就是說經典是道的具體顯現，而五際、災異、陰陽皆是見天心的一種手段，學者運用適當的方法加以詮釋，便能對現實政治加以譏刺反省。所以我們可以說，「春秋災異」只是漢代說「災異」的一種，因所據經典的不同而有各種模式的論「災異」之說。而儒者本於天人感應，對這種緣經典而論的「災異」自是不加反對，所以災異說就如此形成了。〔註52〕

（三）災異說的方法

災異說的形成既明，接下來的問題是，「災異」究竟要如何去說呢？班固指出論「災異」的方法是「察其所言，彷彿一端，假經設誼，依託象類」（漢書・李尋傳・贊），也就是說運用類比法來說「災異」，胡適指出其步驟爲：先求《春秋》某件災異之天意（A 由於 B），次求現今某見災異與《春秋》某建災異爲同比（a 比 A），然後比例求現今此件異之天意（A 由於 B，而 a 比 A，故 a 由於 B），〔註53〕這種類比法的公式則是五行生剋。〔註54〕如《漢書・五行志》載：「成公五年秋，大水。董仲舒、劉向以爲時成幼弱，政在大夫，前此一年再用師，明年復城郿以彊私家，仲孫蔑、叔孫僑如顓會宋、晉，陰勝陽」。亦即因「大水」這一天災代表的是陰勝陽，而陰陽放在君臣關係來看，則君爲陽，臣爲陰，此時陰勝陽即表示國有彊臣侵權，於是按之事實，果有彊臣專擅，所以天降災害以譴告。當然，這種類比法在舉證時會因彼此著眼點的不同而有解釋上的紛岐，〔註55〕如〈五行志〉又載：「桓公十五年，春，無冰。劉向以爲周春，今多也。先是連兵鄰國，三戰而再敗也，內失百姓，外失諸侯，不敢行誅罰，鄭伯突簒篡兄而立，公與相親，長養同類，不明善惡之罰也。董仲舒以爲象夫人不正，陰失節也」，劉向以爲是陽盛凌陰，而失其養，但董仲舒則以爲是夫人姜氏通於齊侯，失其節度所致。不過這種有現

〔註52〕謝大寧就視災異說爲一種「典範」，而這種典範是伴隨今文經學而形成的，形成經過也頗爲複雜，詳見謝大寧《從災異到玄學》（師大國研所博士論文，民國 77 年）。

〔註53〕胡適《中國中古思想史長編》（臺北：遠流，民國 75 年），頁 23。

〔註54〕五行生剋其實是指分類範疇，山田慶兒〈空間・分類・範疇〉一文中有詳盡解說，山田以爲五行有三種排列分式：土木火金水、木火土金水、木火金土水，若去掉木，即成木→火→金→水的排列，而這就是東→南→西→北，亦即四季的排列，此即相生說。若把對立原理擺在基軸上則成了相剋說。

〔註55〕劉德漢便以爲董仲舒、劉向在解說的歧異或許即因時代背景的不同所致。參見劉德漢《從漢書五行志看春秋對西漢政教的影響》（臺北：華正，民國 68 年），頁 38。

成資料可供比附，在解釋上出現岐異的現象畢竟較少，既使出現了也並不影響「災異」說的可信度。眞正困難的是，對時下所發生的「災異」、甚或可能來臨的「災異」究竟要如何解釋？這對詮釋者便是一大考驗了。

（四）災異說與天文占

再則，漢代亦有所謂「天文占」，「天文占」與「災異」又是怎樣的關係呢？從表面上來看，似乎災異自災異、天文占卜自天文占卜，彼此不同。但事實不然，《漢書・五行志》卷下之下，全載天文異常事例，如：「武帝建元六年六月，有星孛於北方。劉向以爲明年淮南王入朝，與太尉武安侯、田蚡有邪謀，而陳皇后驕恣，其後陳后廢，而淮南王反，誅」，這與《河圖・聖洽符》的「彗星入太微庭中，臣謀主，有兵起，王者哭社稷，其國憂，期百八十日，遠一年」又有什麼分別？更明顯的是，漢志數術略天文家小序說「天文者，序二十八宿，步五星日月，以紀吉凶之象，聖王所以參政也。《易》曰：觀乎天文，以察時變。然星事殄旱，非湛密者弗能由也。夫觀景以譴形，非明王亦不能服聽也。以不能由之臣，諫不能聽之王，此所以有兩有患也」，所謂「觀景以譴形」不正與說災異者所謂的「天出災異以譴告之」同科嗎？

但若說兩者實無分別，那也不盡然。因爲彼此目的雖是一致，但行其預言解釋的方法卻有不同。災異說是「彷彿一端，假經設誼，依託象類」，重點在「假經設誼」，也就是說必須援引經典來進行類比推演，〔註56〕天文占就不然了，「觀景即可譴形」本不必斷斷於經典，更不必「彷彿一端」。這也就是說災異是發自儒生之手，而天文占倒與方士有密切關係。其次，災異說是人主行有所失，故遭天譴告以敦其改過，亦即由人事而謀及於天，但天文占則是觀天文異象而察人事疏失，與災異說恰成對反。

（五）官方對災異說的態度

災異說既是漢代的一種政治語言，大體而言，官方對這種政治語言也是承認的。如可視爲官方經學代表的《白虎通義》就提到：

> 天所以有災變何？所以譴告人君，覺悟其行，欲令悔過修德深思慮

〔註56〕講災異者援引經典爲證，因而從中發展出一套方法，自成一家之學，這是可以理解的，《漢志》六藝略就有《孟氏京房》，《災異孟氏京房》篇，這是緣引《易》而發展出的講災異的專著。《夏侯章句》、《夏侯解詁》劉向《五行章句》、許商《五行傳記》，則是藉《尚書》說災異所推衍出的專著。這與天文占的方法來自觀測天文，兩者方法上的差異很明顯。

也。〈援神契〉曰：「行有點缺，氣逆干情感變出以戒人也」。

災異者，何謂也？〈春秋潛潭巴〉曰：「災之爲言傷也，隨事而誅之；異之言怪也，謂先發感動之也。」何以言災有哭也？《春秋》曰：「新宮火，三日哭」，《傳》曰：「必三日哭何？禮也。災三日哭，所以然者，宗廟先祖所處，鬼神無形體。曰：今忽得天火，得無爲災所中乎？故哭也。」變者何謂也？變者非常也也。《樂·稽耀嘉》曰：「禹將受位，天意大變，迅風靡木，雷雨晝冥。」妖者何謂也？衣服乍大乍小，言語非常。故《尚書大傳》曰：「時則有服妖也」。孽者何謂也？曰：介蟲生爲非常，《尚書大傳》云：「時則介蟲之孽，時則有龜孽」。堯遭洪水，湯遭大旱，亦有譴告乎？堯遭洪水，湯遭大旱，命運時然，所以或災變或異何？各隨其行，因其事也。……（卷六「災變」）

就很清楚地說明了漢代官方對「災異」的見解，自文帝二年十二月的災異詔以降，至東漢亡，其間除景武靈獻四帝無災異詔外，其餘諸帝或多或少諸有災異詔的班佈。可知「災異說」爲官方所認可，漢代儒者多借災異以抒發政治主張的現象亦是其來有自的。

二、讖緯中的災異說

災異的出現既是利用天象異變來反映人事的失序，用以鑑戒人君，而讖緯又是一種以天人感應爲基調而富含預言性質的文字，自然在讖緯中也不乏此類記載。所謂「凡天象之變，皆本於人事之所感。故逆氣成象，而妖星見焉」（《春秋緯·元命苞》）正點出了異變與人事的關連，「君子息心研慮，推變見事也」（詩緯），說明了藉災異以明事的深刻用心。至於《孝經·援神契》的：「木氣生風，火氣生蝗，土氣生蟲，金氣生霜，水氣生雹。失政於木，則風來應，失政於火，則蝗來應，失政於土，則蟲來應，失政於金，則霜來應，失政於水，則雹來應。作傷致風，侵至致蝗，貪殘致蟲，刻毒致霜，暴虐致雹，此皆并隨類而致也」更在五行生剋的思考範疇下，說明災害的生成與政治的關係。

天文異變是「異」之大者，讖緯說「異」正是將觀測天象時所發現的異常現象巧妙地與人事現象類比，而這種比附的方法在《河圖·帝覽嬉》中曾提到：

> 天象之垂，下應乎地，日月星辰，名有感應，隨其所發，甲以占方，
> 無有不驗。但在審明次舍，分其向背，不可專泥其法也。如云：東
> 西南朔星，躔一定不移，則休咎必無一驗，揆之以時，審之以色，
> 定之以方，斷之以理，乃效如神。

也就是說推災異的類比法必須配合時辰、五色，參考前說，運用五行生剋方能加以判斷，以定吉凶。這些災異說的對象大致可分為：

（一）君主失政

> 君臣無道，不以孝德治天下，烏雲蔽日，茫茫混混，四方淒惶。（《孝經緯·內事》）

> 日蝕修孝，山崩理惑。（《孝經緯·鉤命訣》）

> 聖主不孝，四方仰怨，仁政不施，苛刑布遍，則四時聚彗，八節投蜺。（〈鉤命訣〉）

> 天子失義不德，則白虎不出，熒惑逆行。（《孝經緯·鉤命訣》）

> 帝貪則政暴，吏酷則誅慘，生蝗蟲，貪苛所致也。（《河圖·秘徵》）

> 君行無常，公輔不德，夷強國入侵，萬事錯則日蝕既。（《春秋緯·感精符》）

第一則強調的「以孝德治天下」，這與「天子孝，則慶雲見」（援神契）是恰成對比的講法，正可見是漢代強調孝治現象的反映。第二則的「日蝕修孝」則是因日為君象，日蝕表示君德有虧，所以必須修孝道反省自身行止。第三則的「四時聚彗，八節投蜺」的「八節」指的是立春、春分、立夏、夏至、立秋、秋分、立冬、冬至，亦即四時八節天災異變不變。第四則的「白虎」指西方七宿，於五行屬金，於五事屬兵，天子失義不德則爭伐無道，有兵燹之象，所以主爭伐的熒惑逆行失常。第五則以蝗蟲為災來象徵君臣的貪婪，蝗蟲貪得無厭，正表示君臣的貪暴。第六則的亦是將日蝕推因於君行無常及輔臣的失職。由這些災異說可以看出說災異的用心端在勸戒人君，以求秩序的穩定。

（二）妃黨專權

> 后妃專權，虹貫太微。（《春秋緯·運斗樞》）

> 后族專權，地動山搖。（《春秋緯·運斗樞》）

妃黨縱橫，佞人譖賢則蜮生。(《春秋緯‧漢含孳》)

主勢奪於后族，群妃之黨縱橫為害，則月盈；並若兩月連出，妃黨
交萌，若照同力，排除王公。(《春秋緯‧運斗樞》)

漢代，尤其東漢皇帝多為年幼繼位，導致外戚臨朝、權傾一時，〔註57〕這或
與東漢政權之建立多得利於大族有關，〔註58〕然而因「東京皇統屢絕，權歸
女主，外立者四帝，臨朝者六后，莫不定策帷帟，委事父兄，貪孩童以久其
政，抑明賢以專其威」(《後漢書‧皇后紀》)，無形中已為漢代政治秩序埋下
火種，及君王謀及宦官，一場場政爭便隨之而來，讖緯中頗多對這種現象的
反映。第一則的太微為三垣之一，為外朝之象，虹乃是天地之淫氣，〔註59〕
后妃專權正表示陰氣過盛，所以會有「虹貫太微」的異變出現，第二則的地
動山搖也表示陽不伏，所以會地動山搖，究其實乃后族專權的原故。第三則
則以能含沙射人的蜮來表示賢人的遭殃。第四則更清楚指出了外戚專擅及可
能出現的政爭。其實讖緯這類妃黨專擅的記錄，正說明了東漢政局的一個面
向，假借圖讖來相互攻詰。

(三) 宰 輔

讖緯對妃黨有所抨擊，自然對造成政爭的另一勢力也會大加撻伐：

九卿阿黨，排擠正直。驕奢僭害，則江河潰決。(《春秋緯‧漢含孳》)

陰盛臣逆，民悲情發，則水出河決也。(《春秋緯‧感精符》)

臣下大恣橫，則日月薄於晦。(《春秋緯‧感精符》)

大夫不信，斗輔亡。(《孝經緯‧古秘》)

上引的四則中前兩則都指出權臣阿黨會造成江河潰決。這或許是取思於《左
傳‧襄公三一年》子產所說的「然猶防川，大決所犯，傷人必多，吾不克救
也。不如小決使道，不如吾聞而藥之也」，以及《國語‧周語上》的「防民之
口，甚於防川，川壅而潰，傷人必多，民亦如之，是故為川者決之使導，為
民者，宣之使言」的譬喻，第三、四則乃取象天文，以象徵君臣的日月、北
辰來說明天人感應。

〔註57〕 東漢諸帝中，安、質、桓、靈四帝為外立，章帝竇太后，和帝鄧太后，安帝
閻太后，順帝梁太后，桓帝竇太后，靈帝何太后等后為臨朝。

〔註58〕 謝大寧，《從災異對玄學》，第三章。

〔註59〕 《春秋‧演孔圖》提到：「虹蜺斗之亂精也，斗失度則虹蜺見，人主失德，君
臣賊子竊發，虹蜺亦出而應之」。

（四）消變之道

災異既出，君王當有應變（消變）之道，讖緯中也有這方面的記載：

> 救日蝕，天子南面秉圖書，察九野，萌生者，絕始正本，案類敕下聞異，郡官修政，招賢進士，獨之其萌所以防塞者。故日蝕大水，則鼓用牲於社，言者陰之主，朱絲縈社鳴鼓脅之也。（《春秋緯‧感精符》）

> 消變之道，築明壇南郊。日之將蝕，漸青黑，謹遣大將三公，如變所感之過，以告天曰：天子臣某謹承皇戒，退避正居，思行謷誤，陽精有蔽，已政類棄正事去非，釋苛禁，不敢直命，遣臣欽喻已絕國害之謫，近以緒盡力，宣文思維，袁道願得修政，以奉宗祖，追往冀今，勉開嘉紀，縱大揚精，以興日寶。歸報天子，三日就宮遣使，詔諸侯，問過舉名士，察奸理冤，督教化，不宣者，審以敕身務，佐為天子吉。（《春秋緯‧感精符》）

災異既起，明君必有所因應，上引的兩則便是人君應行之策。而這些對策其實是有來歷的：「日蝕大水，則鼓用牲於社」的災禮，《春秋》已有記載，〔註60〕「招賢進士」、「問過舉名士，察奸理冤，督教化」更是西漢諸帝在災異詔中所常見的舉動，〔註61〕可見讖緯的應變消災之道是順此而踵益增華而來的。

三、「革命」的理論依據

災異既出，「尚不知變，則傷亡乃至」，這就說以災異說來勸戒人君的方式若不得其行，則人事的失序勢不可免，終將會導致既有秩序的瓦解，秩序的瓦解即表示另一秩序的即將再興，這就是所謂的「革命」了。不過中國傳統中的「革命」與今日漢語中的「革命」其義是有區別的。今日漢語中的「革命」實是英文 revolution 的意譯，重點落在以推翻既有的政治體系，〔註62〕但中國傳統所謂的「革命」則是「天命移轉」的意思，《易‧革卦》云：「天地革而四時成，湯武革命，順乎天而應乎人，革之時大矣哉」，革即是改，孔穎達疏云：「天地之道，陰陽升降，溫暑涼寒，迭相變革，然後四時之序皆有成

〔註60〕鄭志明〈左傳災異說〉一文對此有詳細說明，此文收在《中國社會與宗教》（臺北：學生，民國75年）。

〔註61〕漢代因災異而求賢的現象非常普遍，參見前揭書，〈漢書本紀災異說〉所做的內容分析表。

〔註62〕參見不大列顛百科全書，第十七冊，417頁。

也。湯武革命，順乎天而應乎人者，以明人革也……革其王命，改其惡俗」，亦既革前代所受的天命。革命之後必須有所因革，以表示新受命自天。董仲舒《春秋繁露・三代改制質文》云：

> 王者必受命而後王，王者必改正朔、易服色、制禮樂，一統於天下，所以明易姓非繼人，通以已受之於天也。

在天人感應的思維下，服制、禮制均淵源自天，天命既已轉移，這些源於天的制度自然也要隨之而改了。不過這都是相對應的配合措施，重要的是「天命」如何轉移，革命何以知其爲正當性，換句話說，革命的理論依據爲何？這才是最根本的問題。漢人對革命的理論依據其實有許許多多的論述，諸如五德終始說、三統說、三世說、三教說……，其中最有影響力的是五德終始說與三統說，茲分述如下：

（一）五德終始說

　　如所周知，五德終始說的出現與鄒衍有密切關係，五德終始說的依據是五行生剋，將五行生剋運用到政治上乃有五德終始的出現，唯本文並非專論五行思想，故僅針對五德終始在政權移轉上所起的作用略加說明。〔註63〕

　　據文獻所載，最先因應五德終始之說而改制度的是秦始皇，〔註64〕《史記・秦始皇本紀》載：

> 始皇推終始五德之傳，以爲周得火德，秦代周德，從所不勝。方今水德之始，改年始，朝賀，皆自十月朔。衣服旄旌節旗皆上黑。數以六爲紀，符、法冠皆六寸，而輿六尺，六尺爲步，乘六馬。更名河曰德水。以爲水德之始，剛毅戾深。事皆決於法，刻削毋仁恩和義，然後合五德之數。於是急法，久者不赦。

即以秦水勝周火，若由此上溯則商當爲金，夏當爲木，往後推則繼秦者當爲土德。所以在漢初賈誼、公孫臣俱主漢當爲土德，不過漢初因行關中本位政策，一切制度依循勿改以保政權的鞏固，因以竇太后爲主的黃老一派人物即據此而提出了秦爲閏位之說，漢之延用秦制有其德運上的理據，〔註65〕及武帝踐阼，藉改歷之舉而徹底改制，「以正月爲歲首，色上黃，數用五，定官名，

〔註63〕近代自梁任公開始研究陰陽五行學說以來，研究成果極爲豐碩，如徐復觀、李漢三、郭爲、林金泉均取得一定的成績。
〔註64〕當然秦之尚法其來有自，此處只是附會水德而已。
〔註65〕仝註58。

協音律」，至此方正式依五德之說行土德，我們由此可以清楚的看出，五德云云其實只是改制的藉口，將改制的行為賦予超越人事的理據。

然而五德終始除了相勝也有相生的一面，這個道理董仲舒在《春秋繁露・五行對》中便已提出了：「天有五行：木、火、土、金、水是也。木生火，火生土，土生金、金生水」，而在〈五行相生〉中也提到：「五行者，五官也。比相生而間相勝也」。不過，董仲舒並未將五行相生的觀念運用到政權轉移上，〔註66〕及至西漢末受命之說、讖緯之言四起，〔註67〕劉向則將五行相生說結合帝德，推衍出一套五德相生的古史系統，這套相生的古史系統其實即是為了王莽經「禪讓」而取得政權所營造出的，是有其實政治目的在內。〔註68〕這個五行相生的古史系統可以歸納為下表：

木	火	土	金	水
伏羲氏	神農氏	黃帝	少皞	顓頊
帝嚳	堯	舜	夏	商
周	漢	新		

準此，既與西漢以來儒者所傳「漢為堯後」的說法符合，〔註69〕又可將漢新禪讓比美堯舜禪讓，為政權轉移的合法性找到了理論依據。

（二）三統說

三統指的是黑白赤三統，其說倡自董仲舒。董氏以為朝代的更迭乃依此三統而循環，即夏為黑統、殷為白統、周為赤統。三統的具體內容在《春秋繁露・三代改制質文》有詳細的說明：

> 三正以黑統初，正日月朔於營室，斗建寅，天統氣始通化物，物見萌達，其色黑，故朝正服黑……

> 正白統者，歷正日月朔於虛，斗建丑，天統氣始蛻化，物初芽，其色白，故朝正服白……

〔註66〕董仲舒對五行的運用只放在月令的系統中，真正涉及改制是三統說，而非五行說。

〔註67〕參見賀凌虛〈讖對秦漢政治的影響〉，社會科學論叢卷三六。

〔註68〕顧頡剛在《中國古史研究講義》（臺北：文史哲，民國78年），第二七講中有詳細分析。

〔註69〕漢為堯後也成為漢代經學的一項爭端，《左傳》因能附合漢為堯後說，所以在東漢頗有勢力，參見《後漢書・賈逵傳》。

> 正赤統者，歷正日月朔于牽牛，斗建子，天統氣始施化物，物始動，
> 其色赤，故朝正服赤……

顯而易見的，三統說是「王者受命，必改正朔，易服色，制禮樂」的全盤改制環結中提出來的，且是其中的一項而已，在同一篇文章中，董仲舒更提到了許許多多的改制原則，如「王者受命而王，制此月以應變，故作科以奉天，故謂之王正月。王者改制作科奈何？曰：當十二色，歷各法而正色，逆數三而復，紬三之前，曰五帝，帝迭首一色，順數五而相復，禮樂各以其法象其宜，順數四而相復，咸作國號，遷宮邑，易官名，制禮作樂」，對這段原則性的說明，董仲舒也舉出也例子說明：

> 湯受命而王，應天變夏，作殷號，時正白統，親夏，故虞，紬唐，
> 謂之帝堯，以神農爲赤，作宮邑於下洛之陽，名相官曰尹，作濩樂，
> 制質禮以奉天。文王受命而王，應天變殷，作周號，時正赤統，親
> 殷，故夏，紬虞，謂之帝舜，以軒轅爲黃帝，推神農以爲九皇，作
> 宮邑於豐，名相官曰宰，作武樂、制文禮以奉天……春秋作新王之
> 事，變周之制，當正黑統，而殷周爲王者之後，紬夏，改號禹謂之
> 帝，錄其後以小國，故曰：紬夏、存周，以春秋當新王。

三統說的理論到後期有了變化，董仲舒的三統原是指商周春秋，後來竟以夏商周爲三統來代稱了，〔註 70〕三統說的改制理論在漢代影響甚爲深遠，這點在論及讖緯的革命理據時將會提出，當然漢代的論及革命理據的尚有公羊家所提出的三世說、齊詩學的四始五際說，不過在漢代的影響均不如五德終始與三統說深刻，所以本文就不具引了。

四、讖緯中的革命思想

由上述可知漢代的革命有其自成一格的理據存在，而支撐這些理據的則是一系列的「符應」，〔註 71〕也就是所謂的「興亡殊方，各有其祥」（〈乾鑿度〉）。這些符應包括受命說、感生說等等，而這些理據以及符應在讖緯中或

〔註70〕全註 68 所引書，第三三講。又，三統說應是由三正說推演而來，三正云云實爲不同系統的曆法，這種觀念爲董仲舒的改制理論所吸收並加推演而成三統說。三正問題，黃沛榮《周書周月篇著成的時代及有關三正問題的研究》（台大中研所碩士論文，民國 59 年）。

〔註71〕參見顧頡剛《中國上古史研究講義》（臺北：文史哲，民國 78 年），頁 355～362。

多或均有所殘存。下文即依（一）革命的理據（二）高祖革命及其符應（三）光武中興及其符應（四）王莽、公孫述等四部份敘述並加以解說。

（一）革命的理據

讖緯可說是集革命理據的大成，五德終始說，齊詩學的五際說、董仲舒的三統說、文質說、三教說都有記載，唯齊詩學的五際說在第二章第二節已有敘述，底下僅就讖緯中的五德終始說、三統說略加敘述。

甲、五德終始說

讖緯中的五德終始說也分相勝、相生兩類，但相勝說的資料並不多見，如：

> 湯受金符，白狼銜鉤入殷朝。（《尚書緯・琁璣鈐》）

殷德屬金的講法自是相勝說下的產物，不過「白狼銜鉤入殷朝」一句放在三統說也通，如《禮・稽命徵》就說有「其天命以黑，故夏有玄珪；天命以白，故殷有白狼銜鉤；天命以赤，故周有赤雀銜書」（稽耀嘉也有相同文字），所以〈琁璣鈐〉的「金符」究竟是指什麼，尚值商榷。至於相生說的資料雖有，但也並不很多，如：

> 周文王爲西伯，季秋之月甲子，赤雀銜丹書入豐鄗，止於昌戶，乃
> 拜稽首，取曰：姬昌蒼帝子，亡殷者紂也。

> 五德之運，黃承赤，而白繼黃。（〈援神契〉）

「蒼帝子」表示周乃爲木德，周爲木德是五行相生說的講法（相勝說則爲火德）；黃爲土，赤爲火，火生土，土生金也是相生說，但因資料散佚，再加上讖緯有綜攝各家理論的企圖，僅憑斷簡殘篇實不能清楚看出究竟是五行相生或三統說。換言之，五行生剋雖是讖緯中推論天文災異等的主要原則，但五德終始說在讖緯的革命理據中卻不居最主要的地位。

乙、三統說

讖緯各式各樣的革命理論依據中，居主流地位的是源自董仲舒的三統說。如前所述，董仲舒的三統中原本只推到夏前一代，不過在讖緯中已將三統說上推到了三皇：

> 三皇三正，伏羲建寅，神農建丑，黃帝建子，至禹建寅，宗伏羲，商建丑，宗神農，周建子，宗黃帝，所謂正朔三而改也。（《禮緯・稽命徵》）

這裏是以伏羲、神農、黃帝爲三皇，但《春秋緯·運斗樞》是以伏羲、女媧、神農爲三皇，不過讖緯中這種矛盾現象並不少見，且究竟是那三皇也無關宏旨，可暫置勿論。再則，董仲舒的三統雖是種改歷的理論，但終其一生，漢初所行的乃是顓頊歷，董仲舒卒後二年，武帝施行太初歷，西漢末劉歆增補太初歷而名之爲三統歷，所謂三統，《漢書·律歷志》說是：「三統者，天施，地化，人事之紀也」，讖緯中綜合了這兩者，將劉歆的天地人三統歷法與董仲舒黑白赤三統併成一事，即：

> 十一月建子，天始施之端，謂之天統。周正服色，尚赤象物萌色赤也。十二月建丑，地始化之端，謂之地統，殷正服色尚白，象物牙色白。正月建寅，人始化之端，謂之人統，夏正服色尚黑，象物生色黑也。此三正律者，亦以五德相承，以前三皇爲正，謂天皇地皇人皇，皆以天地人爲法，周而復始，其歲首所書，乃因以爲名，欲體三才之道，而君臨萬邦；故受命而王者，必調六律，而改正朔，受五氣而易服色，法三正之道也。周以天統，服色尚赤者，陽道尚左，故天左旋；周以木德王，火是其子，火色赤，左行用其赤色也。殷以地統，服色尚白者，陰道尚右，其行右轉；殷以水德王，金是其母，金色白，故右行用其白色。夏以人統，服色尚黑者，人亦尚左；夏以金德王，水是其子，水色黑，故左行用其黑色。(《春秋緯·感精符》)

這段文字中可以整理爲下表：

夏	正月建寅	人統	黑	金
商	十二月建丑	地統	白	水
周	十一月建子	天統	赤	木

　　由這張表中可以清楚看出，三統說與五行相生說的聯繫，也可見這種說法應當是出自劉歆以後。董仲舒三統說是與文質說相配合的，讖緯對文質說也有說明：

> 王者一質一文，據天地之道，天質而地文。(〈元命包〉)

> 質家爵三等者，法天之有三光也；文質爵五等者，法地之有五行也，合三從子者制由中也。(〈元命包〉)

> 天道本下，親親而質省，地道敬上，尊尊而文煩。故王者始起，先

本天道以治天下，質而親親，及其衰敝，其失也親親而不尊。故後
王起，法地道，以治天下，文而尊尊，及其衰敝，其失也尊尊而不
親，古復反之於質。（《樂緯‧稽耀嘉》）

（二）高祖革命及其符應

讖緯中頗多高祖革命及其符應的記載，彼此間構成一緊密緟結的系統。
在與高祖革命相關的圖讖據安居香山的歸類可分爲七類，即：感生帝說、高
祖出現預徵說、異常風貌說、孔丘秘經說、星宿預徵說、受圖受命說、其他。
這七類中除第七類可刪外，〔註 72〕其餘六類大致已包括了高祖革命及其符應
的種種面向，不過，我們還可以補充一項，即秦失命說，受命、失命其實相
對的說法，但既提出受命，理當對前朝失命的徵兆也一併敘述，方顯理論的
具足。茲依序各引一則以見一斑：

執嘉妻含始，游雒池，赤珠出，刻曰玉英，吞此者爲王客，以其年
生劉季，爲漢皇。（《春秋緯‧握誠圖》）

帝劉季，日角載勝，斗胸龜背龍眼，長七尺八寸，明聖而寬仁。（《河
圖》）

有人卯金刀，興於豐，擊玉鼓，駕六龍。（《春秋緯‧演孔圖》）

孔子跪而讀之曰：寶文出，劉季握，卯金刀，在軫北，字禾子，天
下服。（《孝經緯‧右契》）

劉受紀，昌光出軫，五星聚井。（《河圖》）

漢高祖觀汶水，見一黃釜，驚卻反，化爲一翁，責言曰：劉季何不
受河圖。（《河圖》）

有人雄起，載玉英，履赤帝，祈旦失篝，之其金虎，東南紛紛注精，
昌光出軫，己圖之。（〈帝命驗〉）

第一則有「赤珠出」正表示漢爲火德，而漢爲火德實是西漢中葉以後才有的
講法，這足以表示此則必是漢爲火德已成共識後的產物。第二則的「斗胸」
是指胸有北辰的珠記，北辰代表天廷，劉季身上有北辰的珠記，乃表示當爲
天子。第三則的「興於豐」點明了所指的劉姓爲劉邦，第四則即所謂「孔丘

〔註72〕《緯書の成立とその展開》，下篇，第四章。關於高祖的圖讖第七類只有一則，
是《尚書‧帝命驗》的「賊起蚩，卯生虎」，含義欠明實在不能據以爲與高祖
有關的圖讖。

秘經，爲漢赤制」，引孔子在漢代的神聖性地位做爲漢代政權存在的保證，
〔註 73〕第五則是藉天文預言以表示劉氏當王的正當性，軫是楚的分星。第
六則是受命說，「河出圖」象徵天命所予。第七則的鄭玄注云：祈讀如哲，
白也，謂之秦也。且失篇，戶將開。金虎，獸之長，喻於秦君。紛紛，動援
之貌。注精之星起，謂劉氏也」，即是以五德轉移來解釋秦的失命。在這種
種符命、祥瑞之中最重要的當是「孔丘秘經」的一項，所謂「丘生倉際，觸
期稽度，爲赤制，故作春秋，以明文命，綴記撰書，脩定禮義」（〈考靈曜〉），
這與兩漢經學昌明，經學影響各種制度的建構是分不開關係的。

（三）光武中興及其符應

　　光武中興與讖緯的關係史已有明文（《漢書·光武本紀》），光武更曾據圖
讖與公孫述爭論誰方是眞正受天命，有關光武中興最具代表性的是下引的兩
則：

> 劉秀發兵捕不道，四夷雲集龍鬥野，四七之際火爲主。（《河圖·赤
> 伏符》）
>
> 漢大興之道，在九世之王。封於秦山，刻石著紀，禪於梁父。（《河
> 圖·會昌符》）

第一則的「四七之際」是指「四七，二十八也，自高祖至光武初起，合二百
二十八年，即四七之際也。漢火德，故火爲主也」，此〈赤伏符〉是光武在
長安時的同舍生彊華自關中所奉來，光武即因此符而即帝位。第二則的「在
九世之王」即是指光武帝，因爲東漢雖有十帝，但光武一支實高祖的九世孫，
〔註74〕所以讖緯中即以「劉九」、「赤劉之九」來稱呼光武。

（四）王莽、公孫述

　　安居香山曾說讖緯是擁護劉漢的，〔註 75〕其實這種講法大可商榷，因爲
就現存緯書資料中雖然是幾乎全盤擁護劉漢，〔註 76〕但事實上光武帝於中元
元年宣布圖讖於天下，與劉漢對立的讖緯自然是在屏除之列，當然以現存的

〔註73〕安居香山寫有〈孔丘秘經考〉，收在《緯書の基礎的研究》，第四章。

〔註74〕據光武本紀所載，光武一支爲高祖、景帝、長沙王發、舂陵節侯買、鬱林太
　　　守外、鉅鹿都尉回、南頓令欽。

〔註75〕參見安居香山《緯書の成立及とその展開》，後篇，第一章第二節。

〔註76〕當然也有一些是站在與劉漢相對立場的，如〈含神霧〉中就有「代漢者，龍
　　　顏珠額」，但數量有限。

讖緯來看是極少出現反對劉漢的言論。若就史書上的記載，王莽即帝位就是利用符命而來的，《漢書・王莽傳》提到：

> 梓潼人哀章，學問長安，素無行，好爲大言。見莽居攝，即作銅匱，爲兩檢，署其一曰：「天帝行璽金匱圖」，其一署曰：「赤帝行璽某傳予黃帝金策書」。某署高皇帝名也。

王莽就順此符命而即位爲帝，符命乃是讖緯的一種形式。光武帝時公孫述更曾引據讖緯與光武爭論天命的歸屬，《後漢書・公孫述傳》云：

> 述亦好符命、鬼神、瑞應之事。妄引讖記。以爲孔子作《春秋》爲赤制，而斷爲十二公。明漢至平帝十二代，歷數盡也。一姓不得再受命。又引〈運錄法〉曰：「廢昌帝，立公孫」，〈括帝象〉曰：「帝軒轅受命，公孫氏握」，〈援神契〉曰：「西太守，乙卯金」謂方西太守而乙絕卯金也。五德之運，黃承赤，而白繼黃，金據西方爲白德而代王氏，得其正序。又自言手有奇，及德龍興之瑞數。移書中國，冀感動眾心。

光武也答書稱：「圖讖言公孫，即宣帝也。代漢者當塗高，君豈高之身邪？乃復以掌文爲瑞，王莽何足效乎！」可知讖緯在當時已成宣示政權正當性的一種工具，互引讖緯來爭勝。

第五章　結　語

　　晉武帝泰始三年（467），「禁星氣讖緯之學」（《晉書・武帝本紀》），北魏
孝文帝太和九年（485）更下詔：「圖讖之興，起於三季，既非經國之典，徒
爲妖邪所憑。自今圖讖秘緯，及名爲孔子閉房記者，一皆焚之，留者以大辟
論」（《魏書・高帝本紀》），此後讖緯便難逃被禁燬的命運。細究讖緯被禁絕
的原因，其實與其本質上所具有逸出秩序規範之外的可能性有關，[註1] 所以
光武以圖讖得天下，不數年即宣佈圖讖於天下，定讖緯於一尊，將之收攝在
既有秩序之中爲漢家所援用；但宣佈歸宣佈，隨著東漢政權統治秩序的衰頹，
假圖讖而起（天命）仍是爲革命尋得正當性的最佳方式，[註2] 這就無怪乎要
迭遭禁燬了。

　　然而漢代讖緯既附麗經學，假仲尼之言以設教，其實就已將對社會文化
的理想寄託在內，與後世成爲預言「天命」的圖讖大有區別。只是歷來學術
界多以淆亂經學斥之，讖緯似乎只有負面義而無價值可說，基於對這種習論
的反省，本文提出「宇宙秩序」這一意義結構來綜攝讖緯，以彰顯讖緯應有
的價值。

　　基於此種考量，本文第二章處理了讖緯學的一些基本問題：先是〈讖緯
的名義、起源與內容〉，說明讖緯名義的一些異說，讖緯起源問題與大致內容；

〔註1〕 坂出祥伸在〈方術傳的立傳及其性質〉一文中指出，史書編纂者將術數限於
　　　　 禮的秩序之中，乃是因爲「術」本身就有逸出規範的可能性。其實讖緯的屢
　　　　 遭禁燬，其原因也是如此。此文收在《日本學者論中國哲學史》。
〔註2〕 假圖讖而起的革命行爲到唐代仍是如此，參見李豐楙，〈唐人創業小說與道教
　　　　 圖讖傳說——以神告錄、虬髯客傳爲中心的考察〉，收在《六朝隋唐仙道類
　　　　 小說研究》（臺北：學生，民國75年）。

再則是〈影響讖緯的幾部重要典籍〉，以「宇宙秩序」爲主軸，分析了《呂氏春秋》、《春秋繁露》、《淮南子》對天人關係的建構，並扼要敘述孟、京易學，齊詩學與讖緯的關係。再次則爲〈讖緯思維的基調〉，說明並分析讖緯如何建立天人感應思想，以及如何由此思想去解釋天文預言。第三、四章爲本題的闡述，第三章以「自然秩序」爲題，分別探討了讖緯中的宇宙生成論、星象分野說與世界圖式。在「宇宙生成論」先依序歸納先秦至漢代宇宙生成論的類型與發展過程，次將讖緯中的宇宙生成論逐一析論其由來與特色；「星象分野說」中則先將古籍中星象分野說的類型做一歸納，次將讖緯中的星象分野說析出類別，並與古籍中的星象分野說進行比較；「世界圖式」則以昆侖、大九州、遠方異國三項，採表列對比方式，探求讖緯世界圖式與《山海經》、《淮南子》等書的關係。經由這些分析實可見讖緯的自然秩序並非游談無根，且與先秦漢代學術頗有傳承關係。第四章轉以「政治興革」爲中心，考察讖緯對人間文化的規劃，首先是論「禮樂、孝道」與秩序的建立與維持間的關係，說明漢代如何援引讖緯來支持改制、讖緯如何反映漢代重禮樂、孝道的特色、以及讖緯作者如何將其社會理想寄託禮樂思想之中；其次是論「災異、革命」與秩序的變革與再興間的關係，說明災異說的形成與運用、讖緯災異說的內容、以及漢代革命理論的主要依據、讖緯中的革命思想等問題，經由這一章的探索，讖緯的時代意義便很清楚的呈現出來。

在一個大一統的秩序之下，讖緯談天象、說地理、論世界、話人倫在在都可收攝在既有秩序的範疇，用爲統治之助；同時讖緯作者亦透過讖緯因神聖性作者而來的影響力，而將其對社會的理想賦予其中，形成一種微妙的政治文化，這種特色與漢代大一統政權的建立，在形而上的理念中，定位宇宙安排人生的企圖是同調的。〔註3〕

唯本文僅是就讖緯與漢代整體思想相應的一個面向做分析，在讖緯學的範疇中，猶待研究領域仍所在多是，如：

（一）《重修緯書集成》所收資料的進一步檢證：這套輯佚書爲讖緯學的研究提供了非常便利的資料，但白玉微瑕，在資料的鑑別上，偶有誤失，《隋書‧牛弘傳》引《孝經說》論明堂一則就是顯證，資料若不能保證爲眞，會

〔註3〕漢代定位宇宙、安排人生的這種哲學特色，參見鄔昆如〈漢代宇宙論之興起及其在哲學上的意義〉，此文爲民國 79 年政治大學主辦漢代文學與思想學術研討會宣讀論文。

造成解釋上的盲點，影響至為深遠。

（二）讖緯與術數的開合問題：讖緯在歷來書目中多收在經部之後，然而讖緯思想的來源究竟為何，在漢代與術數思想有何關聯，這都值得進一步分析。

就以本論題來說，限於時間與學養的不足，有許多理應進一步分析卻未涉及的問題，諸如宇宙生成論中提到的「三節」，其實是《詩緯》中對宇宙生成論講法的一環，但三節原是齊詩學中的紀年法，這種紀年法與宇宙生成論之間有何關係？以及世界圖式中提到讖緯中的地理觀非事實的陳述，何以非事實的陳述，其間是否有意義可說？秩序的建立與維持中論禮制只以明堂為主軸，至於其他禮制與時代的關聯上都未有析論，這些問題都有待他日做進一步的探究。

在寫作過程中，面對讖緯一則則的材料，常常只為思索一則資料究竟有無意義可說，是否能將這資料安置在一定理序下而枯坐終日。有時對難以理解的資料突因觸發而覷出一點意義，內心之喜悅實難筆書；然而對部份資料，明知其有意義可說，卻因學養不足，無能發其精蘊，失落悵惘之情更甚於得者。回想寫作之初，為尋找一意義結構以統攝讖緯而苦思不得，周師志文告以「宇宙秩序」一詞，而後往復相商，隨機指點，遂使本文架構得以確立；讖緯研究成果多是日文，坂江徹同學代收集日文資料，並教授日文，使我在寫作過程中得以運用相關研究成果；以及寫作其間同學彼此的慰勉切磋⋯⋯師友恩義，感懷在心。

參考書目舉要

甲、

1. 《重修緯書集成》，安居香山、中村璋八合編，明德。
2. 《古微書》，明・孫瑴，新文豐。
3. 《詩緯集證》，清・陳喬樅，小嫏嬛館叢書。
4. 《緯學源流興廢考》，清・蔣清翊，研文出版。
5. 《緯學探源》，王令樾，幼獅。
6. 《緯書の基礎的研究》，安居香山、中村璋八合著，圖書刊行會。
7. 《緯書思想の綜合研究》，安居香山編，圖書刊行會。
8. 《緯書の成立とその展開》，安居香山，圖書刊行會。
9. 《緯書》，安居香山，明德。
10. 《緯書と中國の神秘思想》，安居香山，平河。
11. 《鄭玄之讖緯學》，呂凱，政大博士論文。
12. 《東漢讖緯與政治》，陳郁芬，臺大碩士論文。

乙、

1. 《周易正義》，唐・孔穎達，藝文。
2. 《尚書正義》，唐・孔穎達，藝文。
3. 《毛詩正義》，唐・孔穎達，藝文。
4. 《周禮注疏》，唐・賈公彥，藝文。
5. 《禮記正義》，唐・孔穎達，藝文。
6. 《今文尚書考證》，清・皮錫瑞，北京中華。
7. 《周禮正義》，清・孫詒讓，北京中華。

8. 《大戴禮記解詁》，清‧王聘珍，漢京。

9. 《孝經義疏補》，清‧阮福，商務。

10. 《逸周書集訓校釋》，朱右曾，商務。

11. 《兩漢三國學案》，清‧唐晏，仰哲。

12. 《孔穎達周易正義研究》，龔師鵬程，師大碩士論文。

13. 《中國經學史基礎》，徐復觀，學生。

14. 《三禮研究論集》，李曰剛等，黎明。

丙、

1. 《國語》，吳‧韋昭解，世界。

2. 《春秋左傳注》，楊伯峻，源流。

3. 《左傳紀事本末》，清‧高士奇，里仁。

4. 《史記》，漢‧司馬遷，鼎文。

5. 《史記會註考證》，瀧川龜太郎，宏業。

6. 《漢書》，漢‧班固，鼎文。

7. 《後漢書》，南朝宋‧范曄，鼎文。

8. 《漢紀》，漢‧荀悅，鼎文。

9. 《東觀漢記》，漢‧班固等撰，鼎文。

10. 《晉書》，唐‧房玄齡，鼎文。

11. 《隋書》，唐‧魏徵，鼎文。

12. 《舊唐書》，後晉‧劉昫，鼎文。

13. 《新唐書》，宋‧歐陽修，鼎文。

14. 《西漢會要》，清‧徐天麟，世界。

15. 《東漢會要》，清‧徐天麟，世界。

16. 《古史辨》，顧頡剛等，坊間本。

17. 《中國上古史論文選集》，杜正勝編，華正。

18. 《西周史》，許倬雲，聯經。

19. 《秦集史》，馬非百，弘文館。

20. 《秦漢史》，錢穆，東大。

21. 《先秦諸子繫年》，錢穆，東大。

22. 《漢晉學術編年》，劉汝霖，長安。

23. 《秦漢文獻研究》，吳樹平，齊魯書社。

24. 《中國上古史研究講義》，顧頡剛，文史哲。

25. 《秦漢的方士與儒生》，顧頡剛，里仁。
26. 《中國地理學史》，王成組，北京商務。
27. 《顧頡剛讀書筆記》，顧頡剛，聯經。
28. 《漢代的巫者》，林富士，稻鄉。

丁、

1. 《全上古三代秦漢三國六朝文》，清・嚴可均，世界。
2. 《新編諸子集成（老子・莊子・管子)》，世界。
3. 《呂氏春秋校釋》，陳奇猷注，華正。
4. 《新語校注》，王利器注，明文。
5. 《賈誼集校注》，吳雲注，中州古籍。
6. 《淮南鴻烈集解》，劉文典，文史哲。
7. 《春秋繁露義證》，清・蘇輿，河洛。
8. 《潛夫論集釋》，胡楚生，鼎文。
9. 《白虎通疏證》，清・陳立，廣文。
10. 《釋名》，漢・劉熙，商務。
11. 《顏氏家訓集解》，王利器注，漢京。

戊、

1. 《兩漢思想史》，徐復觀，學生。
2. 《中國人性論史》，徐復觀，商務。
3. 《中國思想史》，徐復觀，學生。
4. 《中國思想史續編》，徐復觀，時報。
5. 《中國哲學原論・導論篇》，唐君毅，學生。
6. 《中國哲學原論・原道篇（卷一、二)》，唐君毅，學生。
7. 《哲學概論》，唐君毅，學生。
8. 《中國文化之精神價值》，唐君毅，正中。
9. 《中國哲學十九講》，牟宗三，學生。
10. 《中國哲學的特質》，牟宗三，學生。
11. 《中國哲學史》，馮友蘭，坊間本。
12. 《中國哲學史新編（二)》，馮友蘭，人民。
13. 《中國哲學史》，勞思光，中文大學。
14. 《中國思想通史》，侯外廬，中國史學社。
15. 《中國哲學範疇發展史（天道篇)》，張立文，中國人民大學。

16. 《中國哲學問題史》，張岱年，彙文堂。

17. 《中國人生哲學》，方東美，黎明。

18. 《新儒家哲學十八講》，方東美，黎明。

19. 《科學哲學與人生》，方東美，黎明。

20. 《儒道天論發微》，傅佩榮，學生。

21. 《儒家哲學片論》，吳光，允晨。

22. 《古書考辨集》，吳光，允晨。

23. 《中國思想與制度論集》，張永堂等譯，聯經。

24. 《中國思想與社會論集》，鄭志明，學生。

25. 《中國辨證法史稿》，蕭萐甫，武漢大學。

26. 《十批判書》，郭沫若，坊間本。

27. 《日本學者論中國哲學史》，駱駝。

28. 《思想與文化》，龔師鵬程，業強。

29. 《儒家天人合一思想之研究》，施湘興，正中。

30. 《中國古代天人鬼神交通之四種類型及其意義》，楊儒賓，臺大博士論文。

31. 《周公》，林泰輔，商務。

32. 《先秦諸子的若干研究》，杜國庠，坊間本。

33. 《呂氏春秋與淮南子思想研究》，牟鐘鑒，齊魯書社。

34. 《气の思想》，小野澤精一等，東京大學。

35. 《先秦兩漢之陰陽五行學說》，李漢三，維新。

36. 《先秦兩漢陰陽五行說之政治思想》，孫廣德，政大博士論文。

37. 《易學哲學史（上）》，朱伯崑，北京大學。

38. 《兩漢易學史》，高懷民，商務。

39. 《董學探微》，周桂鈿，北京師範大學。

40. 《董仲舒天道觀》，王孺松，教育文物。

41. 《漢代社會與漢代思想》，侯外盧，坊間本。

42. 《從災異到玄學》，謝大寧，師大博士論文。

43. 《從漢書五行志看春秋對兩漢政教的影響》，劉德漢，華正。

44. 《漢初學術與王充論衡述論稿》，李偉泰，長安。

45. 《漢代思想文化學術研究論文集》，文史哲。

46. 《中國中古思想史長編》，胡適，遠流。

47. 《哲學論叢》，施友忠，聯經。

48. 《哲學的宇宙論》，李震，學生。

49. 《中國古代思想史論》，李澤厚，谷風。

50. 《中國思想傳統的現代詮釋》，余英時，時報。

51. 《中國哲學的現代化與世界化》，成中英，聯經。

52. 《中國人性論》，臺大哲學系，東大。

53. 《易傳道德的形上學》，范良光，商務。

54. 《批判的繼承與創造的發展》，傅偉勳，東大。

55. 《中西哲學中的上帝與天道》，李杜，聯經。

56. 《柯靈烏自傳》，柯靈烏，故鄉。

57. 《時代與感受》，牟宗三，鵝湖。

己、

1. 《中國天文學史》，陳遵嬀，明文。

2. 《中國天文學史新探》，劉君燦編，明文。

3. 《二毋室天文曆法論集》，張汝舟，浙江古籍。

4. 《中國之科學與文明（一、二、三、五）》，李約瑟，商務。

5. 《曆法叢談》，鄭天杰，文化大學。

6. 《天文與人文》，陳江風，國際文化。

7. 《中國科技史與文化》，劉君燦，華世。

8. 《史記天官書今註》，高平子，中華叢書。

9. 《周書周月篇著成的時代及有關三正問題的研究》，黃沛榮，臺大碩士論文。

庚、

1. 《四庫全書總目提要》，清・紀昀，商務。

2. 《四庫提要辨正》，余嘉錫，北京中華。

3. 《普通語言學教程》，索緒爾，弘文館。

4. 《社會語言學》，赫德森，社科院。

5. 《西洋哲學辭典》，項退結編譯，先知。

6. 《人論》，卡西勒，結構群。

7. 《價值是什麼》，黃藿譯，聯經。

8. 《中國語文學論集》，張以仁，東昇。

9. 《方師鐸文史叢稿・雜著篇》，方師鐸，大立。

10. 《中國上古禮制考辨》，邱衍文，文津。

11. 《中西文化交流史》，沈偉福，東華。

12. 《釋名研究》，徐芳敏，臺大碩士論文。

13. 《山海經校注》，袁珂校注，里仁。

14. 《中國神話傳說辭典》，袁珂，華正。

15. 《山海經新探》，四川社科院。

16. 《鄒衍遺說考》，王夢鷗，商務。

17. 《漢代的相人術》，祝平一，學生。

18. 《巫術、科學與宗教》，馬凌諾斯基，協志工業。

19. 《沈剛伯先生八秩榮慶論文集》，聯經。

20. 《儒家倫理與秩序情結》，張德盛，遠流。

辛、

1. 〈古讖緯書錄解題（一）〉，陳槃，《史語所集刊》一〇本。

2. 〈古讖緯書錄解題（二）〉，陳槃，《史語所集刊》一二本。

3. 〈古讖緯書錄解題（三）〉，陳槃，《史語所集刊》一七本。

4. 〈古讖緯書錄解題（四）〉，陳槃，《史語所集刊》二二本。

5. 〈古讖緯書錄解題（五）〉，陳槃，《史語所集刊》四四本二分。

6. 〈古讖緯書錄解題（六）〉，陳槃，《史語所集刊》四六本二分。

7. 〈古讖緯書錄解題（七）〉，陳槃，國科會論文。

8. 〈古讖緯全佚書錄解題（一）〉，陳槃，《史語所集刊》一二本。

9. 〈古讖緯書錄解題附錄〉，陳槃，《史語所集刊》一七本。

10. 〈論早期讖緯與鄒衍書之關係〉，陳槃，《史語所集刊》一七本。

11. 〈讖緯命名及其相關之諸問題〉，陳槃，《史語所集刊》二一本。

12. 〈讖緯釋名〉，陳槃，《史語所集刊》一一本。

13. 〈讖緯溯源（上）〉，陳槃，《史語所集刊》一一本。

14. 〈論讖緯及其分目〉，陳槃，《大陸雜誌》特刊。

15. 〈中國人的宇宙觀念〉，高平子，《大陸雜誌》特刊。

16. 〈齊詩學之三基四始五際六情說探微〉，林金泉，《成大學報》二〇卷。

17. 〈詩緯星象分野考〉，林金泉，《成大學報》二一卷。

18. 〈易緯六十四卦流轉注十二辰表研究〉，林金泉，《漢學研究》六卷二期。

19. 〈漢碑裏的緯書說〉，中村璋八，《孔孟月刊》二三卷六期。

20. 〈天人感應與天人合一〉，黃樸民，《文史哲》一九八八年第四期。

21. 〈古籍神秘性編撰型式補證〉，楊希枚，《國立編譯館刊》一卷三期。

22. 〈董仲舒春秋學方法論試探〉，孫長祥，《華岡文科學報》十七期。

23. 〈讖對秦漢政治的影響〉，賀凌虛，《社會科學論叢》三六期。

24. 〈論周髀研究傳統的歷史發展與轉折〉，傅大爲，《清華學報》新十八卷一期。

25. 〈火曆鉤沈〉，龐樸，（北京）《中國文化》創刊號。

26. 〈明堂形制初探〉，王世仁，《中國文化研究集刊》第四期。

27. 〈先秦禮論初探〉，劉澤華，《中國文化研究集刊》第四期。

28. 〈中國哲學之主要方法：深察名號〉，龔師鵬程，《書目季刊》二四卷二期。

附錄一：讖言與美刺──漢代謠辭的兩種類型

一、徒歌與謠讖

宋‧郭茂倩的《樂府詩集》卷八三至八九編有「雜歌謠辭」一類，收上古至隋唐不入樂的歌辭 125 首及謠辭 115 首。樂府詩本是合樂的，這類並不入樂的歌、謠何以編入《樂府詩集》？〔註1〕這究竟是郭氏部類之疏抑或是寓有深意？這裏尚有討論空間，〔註2〕不過這並非本文關注的重點。本文感興趣的是這些不入樂的徒歌與本來就不入樂的謠何以並置為一類？難道只因兩者都無器樂的伴奏而已？

郭茂倩認為這些徒歌類別雖雜（或因地、因人而作；或傷時、寓意而作；或窮、或愁、或怨而作），唯「發乎情則一也」，〔註3〕是以「今併採錄，且以讖謠繫其末」。歌本詠言，郭氏此說自是言之成理，不過，採錄這些雜歌則已，又為何要以「謠讖繫其末」呢？且「謠讖」又何以連言？是這些緣情的雜歌與這些繫於其末的「謠讖」有關？還是不入樂的雜歌與「謠讖」有關？這類繫於其末的「謠讖」是通指 115 首謠辭？還是指卷八八、八九所列的 88 首「童謠」？這些問題看似瑣碎支節，但涉及了一些觀念，有必要加以釐清。

〔註1〕《樂府詩集》所收的「新樂府辭」雖然也不入樂，但與「雜歌謠辭」的情況不同。新樂府是古樂府的創造性模仿，所謂「以其辭實樂府，而未常被於聲，故曰新樂府」，但「儻採歌謠以被聲樂，則新樂府其庶幾焉。」

〔註2〕如余冠英在《樂府詩選‧前言》指出：「民間歌謠本是樂府詩之源，附錄在樂府詩的總集裏是有意義的。不過《樂府詩集》所收，有些是偽託的古歌，有些是和『詩』相距很遠的讖辭和諺語。另一方面，有些有意思的歌謠又缺而不載，其採錄標準是有問題的。」

〔註3〕郭茂倩《樂府詩集‧雜歌謠辭‧敘錄》

　　未入樂的徒歌與本來就不入樂的謠何以並置？從《樂府詩集》卷八三「雜歌謠辭」前的敘錄可知郭茂倩是基於歌是合樂的，「聲比於琴瑟曰歌」（《廣雅》），「有章曲曰歌」（《韓詩章句》）；未入樂的是「徒歌」。徒，空也，無所依恃之義；而「徒歌謂之謠」（《爾雅》），於是不入樂的徒歌與謠就劃上了等號，後世歌謠連稱大概也是這樣的推論。〔註4〕但是「謠」並不等同於「讖」，「讖」是預言、是有「徵驗之書」（《說文解字》），與徒歌的「謠」並沒有必然關係，且「讖」未必以「謠」的形式出現，何以郭氏要將「謠讖」繫於這些雜歌之末？

　　「謠」的初義或許是取肉供神以禱的言語，〔註5〕自有其神聖性。若暫且不考慮「謠」的原始性質，傳注以「徒歌」爲訓說明了脫離初義後「謠」就悄悄納入了音樂活動的範圍。〔註6〕只是「謠」的意涵絕不只無器樂伴奏之歌唱就能概括的，因爲相較於器樂的人文色彩，徒歌是最接近自然的的天籟；接近自然意味著純眞、也意味著最接近天機，尤其是「童謠」。在天人感應的思維下，「謠」及「童謠」就成了特定的話語，是天意對人事的喻示。在這樣的思路下，「謠」、「童謠」簡直就是「讖言」。載於《左傳・僖公五年》的虢國滅國「童謠」（丙之晨，龍尾伏辰；均服振振，取虢之旂。鶉之賁賁，天策焞焞，火中成軍，虢公其奔）就是這樣的話語。〔註7〕將這種天人感應思維下的「童謠」附予星占學解釋就成了《晉書・天文志》所說的：「凡五星盈縮失位，其精降於地爲人……熒惑降爲兒童，歌謠嬉戲」。如此一來「謠」、「童謠」就與「讖」更難區分了，於是有「讖謠」、「謠讖」的連用詞出現，〔註8〕明代以前的載籍中的「童謠」多半是這類預見性質的「讖」。〔註9〕宋代郭茂倩就

〔註4〕參見朱自清《中國歌謠》（臺北：世界書局，1978）

〔註5〕《說文解字》有「䚻」無「謠」，「䚻」當是古字，日本學者白川靜據此釋謠爲取肉供神時祝禱語，見氏著，杜正勝譯《詩經的世界》（臺北：東大出版社，1991），頁20。

〔註6〕《詩・魏風・園有桃》「我歌且謠」，毛傳云「徒歌曰謠」；《爾雅・釋樂》：「徒歌謂之謠」；《說文解字》：「䚻，徒歌」。

〔註7〕卜偃解此謠爲「丙子旦，日在尾，月在策，鶉火中，必是時也」是安在星占傳統解說。江曉原稱這類的星占學是「軍國星占學」，參見，江曉原，《天學眞原》（遼寧：遼寧教育出版社，1992）。

〔註8〕讖謠、謠讖連用及其問題，參見：謝貴安《中國謠諺文化──謠諺古代社會》（湖北：華中理工大學出版社，1994）及《中國讖謠文化研究》（海南：海南出版社，1998）。

〔註9〕從東漢開始，這些「童謠」多見於正史的〈五行志〉中；童謠名義演變，參見：

是這樣來看待「謠」「童謠」，因此「讖」與「謠」會連言，準此，「雜歌謠辭」裏的「讖謠繫其末」自然就是指卷八八、八九的收錄的 88 首「童謠」了。

二、行歌與舉謠言

「謠」沒了器樂的羈牽，表達方式較爲自由，甚至可以且行且歌，是以謠又可訓爲「行歌」，〔註10〕行歌逍遙自然利於流傳，所以歌謠在古代曾是相當重要的傳播工具。〔註11〕不過行歌之「謠」不是以言志或抒情爲主，這類「謠」的內容多半是緣事而發，〔註12〕藉由「謠」便於傳播的特性，這些「事」經傳播之後就容易形成輿論，形成共識；又因「謠」多起於民間，這些輿論與共識往往就代表著民間的聲音或風俗。一旦定型爲「謠」就與近似耳語的「流言」不可同日而語，「流言」要防，〔註13〕以免無中生有，眾口鑠金；但「謠」則是民意的反映，觀納風謠向來是爲政者美風俗的重要依據，不但不要防，而且更要多方採納。《左傳‧襄公十四年》師曠回答晉侯「衛人出其君」的質問時，說到：

> 自王以下，各有父兄子弟以補察其政。史爲書，瞽爲詩，工誦箴諫，大夫規誨，士傳言，庶人謗，商旅於市，百工獻藝。古〈夏書〉曰：「道人以木鐸徇於路，工執藝事於諫」，正月孟春，於是乎有之，諫失常也。

類似的說法亦見諸《國語‧晉語六》范文子勉趙文子的：

> 吾聞古之王者，政德既成，又聽於民。於是乎使工誦諫於朝，在列者獻詩使勿兜，風聽臚言於市，辨祆祥於謠，考百事於朝，問謗譽於路，有邪而正之，盡戒之術也。

瞍瞍誦諫，應是源自商周以來的樂官傳統；〔註14〕百官大夫獻詩，可能與登

王瑾，〈中國古代童謠論〉（《杭州教育學院學報》，17 卷 1 期）。

〔註10〕《國語‧晉語》「辨妖祥於謠」，韋昭注：「行歌曰謠」。

〔註11〕張玉法，《先秦的傳播活動及其影響》（臺灣：臺灣商務印書館，1993）；傳播方式問題，另參黃星民，〈從禮樂傳播看非語言大眾傳播形式的演化〉，新聞學傳播研究，2000 年，3 月。

〔註12〕韓經太〈「在事爲詩」申論——對中國早期政治詩學現象的思想文化分析〉（中國文化研究季刊，2000 秋之卷）一文指出除緣情、言志詩學外，中國早期詩學尚有「緣事」、「在事」一義值得留意。

〔註13〕《荀子‧致仕》云：「凡流言、流說、流事、流謀、流譽、流愬，不官而衡至者，君子慎之。」楊倞注：「流者，無根源之謂。」。

〔註14〕樂官與上古文化的關係，詳見：陳元鋒，《樂官文化與文學——先秦詩歌史的

高能賦有關；〔註 15〕至於聽臚言、辨祅祥、考百事、問謗譽則明顯是觀風俗、知得失之舉了，這些採聽風謠的觀念到漢代就落實成制度了。

（一）察舉制度

兩漢以察舉來晉用人才其制始於文帝，察舉科目包羅雖廣，但自武帝元光元年（B.C.134）起歲舉孝廉以後，舉孝廉就成了漢代晉用人才的主要制度（常科）。〔註 16〕孝廉選舉的標準是「質樸、敦厚、遜讓、有行」，〔註 17〕其資歷或是縣吏、或是儒生、或是處士，都得有聲譽於鄉里才行；雖然日後因社會結構的改變，察舉制弊端叢出，東漢末甚至出現「舉秀才，不知書；舉孝廉，父別居」的譏諷，〔註 18〕但其鄉舉里選的本意不容抹殺的。〔註 19〕

（二）樂府官署

武帝立樂府官署採集各地風謠，〔註 20〕採詩夜誦，〔註 21〕本意可能是為了功成制禮，昭告天地，與郊祀巡狩、泰山封禪共同形成「更化」之舉，以示「制禮作樂」的雄心；〔註 22〕但本質義與發生義並不等同，《漢書·藝文志》所說的：「自孝武立樂府而采歌謠，於是有趙代之謳，秦楚之風，皆感於哀樂，緣事而發，亦可以觀風俗，知薄厚云云」可以說是採歌謠所帶出的發生義，其間關係董仲舒〈舉賢良策〉已道之在先了：「王者末作樂之時，乃用先王之

文化巡禮》（山東：山東教育，1999）；閻步克《樂師與史官——傳統政治文化與政治制度論集》（北京：三聯書店，2001）。

〔註 15〕獻詩、陳詩、賦詩及其以問題，參見 Helmut Wilhel 著，劉紉尼譯，《學者的挫折感：論「賦」的一種型式》，收在《中國思想與制度論集》（臺北：聯經出版社，1981）。用詩、觀詩、說詩等對《詩》的態度，參見：鄧新華〈觀詩·用詩與說說〉（江蘇社會科學學報）。

〔註 16〕漢代察舉制問題，參見黃留珠，《秦漢仕進制度》（陝西：西安：西北大學，1989），此書論述較為全面，統計資料亦多。

〔註 17〕勞榦，〈漢代察舉制度考〉，《漢代政治論文集》（臺北：藝文印書館，1976）

〔註 18〕秀才即茂才是州舉，孝廉是郡舉，雖都是歲舉，但人數不成比例。此首「謠」所涉及的問題，參見本文第四部份。

〔註 19〕閻步克指出漢末孝廉出現「同歲」相結的現象，對漢末社會風氣有重大影響，詳見〈孝廉同歲與漢末選官〉（同註 13 所引書）。

〔註 20〕武帝是採詩還是採曲調？張永鑫《漢樂府研究》（江蘇：江蘇古籍出版社，1992）以為是採曲調與採詩有別，其備一說。

〔註 21〕「夜誦」如何解釋？范文瀾《文心雕龍·注》以為即繹誦，反覆推演謂之繹。郭紀金〈誦字的音義辨析與楚辭的歌樂特質〉（深圳大學學報·人文社會科學版）17 卷 3 期，對「誦」的三音三義有詳細討論。

〔註 22〕倪其心《漢代詩歌新論》（江西：百花洲文藝出版社，1992），第四章。

樂宜于世者，而以深入教化於民。教化之情不得，雅頌之樂不成，故王者功成作樂，樂其德也。樂者，所以變民風，化民俗也。」(《漢書・董仲舒傳》)

　　樂府官署的設置後，畢竟促進了樂府詩的發展，使「緣事而發」的精神得以彰明，哀帝雖罷樂府，但已然形成傳統。

(三) 風俗使

　　典籍多載古時有採詩之官，振木鐸徇於路以採詩。〔註23〕西漢便有使者循行天下覽觀風俗之舉，如宣帝元康四年春正月，即遣大中大夫十二人循行天下，「存問鰥寡，覽觀風俗，察吏治得失，舉茂材異倫之士。」(《漢書・宣帝紀》)、平帝元始四年二月，「遣太僕王惲等八人置副，假節，分行天下，覽觀風俗。」(《漢書・平帝紀》)，〔註24〕不久王莽居攝，四月，又「遣大司徒直崇等八人，分行天下，覽觀風俗。」(《漢書・王莽傳》)。〔註25〕東漢自光武帝始設有採風使，《後漢書・循吏列傳》言光武即位後，「廣求民瘼，觀納風謠」，和帝時亦有採風使，即位之初「分遣使者，皆微服單行，各至州縣，觀採風謠。」(《後漢書・方術列傳・李郃傳》)。

　　不過，光武帝在「建武、永平之閒，吏事刻深，亟以謠言單辭，轉易守長」，〔註26〕這就開了日後「舉謠言」的先例。《後漢書・百官志》「司徒」條下引應邵注云：「每歲州郡聽採長吏臧否，民所疾苦，還條奏之，是爲之舉謠言者。」《後漢書・黨錮列傳・范滂傳》注引《漢官儀》亦云：「三公聽採

〔註23〕《漢書・食貨志》云「孟春之月，群居者將散。行人振木鐸徇於路以采詩，獻之太師，比其音律，以聞於天子。」《漢書・藝文志》「古有采詩之官，王者所以觀風俗，知得失，自考正也。」《孔叢子・巡狩》「古者天子命史采詩謠，以觀民風。」《禮記・王制》「天子五年一巡狩，至於岱宗，柴而望祀山川，覲諸侯。問百年者，就見之，命太師陳詩，以觀民風。」。

〔註24〕平帝四年二月遣風俗使，四月又遣，這原因當然在王莽。《後漢書・獨行列傳・譙玄傳》載此事供可參讀：「四年，選明達政事能化風俗者八人。時並舉八人。時並舉玄，爲繡衣使者，持節，與太僕王惲等分行天下，觀覽風俗，所至專行誅賞。事未及終，而王莽居攝，玄於是縱使者車，變易姓名，閒竄歸家，因以隱遁。

〔註25〕王莽所遣之使隔年秋始還，「言天下風俗齊同，詐爲郡國造歌謠，頌功德，凡三萬言」。(《漢書・王莽傳》)

〔註26〕《後漢書・循吏列傳》，「風謠」對光武來說其意恐怕不單只是民瘼的反應，光武曾應圖讖改服色、立明堂、辟雍、乃至封禪，對這類神秘話語是深信不疑的，因此〈循吏列傳〉接著說因隻言片語的謠辭而撤換官員，大概得從光武對圖讖謠言這類神秘的堅信來了解。

長史臧否，人所疾苦，還條奏之，是爲舉謠言也。」東漢後期且以「舉謠言」
任免官員，如：

> 五年制書，議遣八使，又令三公謠言奏事。是時奉公者欣然得志，
> 邪枉者憂悸失色……（《後漢書‧蔡邕傳》）

> 光和五年，詔公卿以謠言舉刺史、二千石爲民蠹者。（《後漢書‧劉
> 陶傳》）

> 後詔三府掾屬舉謠言，滂奏刺史、二千石權豪之黨二十餘人。（《後
> 漢書‧黨錮列傳‧范滂傳》）

至於官長入境先問風謠，那就更加普遍了，其間甚至有微服出行的例子，這
正是漢代政治的一大特色。〔註27〕

三、讖言謠辭

　　觀採風謠當然是政治意味濃厚的舉動，風謠本是緣「事」而發，那麼究
竟是怎樣的「事」值得去傳揚乃至引發執政者的關注？底下且以《樂府詩集》
及《全漢詩》所收漢代謠辭爲範圍試加說明。《樂府詩集‧雜歌謠辭》所列的
115 首謠辭裏，屬於漢代的只有 20 首（卷八七，6 首；卷八八，14 首），逯欽
立《先秦漢魏晉南北朝詩》輯錄漢詩最全，但《全漢詩》卷三、卷八「雜歌
謠辭」所輯的謠辭部份亦不過 43 首（卷三，8 首、卷八，35 首）。這 43 首謠
辭就其大別可分爲「讖言謠辭」與「美刺謠辭」兩類。43 首謠辭中，與讖言
有關的有 20 首，〔註28〕這類謠辭常以「童謠」形態出現，然而「童謠」若就
字面解釋則是兒童的歌吟，讖言云云是附著上去的，所以亦有名「童謠」而
不涉及讖言的，如〈會稽童謠〉：「棄我戟，捐我矛。盜賊盡，吏皆休」，就是
贊美和帝永元年間的會稽太守張霸討賊有功之作，屬於美刺謠辭而不非讖言
謠辭，不過這種意義的「童謠」數量並不是很多。

　　讖言謠辭或稱「詩妖」、〔註29〕「謠妖」，〔註30〕「妖」是取其尙微未顯

〔註27〕《後漢書‧羊續傳》「中平三年……拜（羊）續爲南陽太守，當入郡界，乃羸
　　　　服閒行，侍童子一人，觀歷縣邑，採問風謠，然後乃進。」、《後漢書‧劉瑜
　　　　傳》「延熹八年……臣在下土，聽聞歌謠，驕臣虐政之事，遠近呼嗟之音，
　　　　竊爲辛楚，泣血漣如。」。
〔註28〕我們不認爲收在〈五行志〉裏的就是讖言謠辭，判斷標準是有無讖驗。
〔註29〕《漢書‧五行志》引《尚書大傳》「言之不從，是謂不艾。厥咎僭，厥罰恒陽，
　　　　厥極憂。時則有詩妖……」，解云「君炕陽而暴虐，臣畏刑而柑口，則怨謗之

之意。後世所能見及的兩漢讖言「童謠」多見於《漢書》及《續漢書》的五行志裏。茲以逯欽立《全漢詩》所錄，將讖言謠辭及其徵驗簡列如下：

1. 〈漢元帝時童謠〉：「井水溢，滅灶煙，灌玉堂，流金門。」（《漢書·五行志》）

   按：王莽篡位。

2. 〈漢成帝時燕燕童謠〉：「燕燕尾，張公子，時相見。木門倉琅根。燕飛來，啄皇孫，皇孫死，燕啄矢。」（《漢書·五行志》，又，〈外戚傳〉）

   按：趙飛燕姊弟賊害後宮皇子，卒皆伏辜。

3. 〈漢成帝時歌謠〉：「邪徑敗良田，讒口亂善人。桂樹華不實，黃爵巢其顛。故為人所羨，今為人為憐。」（《漢書·五行志》）

   按：王莽篡漢。

4. 〈王莽末天水童謠〉：「出吳門，望緹群。見一蹇人，言欲上天；令天可上，地上安得民。」（《續漢書·五行志》）

   按：隗囂少病蹇，起兵天水，欲為天子，終破滅。

5. 〈更始時南陽童謠〉：「諧不諧，在赤眉。得不得，在河北。」（《續漢書·五行志》）

   按：更始為赤眉所殺，光武帝自河北興。

6. 〈後漢時蜀中童謠〉：「黃牛白腹，五銖當復。」（《續漢書·五行志》）

   按：王莽稱黃，公孫述欲繼之，漢家再興。

7. 〈後漢順帝末京都童謠〉：「直如弦，死道邊。曲如鉤，反封侯。」（《後漢書·五行志》）

   按：順帝時大將軍梁冀專擅，殺太尉李固，封太尉胡廣、司徒趙戒、司空袁湯。

8. 〈蜀郡童謠〉：「兩日出，天兵戢。」（《北堂書鈔》卷七六引謝承《後漢書》）

   按：蜀郡太守黃昌未至郡時，蜀郡童謠。

9. 〈後漢桓帝初城上烏童謠〉：「城上烏，尾畢逋。公為吏，子為徒。一徒死，百乘車。車班班，入河間。河間　女工數錢，以錢為室金為堂。石上慊慊舂黃粱。梁下有懸鼓，我欲擊之丞卿怒。」（《續漢書·五行志》）

   按：梁冀伏誅，靈帝即位，董太后聚斂。

氣發於歌謠，故有詩妖。」。

〔註30〕《續漢書·五行志》有「謠妖」的講法。

10. 〈後漢桓帝初京都童謠〉:「游平賣印自有平,不避豪賢及大姓。」(《續漢書‧五行志》)

    按:預言桓帝末大將軍竇武(字游平),印綬所加,咸得其人。

11. 〈後漢桓帝末京都童謠〉:「白蓋小車何延延。河間來合諧,河間來合諧。」(《續漢書‧五行志》)

    按:靈帝即位,追念劉儵,擢用其弟

12. 〈後漢桓帝末京都童謠〉:「茅田一頃中有井,四方纖纖不可整。嚼復嚼,今年尚可後年鐃。」(《續漢書‧五行志》)

    按:天下大亂,雖有法度之士亦無法拯救。

13. 〈後漢靈帝末京都童謠〉:「侯非侯,王非王,千乘萬騎上北芒。」(《續漢書‧五行志》)

    按:中平六年,少帝登蹕,獻帝未有爵號,為張讓、段珪所劫。

14. 〈後漢獻帝初京都童謠〉:「千里草,何青青。十日卜,不得生。」(《續漢書‧五行志》)

    按:董卓當敗。

15. 〈後漢獻帝初童謠〉:「燕南垂,趙北際,中央不合大如礪,唯有此中可避世。」(《續漢書‧五行志》注引)

    按:公孫瓚劃地為王的讖言。

16. 〈興平中吳中童謠〉:「黃金車,班蘭耳。開閶門,出天子。」(《三國志‧吳書‧孫權傳》)

    按:孫權即帝位。興平,獻帝年號。

17. 〈建安初荊州童謠〉:「八九年間始欲衰,至十三年無子遺。」

    按:預言荊州劉表衰敗。

18. 〈時人謠〉:「五侯之鬥血成江」(《白帖》卷十五引《春秋緯‧考異郵》)

    按:引自緯書,但五侯之鬥指魯桓公十三年的龍門之戰,五侯指魯、齊、宋、衛、燕。

19. 〈摘洛謠〉:「剡者配姬以放賢,山崩水潰納小人,家伯罔主異哉震」(《黃氏逸書考》引〈古微書〉)

20. 〈錫山古謠〉:「有錫兵,無錫寧」(《常州圖經》)

    按:《常州圖經》:「惠山之側有錫山,其山出錫。古謠曰……」

這讖言謠辭絕大多數與政治有關,在個體自覺出現以前讖言謠辭所論述

的是軍國而非個人，〔註31〕個人在讖言謠辭的敘述脈絡裏是不佔有任何地位的，俟個體自覺已然彰顯後，屬於個人的讖言才會跟著出，這就是後世的「詩讖」與「讖詩」了。〔註32〕

四、美刺謠辭

謠辭另一大類是美刺謠辭，這類謠辭才是緣事而發的精神所在，按理應該是謠辭的大宗，然而美刺謠辭與言、諺、歌、語的界限並不明確，致有混稱現象；如前引美張霸的〈會稽童謠〉，逯欽立《全漢詩》另收一首「城中烏鳴哺父母，府中諸吏皆孝友」，出處是《太平御覽》卷二六二引《益都耆舊傳》及卷四一二引《東觀漢記》。但《益都耆舊傳》稱「民語」，《東都漢記》則稱「兒童歌」，都不稱爲「謠」，這些相近詞語的混稱，清·杜文瀾〈古謠諺·凡例〉就留意到了，而且也提出了一些判斷原則。不過，本文暫依逯欽立《全漢詩》所收的謠辭爲討論依據，將美刺謠辭及其所緣事簡列如下：

（甲）美：

1. 〈長沙人石虎謠〉：「石虎頭截，倉廩不缺」（《太平寰宇記》卷一一四引）
   按：長沙縣石虎每食倉廩，吳芮爲王時倉廩廢耗，芮以生肉祭之，後截其頭身。

2. 〈會稽童謠〉：「棄我戟，捐我矛。盜賊盡，吏皆休。」（《後漢書·張霸傳》）
   按：美會稽太守張霸平賊。

3. 〈會稽童謠〉：「城中烏鳴哺父母，府中諸吏皆孝友」
   按：已說明如上。

4. 〈河內謠〉：「王稚子，世未有。平徭役，百姓喜。」
   按：美王渙。《華陽國志·廣漢士女傳》引此作「民歌之」；是歌詠贊歎之意。《太平御覽》卷四六五引《東觀漢記》作「人爲之謠」。
   樂府古辭有首〈雁門太守行〉是美王渙的，這首古樂府與其他樂府相較相當奇特，簡直是篇傳略。〔註33〕美王渙有歌有謠甚可留意。

〔註31〕漢晉之際方有個體自覺的覺醒，詳細討論見余英時，《中國知層階層史論（古代篇）》（臺北：聯經出版社，1984）。

〔註32〕「詩讖」、「讖詩」在文體上的特徵及其發展，參見吳承學，〈謠讖與詩讖〉，《中國古代文體形態研究》（廣東：中山大學出版社，2000）。

〔註33〕茲錄〈雁門太守行〉古辭如下：「孝和帝在時，洛陽令王居，本自益州廣漢蜀民。少行宦，學通五經論。明知法令，歷世衣冠。從溫補雒陽縣令，治行致

5.〈益都民為王忳謠〉:「信哉少林世為遇，飛被走馬與鬼語。」(《太平御覽》卷四六五引《益都耆舊傳》)

按：美王忳重然諾。

6.〈恒農童謠〉:「君不我憂，人何以休。不行界署，焉知人處。」(《太平御覽》卷四六五引《陳留耆舊傳》)

按：美恒農令吳佑。

7.〈太學中謠〉:

三君:

天下忠誠實游平。天下義府陳仲舉。天下德弘劉仲承。

八俊:

天下模楷李元禮。天下英秀王叔茂。天下良輔杜周甫。

天下冰凌朱季陵。

天下忠貞魏少英。天下好交苟伯條。二下稽古劉伯祖。

天下才英趙仲經。

八顧:

天下和雍郭林宗。天下慕恃夏子治。天下英藩尹伯元。

天下清苦羊嗣祖。

天下瑤金劉叔林。天下雅志蔡孟喜。天下臥虎巴恭祖，

天下通儒宗孝初。

八及:

海內貴珍陳子鱗。海內忠烈張元節。海內謇諤范孟博。

海內通士檀文友。

海內彬彬范仲眞。海內珍好岑公孝。海內所稱劉景升。

八廚:

海內賢智王伯義。海內修整蕃嘉景。海內貞良秦平王。海內珍

賢，擁護百姓，子養萬民。外行猛政，內懷慈仁，文武備具，料民富貧，移惡子姓，篇著里端。傷殺人，比伍同罪對門。禁鋻矛八尺，捕輕薄少年，加笞決罪，詣馬市論。無妄發賦，念在理冤，敕吏正獄，不得苛煩，財用錢三千，買繩禮竿。賢哉賢哉，我縣王君。臣吏衣冠，奉事皇帝，功曹主簿，皆得其人。臨部居職，不敢行恩。清身苦體，夙夜勞勤。治有能名，遠近所聞。天年不遂，早就奄昏。為君作祠，安陽亭西，欲令後世，莫不稱傳。」

奇胡母季皮。

> 海內光光劉子相。海內依怙王文祖。海內嚴恪張孟卓。海內清明度博平。

按：單獨推舉人物，一般稱之為諺，多為七言單句，這幾首單舉人物而綴成一篇而名之謠，是刻意共相標舉以抗名為高，《後漢書·黨錮列傳》對此原始本末有詳細說明。

君，一世之所宗；俊，人中英彥；顧，能以德行引導人；及，能引導人追蹤；廚，能以財助人。

8.〈京兆謠〉（京兆為李燮謠）：「我府君，道教舉。恩如春，威如虎。剛不吐，弱不茹，愛如母，訓如父。」（《太平御覽》卷四六五引《續漢書》）

按：美李燮。

9.〈初平中長安謠〉：「頭白皓然，食不充糧。裹衣蹇裳。當還故鄉。聖主愍念，悉用補郎。捨是布衣，被服玄黃。」（《後漢書·孝獻帝紀》注引劉艾《獻帝紀》）

按：獻帝初平四年九月試儒生四十餘人，下第者本當罷之，獻帝愍焉，遂詔科罷者為太子舍人，當時長安為此謠。

10.〈閻君謠〉：「閻君賦政，既明且昶。去苛去碎，動以禮讓。」（《華陽國志》卷十）

按：美閻憲。

11.〈商子華謠〉：「石里之勇商子華。暴虎見之藏爪牙」（《太平御覽》卷四三六引《殷氏家傳》，卷四六五引《商氏家傳》）

按：美商亮武勇。

12.〈京師為唐約謠〉：「治身無嫌唐仲謙」（姚集謝承《後漢書》）

按：美唐約（字仲謙）不阿所私，不言貸利。

（乙）刺：

1.〈長安謠〉：「伊徙雁，鹿徙菟，去牢與陳實無價」（《漢書·佞幸傳·石顯傳》）

按：成帝時佞幸石顯及其黨牢梁、陳順免官；五鹿充宗左遷玄菟太守，伊嘉為鴈門太守。

2.〈王莽時汝南童謠〉：「壞陂誰？翟子威。飯我豆食羹芋魁。反乎覆，陂當

復。誰云者？兩黃鵠。」（《漢書・翟方進傳》）

按：翟方進為相時壞鴻隙大陂，王莽時枯旱，郡中追怨方進作是歌。

3. 〈後漢桓帝初小麥童謠〉：「小麥青青大麥枯，誰當穫者婦與姑。丈人何在西擊胡。吏買馬，君具車，請為諸君鼓嚨胡」（《續漢書・五行志》）

按：桓帝元嘉中，涼州諸羌一時俱反，大為民害，中國命將出眾，每戰常負，益發甲卒，麥多委棄，但有婦女穫刈之，於是有此謠。《續漢書・五行志》中列此謠，似將之視為讖言謠辭，但此謠並沒有讖言，應該是美刺謠辭。

4. 〈漢末洛中童謠〉：「雖有千黃金，無如我斗粟。斗粟自可飽，千金何所直？」（《太平御覽》卷八四〇引《述異記》）

按：漢末大饑。

5. 〈漢末江淮間童謠〉：「大兵如市，人死如林。持金易粟，粟貴於金。」（《太平御覽》卷八四〇引《述異記》）

按：漢末大饑。

6. 〈京師為光祿茂才謠〉：「欲得不能，光祿茂才」（《後漢書・黃琬傳》）

按：富貴子弟多以人事得舉，而貧約守志者反以窮退見遺，京師為之謠。

7. 〈東門奐謠〉：「東門奐，取吳半。吳不足，濟陰續。」（《太平御覽》卷四九二引《魯國先賢傳》）

按：東門奐歷吳郡濟陰太守，所在貪濁，謠以為刺。

8. 〈鄉人謠〉：「天下規矩房伯武，因師獲印周仲進。」（《後漢書・黨錮傳序》）

按：桓帝登踐前周福為帝師，即位後擢福為尚書；房植為河南尹有聲名，因此有是「謠」，這樣的對比美刺，是黨錮出現的前兆了。

9. 〈二郡謠〉：「汝南大守范孟博，南陽宗資主畫諾。南陽太守岑公孝，弘農成但坐嘯」（《後漢書・黨錮傳序》）

按：汝南太守是宗資以范滂為其功曹，南陽太守成　以岑晊為其功曹，兩功曹勇任事而有是「謠」。這樣的「謠」明顯出於政敵的興諷，近於「流言」了。

此外，《樂府詩集》列為謠辭而《全漢詩》不列者有二首：

一是，〈後漢桓靈時謠〉：「舉秀才，不知書。察孝廉，父別居。」《後漢書》未有此謠，當是從《抱朴子・審舉》摘出。但〈察舉〉稱：「桓

靈之世，更相濫舉，故人爲之語曰……」，稱「語」不稱「謠」，所以逯欽立《全漢詩》列在「諺語」類，題爲「時人爲貢舉語」；〈察舉〉在這四句話又有「寒素清白濁如泥，高門良將怯如黽」，《樂府詩集》只摘引前四句。

二是《樂府詩集》中有〈城中謠〉：「城中好高髻，四方高一尺。城中好廣眉，四方且半額。城中好大袖，四方全匹帛。」《全漢詩》則題爲「馬廖引長安語」，收在諺語類。

語，敘也（《釋名・釋言語》），是傳達意，謠諺均須言語行爲來傳達。只不過，謠兼取美刺，而諺較偏於頌美，這兩首都稱爲「語」，但都偏於刺，已經是美刺謠辭了。

至於《全漢詩》另收有〈蔣橫遘禍時童謠〉：「君用讒慝，忠烈是殛。鬼怨神怒，妖氣充塞。」（《全唐文》卷三五四引），文獻難以判斷，暫且不論。另外，〈時人爲三茅君謠〉：「茅山連金陵，江湖據下流。三神乘白鶴，各在一山頭。佳雨灌畦稻，陸地亦復周。妻子保堂室，使我生百憂。白鶴翔青天，何時復來遊？」亦因年代難考，暫且不論。

美刺謠辭是觀風採謠的主要對象，這類謠辭才能提供執政者知得失、自考正的契機。只是桓靈以降，原本對個人的揚瑜的「諺語」轉以「謠辭」形態出現，這當然與月旦人物的背景有關，只是這樣的謠與流言又相距幾許呢？

五、謠辭的文體形式

傳世的漢代謠辭在文體上有著明顯的時代烙印，兩漢謠辭文體形式的發展正可以觀察古詩形式轉變的脈絡，頗有文學史上的意義。從形式上看三言、四言、五言、七言、雜言都俱備，其中又三言及七言數量最多。

（一）三言：11 首

三言體式出現甚早，《易》、《詩》中皆有痕跡，但一直未爲士大夫階層普遍接受，這或許是因爲三言體式聲調較爲急促，於情感宣洩有餘，一唱三歎則不足，但因明朗暢快、節奏明確，多存於民間歌謠裏。漢代謠辭裏三言謠辭與七言謠辭均爲 12 首，所佔比例最高。12 首中，讖言謠辭佔了 7 首（〈元帝時童謠〉（井水溢）、〈更始時南陽童謠〉（諧不諧）、〈蜀郡童謠〉（兩日出）、〈順帝末京都童謠〉（直如弦）、〈獻帝初京都童謠〉（千里草）、〈興平中吳中

童謠〉（黃金車）、〈錫山古謠〉（有錫兵））。除〈蜀郡童謠〉（兩日出）及〈錫山古謠〉（有錫兵）2 首只有兩句外，其餘 5 首均為四句。而三言四句相當於六言兩句，形成一組對句，極易上口。

值得注意的是有 3 首頌美謠辭（〈會稽童謠〉（棄我戟）、〈河內謠〉（王稚子）、〈京兆爲李燮謠〉（我府君）），頌辭一般以四言爲正宗，以三言頌美因是考量順口。至於諷刺謠辭則只有〈東門奐謠〉（東門奐）一首。

（二）四言：7 首

四言古雅，宜於頌美，〈恆農童謠〉（君不我憂）、〈初平中長安謠〉（頭白皓然）〈闔君謠〉（闔君賦政）三首就是頌美謠辭。西漢前期的〈長沙人石虎謠〉仍保留古雅的四言體式。讖言謠辭較少四言，只有〈後漢蜀中童謠〉（黃牛白腹）、〈漢末江淮間童謠〉（大兵如市）2 首，諷刺謠辭更少，只有〈京城爲光祿茂才謠〉（欲得不能）一首。

（三）五言：3 首

西漢中後期五言詩漸興，到東漢後期已然成爲最主要的詩歌形式，有意思的是謠辭極少以五言呈現，43 首謠辭中只有 3 首五言。〈成帝時歌謠〉（邪徑敗良田）、〈漢末洛中童謠〉（雖有千黃金）、〈時人爲三茅君謠〉（茅山連金陵），這與樂府詩、古詩中的大量五言作品形成強烈對比，合理的解釋是五言是再加工的產品，三言與七言則較原始，謠辭保留了較原始的形式。

（四）七言：12 首

七言謠辭數量雖多，但都是東漢之作，除〈時人謠〉（五侯之門血戍江）、〈擿洛謠〉（剟者配姬以放賢）、〈〈建安初荊州童謠〉（八九年間始欲衰）三首外，其餘九首都是頌美謠辭。（〈會稽童謠〉（長上烏鳴哺父母）、〈益都民爲王忳謠〉（信哉少林世爲遇）、〈桓帝時京都童謠〉（游平賣印自有平）、〈桓帝末京都童謠〉（茅田一頃中有井）、〈鄉人謠〉（天下規矩房伯武）、〈二郡謠〉（汝南大守范孟博））

〈太學中謠〉（天下中誠實游平）、〈商子華謠〉（石里之勇商子華）、〈時人謠〉（五侯之門血成江）、〈擿洛謠〉（剟者配姬以放賢）、〈京師爲唐約謠〉（治身無嫌唐仲謙）。均爲四三句式。

（五）雜言：9 首

雜言謠辭有 9 首：〈長安謠〉（伊徒鴈）、〈成帝時童謠〉（燕燕尾）、〈汝南

鴻隙陂童謠〉（壞陂誰）、〈王莽末天水童謠〉（出吳門）、〈桓帝初天下童謠〉（小麥麥青青大麥枯）、〈桓帝初城上童謠〉（城上烏）、〈桓帝末京都童謠〉（白蓋小車何延延）、〈靈帝末京都童謠〉（侯非侯）、〈獻帝初童謠〉（燕南垂）。這些雜言謠辭裏存在著不少三三七的句式，如：

> 伊徙鴈，鹿徙菟，去牢與陳實無賈。
> 吏買馬，君具車，請爲諸君鼓嚨胡。
> 侯非侯，王非王，千乘萬騎上北芒。
> 燕南垂，趙北際，中央不合大如礪。
> 壞陂誰，翟子威，飯我豆羹芋我魁。

三三七句式其原甚古，可以是以打擊樂器節之所形成的節奏，〔註34〕這是民間通行的句式，一直到元白新樂府仍大量存在。〔註35〕

五、結論：興觀群怨

　　中國文學是抒情美典的傳統，〔註36〕與西方的敘事美典恰好形成了強烈的對比，然而這並不代表中國文學裏就沒有敘事美典，漢代雜歌謠及樂府詩就是這些彌足珍貴的敘事美典。這些「感於哀樂，緣事而發」的敘事文本，無論是諷刺、怨刺或頌美謠辭，從傳遞者、傳遞方式乃至接受者，都是「興觀群怨」詩教的充分彰顯。尤其對採集者而言，謠辭是做爲「觀」的對象而存在，「觀」不是美感欣賞，也不是一般意義的看，而是「諦視」（《說文解字》），是用來考正得失的政治觀察，

　　這些謠辭或被編採入樂而成了樂府詩，〔註37〕或經文人之手而成了古

〔註34〕《荀子·成相篇》每節的開頭就是三三七的句式，如「請成相，世之殃。愚闇愚闇墮賢良……」，「成相」就是種打擊樂器。

〔註35〕陳寅恪〈元白詩箋證稿〉：「樂天之作，則多以重疊兩三字句，後接以七字句，或三字句後接七字句，此實深可注意。考三三七之體，雖古樂府已不乏其例……樂天新樂府多用此體，必別有其故……頗疑其與當時民間流行歌謠之體制有關，然苦無確據，不敢妄說。後見敦煌發見之變文俗曲殊多三三七句之體，始得其解。」

〔註36〕中國抒情美典（傳統），高友工、陳世驤均有論述，中西文藝觀念差異，更詳細的討論，參見蔡英俊，《中國古典詩論中「語言」與「意義」的論題》（臺北：臺灣學生書局，2001）。

〔註37〕東漢採搜風謠，蕭滌非以爲即是現存的一些樂府詩作，王運熙以爲不然，東漢搜採風謠是指雜歌謠辭。我以爲雜歌謠辭一旦被觀採就成了樂府詩，今日所見的雜歌謠辭是搜採之餘。蕭說見《漢魏六朝樂府文學史》（臺北：長安出版

詩，存下的徒歌形式多半簡短，文學技巧也較尋常，但仍有兩首謠辭相當具有樂府詩的味道：

> 城上烏，尾畢逋。公爲吏，子爲徒。一徒死，百乘車。車班班，入河間。河間姹女工數錢，以錢爲室金爲堂。石上慊慊舂黃粱。梁下有懸鼓，我欲擊之丞卿怒。(〈後漢桓帝初城上烏童謠〉)

> 小麥青青大麥枯，誰當穫者婦與姑。丈人何在西擊胡。吏買馬，君具車，請爲諸君鼓嚨胡 (〈後漢桓帝初小麥童謠〉)

這樣的謠辭很容易讓人聯想到〈平陵東〉一類的樂府古辭。其實，同樣是感於哀樂，雖然表現形式或歌、或謠、或諺、或語，但精神是一致的，這些緣事而發的篇什在主流的抒情傳統之外另闢了一個新天地。

社，1981)，第二編；王說見〈讀漢樂府相和、雜曲札記〉，收在《樂府詩述論》(上海：上海古籍出版社，1996)。

附錄二：《樂緯》初探

一、引　論

　　緯之於經的關係，大概就如劉熙所說的：「圍也。反覆圍繞以成經也」(《釋名・釋典藝》)。不過，緯的「反覆圍繞」與章句注疏畢竟有別，要不然何以特稱爲「緯」呢？兩者之別就在「緯」的另一層涵義——星緯。凡檢閱過緯書佚文者均會詫異其間天文占語之多，幾至無篇不有，原因就在緯本是星緯，藉天象以明人事，緯之異於章句注疏的「反覆圍繞」，必須從星緯求解乃得其實。〔註1〕再則，經緯既然相應，但樂本無經，〔註2〕但卻有《樂緯》，且未聞時人有疑義，又該如何解釋呢？這恐怕是觀念上早已認定了樂的地位，禮樂本即相需爲用，以致造作緯書時就順理成章地出現《樂緯》了。只是，其他緯書均可就原經較論其「反覆圍繞以成經」的方式，至於《樂緯》是否亦有所本呢？

　　樂教由來尚矣。《周禮・春官・宗伯大司樂》說大司樂「掌成均之法，以治建國之學政，而合國之子弟焉。」徐復觀以爲「成均」所指的就是「音樂」，此以音樂爲教育，樂爲教育的中心，〔註3〕揆諸史實正當如是。〔註4〕只是《周

〔註1〕 這裏涉及了讖緯名義在漢代的演變，詳見殷善培《讖緯思想研究》(政治大學中文所博士論文，民國85年)。本論第一章。

〔註2〕 《隋書・經籍志》有《樂經》二卷，但這應是王莽時陽長子長所造作的《樂經》，《樂經》問題較新的討論，參見王葆玹《今古文經學新論》(北京：中國社科，1997)，第一章。

〔註3〕 徐復觀《中國藝術精神》(臺北：學生，民國72年)，頁3。《周禮》成書雖然可能遲至戰國，但無可否認保留了相當多地周代官制實錄，《周禮》成書問題的討論，參見：彭林《周禮主體思想與成書年代研究》(北京：中國社科，1991)，

禮》著重在制度的闡述，並未對樂論多所著墨；《左傳》、《國語》偶及樂論，[註5]但都就事而發，不成體系；先秦諸子或崇樂或非樂，最精譬的論樂，當是《荀子・樂論》斥墨子非樂教申說及納入宇宙圖示的《呂氏春秋・仲夏紀》及〈季夏紀〉中八篇論樂文章（〈〈大樂〉〉、〈侈樂〉、〈〈適音〉〉、〈古樂〉、〈音律〉、〈音初〉、〈制樂〉、〈明理〉）。漢興以後，儒家樂論歸結於《禮記・樂記》，[註6]其間雜有陰陽五行色彩，[註7]但仍可視爲傳統儒家樂論；隨著易象數學興，音樂與宇宙圖式間的關係亦爲時人所著意（如：京房），究竟《樂緯》與先秦以來這些樂論間在在著怎樣的關聯？《樂緯》樂論又有何特色可言？雖然蔡仲德《中國音樂美學史》說《樂緯》殘佚過甚，已不能反映音樂美學思想原貌，突出之點是宣揚「天人感應」（頁 442），但，我們是否可以經由《樂緯》與各家樂論的對比，稍窺《樂緯》樂論呢？本文打算從安居香山、中村璋八所輯《樂緯》佚文（收在《重修緯書集成》卷三），從樂本、樂教、樂律宇宙圖式三方面加以分析，以冀說明《樂緯》所本及樂論的特質。

二、樂　本

聲、音、樂古語有別，聲泛指一切聲響，音則是有條理、有組織的音調、曲調；至於樂則是歌、樂、舞的綜合藝術。這就是《禮記・樂記》所說的：「聲成應，故生變；變成方，謂之音；比音而樂之，及干戚、羽旄、謂之樂」。「樂本」即樂的起源，《呂氏春秋・仲夏紀・〈大樂〉》說「音樂之所由來者遠矣。生于度量，起于太一。」

將樂的起源推到了「太一」。「太一」即道，[註8]這是推源形上的說法；〈樂記〉則說「樂者，音之所由生也，其本在人心之感於物也。」乃從

金春峰《周官之成書及其反映的文化與時代新考》（臺北：東大，民國 82 年）。
[註 4] 樂在中國文化的地位，參見：楊華《先秦禮樂文化》（湖北：湖北教育，1993）。
[註 5] 蔡仲德《中國音樂美學史》（臺北：藍燈，民國 82 年），對這些散見古籍的樂論有詳細解釋。
[註 6] 《樂記》究竟是公孫尼子所撰，還是河間獻王劉德所造，多數學者似乎贊同前說，但未有定論，論辯文章參見：呂驥《樂記理論探新》（北京：新華，1993）及蔡仲德《樂記、聲無哀樂論注譯與研究》（浙江：中國美術，1997）。
[註 7] 〈樂記〉中陰陽五行的色彩，參見敏澤《中國美學思想史・卷一》（山東：齊魯書社，1989），頁 186，405。
[註 8] 《呂氏春秋・大樂》云：「道也者，視之不見，聽之不聞，不可爲狀。有知不見之見、不聞之聞，無狀之狀者，則幾於知之矣。道也者，至精也，不可爲形，不可爲名，彊爲之之太一。」

心理說感物而動，兩說明顯有別。〔註9〕至於《樂緯》則提出了「五元」之說：

> 上元者，天氣也；居中調禮樂，教化流行，總五行氣爲一。下元者，
> 地氣也；爲萬物始質也，爲萬物之容範。中元者，人氣也；其氣以
> 定萬物，通於四時，承天心，理禮樂，通上下四時之氣，和合人之
> 情，以慎天地者也。時元者，受氣於天，布之於地，以時出入萬物
> 者也。風元者，禮樂之本，萬物之首，物莫不以風成熟也……〔註10〕

「五元」說僅見於《樂緯》，在上、中、下三元外，加上時元與風元，緯書中
「上元」多指曆數紀年之始，如《樂緯・動聲儀》：「作樂制禮，時有五音。
始于上元，戊辰夜半，冬至北方子。」鄭玄解爲：「推之以上爲始，起十一月
甲子朔旦夜半，冬至，日月五星，俱起於牽牛之初。」就是如此解釋。中元
說人事、下元說地賦萬物，天地人三元其實就是《漢書・律曆志》的「三統
者，天施，地化，人事之紀也」。

至於「時元」，〈叶圖徵〉有一則佚文，其說較詳：

> 時元者，受氣於天，布之於地，以時出入萬物者。四時之節，動靜
> 有分次，不得相踰，常以度行也，謂之調露之樂。

宋均注云：「以時入，〈月令〉十二月政是也，從其出入，則無災袄禍也。調
露：調和致於甘露，使物茂長之樂也。」可知「時元」指的就是〈月令〉，也
就是《呂氏春秋》〈十二紀〉首之類的時令。

「風元」應該是採自古代的「省風」說，《國語・周語上》載周宣王時虢
文公的「瞽師音官以風土」（韋昭注：以音律省土風），《左傳・襄公十八年》
伶州鳩云「天子省風以作樂」，《呂氏春秋・音初》亦說：「凡音者，產乎人心
者也。感於心則蕩乎音，音成於外而化乎內，是故聞其聲而知其風，察其風
而知其志，觀其志而知其德。」「省風」說由來尚矣，載記中更有太師採詩以
觀民風的說法：〔註11〕再則，「風元」亦可能如《漢書・律曆志》所說的「至
治之世，天地之氣合以生風；天地之風氣正，十二律定。」〔註12〕

《樂緯》論樂本遂將這些說法縮結，從而提出了五元之說。與〈樂記〉

〔註9〕 不過，《呂氏春秋・音初》也有：「凡音者，產乎人心者也。感於心則蕩乎音，
音成外而化乎內……」，其說又近於《禮記・樂記》所云了。

〔註10〕 此條佚文，出自《太平御覽》卷五六五，作「樂說」。

〔註11〕 如《禮記・王制》：「命太師陳詩，以觀民風。」

〔註12〕 孟康注：「律得風氣而成聲，風和乃律調也。」臣瓚曰：「風氣正則十二月之
氣各應其律，不失其序。」

相較，《樂緯》樂本的「五元」說並不包含「樂者，音之所由生也，其本在人心之感於物也」的感物說，這當與緯書從天象及人事的特質有關。

參、樂　教

　　樂在中國文化中之所以享有崇高地位，端賴樂所衍生出的樂教。樂教的內容，可以《周禮‧春官‧大司樂》教國子的樂德（中、和、祗、庸、孝、友）、樂語（興、道、諷、誦、言、語）、樂舞（雲門、大卷、大咸、大磬、大夏、大濩、大武）為典則，以達「以六律、六同、五聲、八音、六舞大合樂，以致鬼神示，以和邦國，以諧萬民，以安賓客，以說遠人，以作動物」的效用。《樂緯》雖散佚，但關於樂教的佚文數量仍相當可觀，依《周禮》條目董理如下：

　　在「以致鬼神示」方面，有三處值得留意，一是〈稽耀嘉〉的：

> 冬至日，祭天於圜邱，用蒼璧，牲同玉色，樂用夾鐘為宮，樂作六變。

此則佚文顯然與《周禮‧春官‧大司案》的：「圜鐘為宮，大蔟為徵，姑洗為羽，雷鼓雷鼗，孤竹之管，雲和之琴瑟，雲門之舞，冬日至，於地上之圜丘奏之，若樂六變，則天神皆降，可得而禮矣。」接近，此外《周禮》又有八變、九變以致地示、人鬼，《樂緯》亦應有之，惜無佚文可據以較其間異同。

　　二是〈叶圖徵〉的「八能之士」，《後漢書‧律曆志》載二至之日，天子要合「八能之士」候氣，其說云：

> 天效以景，地效以響，即律也。陰陽和則景至，律氣應則灰除。是故天子常以日冬夏至御前殿，合八能之士，陳八音，聽樂均，度晷景，候鐘律，權土炭，效陰陽。冬至陽氣應，則樂均清，景長極，黃鐘通，土炭輕而衡仰。夏至陰氣應，則樂均濁，景短極，蕤賓通，土炭重而衡低。進退於先後五日之中，八能各以候狀聞，太史封上……

其實這是採自《樂緯》的說法，〈動聲儀〉有如下的佚文：

> 天效以景，地效以響，律也。天有五音，所以司日，地有六律，所以司辰。冬至陽氣應，則樂均清，景長極，黃鐘通，土灰輕而衡仰；
> 夏至陰氣應，則樂均濁，景短極，蕤賓通，土灰重而衡低。

較之《後漢書‧律曆志》所差在〈動聲儀〉佚文中未見「八能之士」，但「八能之士」見於〈叶圖徵〉：

> 夫聖人之作樂，不可以自娛也，所以觀得之效者也。故聖人不取備於一人，必從八能之士。故撞鐘者當知鐘，擊鼓者當知鼓，吹管者當知

管，吹竽者當知竽，擊磬者當知磬，鼓琴者知琴。故八士曰：或調陰
陽，或調律曆，或調五音。故撞鐘者以知法度，鼓琴者以知四海，擊
磬者以知民事。鐘音調，則君道得，君道得則黃鐘、蕤賓之律應；君
道不得，則鐘音不調，鐘音不調，則黃鐘、蕤賓之律不應。鼓音調，
則臣道得；臣道得，則太蔟之律應。管音，則律曆正；律曆正，則夷
則之律應。磬聲調，則民道得；民道得，則林鐘之律應。竽音調，則
法度得；法度得，則無射之律應。琴音調，則四海合，歲氣百川一合
德，鬼神之道行，祭祀之道得，如此則姑洗之律應。五樂皆得，則應
鐘之律應，天地以和氣至則和氣應；和氣不至，則天地和氣不應。鐘
音調，下臣以法賀主；鼓音調，主以法賀臣；磬音調，主以德施於百
姓；琴音調，主以德及四海。八能之士，常以日冬至成天文，日夏至
成地理，作陰樂以成天文，作陽樂以成地理。

蔡仲德以爲這一則當有缺誤錯亂，因爲說「八士」而只及六音，又說五樂皆
得（《中國音樂美學史》，頁 443），「八能之士」是不是八人？這難確定，且所
提及的六音與之相應的是六律而不及六呂，似乎自成一體，難以意補，只能
闕疑了。

　　三是〈稽耀嘉〉中用樂與五方神靈：

用鼓和樂於東郊，爲太皞之氣，勾芒之音，歌隨行，出雲門，致魂
靈，太一之神。

用聲和樂於中郊，爲黃帝之氣，后土之音，歌黃裳從容，致和散靈。

用動和樂於郊，爲顓頊之氣，玄冥之音，北湊大閣，致幽明靈。

這些文字頗有脫誤，「聲」、「動」所指不詳，疑應是五聲，若據《呂氏春秋》
〈十二紀〉首、《禮記‧月令》來校補，則是：

方　位	樂	五　聲	五　帝	五　神	歌	
東　郊	鼓	角	太　皞	句　芒	隨行、雲門	致魂靈
南　郊	？	徵	炎帝	祝　融	？	？
中　郊	聲	宮	黃帝	后　土	黃裳、從容	致和散靈
西　郊	？	商	少　皞	蓐　收	？	？
北　郊	動	羽	顓頊	玄　冥	北湊、大閣	致幽明靈

　　在「以和邦國」方面，〈叶圖徵〉的兩則佚文「受命而王，爲之制樂，樂

其先祖也」、「先王制樂，所以節百事」或可屬之。

　　「以諧萬民」就是《禮記・樂記》的：「樂和同」，和同萬民端在風化，即《孝經・廣要道章》的「移風易俗莫善於樂」，《樂緯》語及移風易俗者多矣，如：

> 樂者，移風易俗。所謂聲俗者，若楚聲高，齊聲下；所謂事俗者，若齊俗奢，陳俗利巫也；先魯後殷，新周故宋，然宋商俗也。（〈動聲儀〉）

> 制禮作樂者，所以改世俗。致祥風，和雨露，爲萬姓獲福於皇天者也。（〈動聲儀〉）

> 作樂，所以防隆滿，節喜盛也。（〈稽耀嘉〉）

這是樂教最明顯的政教功能，但我們可以從「致祥風，和雨露，爲萬姓獲於皇天者也」一語，看出《樂緯》樂教深繫於天人感應的一面。至於〈稽耀嘉〉的「先王之德澤在民，民樂而歌之以爲詩，說而化之以爲俗」則近乎理境了。再則，《白虎通義・禮樂》引《樂元語》云：「受命而六樂，樂先王之樂，明有法也。與其所自作，明有制。與四夷之樂，明德廣及之也。」六樂，乃六代之樂，其說見於《周禮・春官・大宗伯》：

> 乃奏黃鐘，歌大呂，舞雲門，以祭天神。乃奏太簇，歌應鐘，舞咸池，以祀地示；乃奏姑洗，歌南呂，舞大韶，以祀四望；乃奏蕤賓，歌函鐘，舞大夏，以祭山川；乃奏夷則，歌小呂，舞大濩，以享先妣；乃奏無射，歌夾鐘，舞大武，以享先祖。

雲門等六代之樂（舞）即六大舞，雲門爲黃帝之舞，咸池爲炎帝之舞，大韶爲之舞，大夏爲禹之舞，大武爲武王之舞，六代之樂降至後世乃成雅樂典型，並擴而爲象古帝德之舞，先秦以來樂論多及之，《樂緯》亦然，唯名稱多有異同，底下將《樂緯》與《呂氏春秋》、《漢書》比較如下：

	〈動聲儀〉	〈叶圖徵〉	〈樂緯〉	《呂氏春秋・古樂》	《漢書・禮樂志》
黃帝	咸池	咸池	咸池	咸池	咸池
顓頊	五莖	五莖	六莖	承雲	六莖
帝嚳	六莖		五英	九招六列六英	五英
堯	大章		大章	大章	大章
舜	大韶（簫韶）	簫韶	簫韶	九招六列六英	招（韶）
禹	大夏		大夏	夏籥	夏
湯	大濩		大濩	大濩	濩

武王	大　武	勺・大武	勺、大武	大　武	武
周公	酌				勺

各家樂論多在這些樂舞名號上深察名義，〔註13〕《樂緯》亦不例外，如：

> 孔子曰：簫韶者，舜之遺音也。溫潤以和，似南風之至，其爲音，
> 如寒暑風雨之動物，如物之動人，雷動獸含，風雨動魚龍，仁義動
> 君子，財色動小人，是以聖人務其本。（〈動聲儀〉）

> 韶之爲樂，穆穆蕩蕩，渭潤以和，似南風之至，萬物壯長。（〈動聲儀〉）

「四夷之樂」是爲了彰顯德政而存在，〈稽耀嘉〉載其名稱是：「東夷之樂曰株離，南夷之樂曰任，西夷之樂曰禁，北夷之樂曰昧。」同類文字亦見於及劉向《五經通義》，〈稽耀嘉〉載「四夷之樂」從四時消息來比附（《白虎通義・禮樂》引《樂元語》文字近似）：

> 東夷之樂，持矛舞，助時生也。南夷之樂，持羽舞，助時養也。西
> 夷之樂，持舞，助時殺也。北夷之樂，持干舞，助時藏也。

從《周禮》樂教內容來看《樂緯》的樂教，我們發現除「以致賓客」一項未發現佚文外，其他各項諸有其說，可見《樂緯》在樂制的建立也有一定份量。

四、五聲十二律與宇宙圖式

自陰陽五行學說興，月令圖式的建構便無時不在增衍，如《呂氏春秋》〈十二紀〉首、《大戴禮記・夏小正》、《禮記・月令》，說者或以爲這些圖式是本自古農書，人事法天，〔註14〕這當然很有可能。及至漢易象數學藉五行、八卦說更推演成出繁複的宇宙圖式，孟喜、京房易學即其著者。不過，我們還得留意音律在這些宇宙圖式中的地位。《史記・律書》云：「氣始於宮，窮於角；數，始於一，終於十，成於三。氣始於冬至，周而復生，神生於無，形成於有，形然後數，形然後聲。」這是說氣化流行，由神生形，由無生有，有之初則是數與聲。數，當然是落在象數、曆數上講；至於聲，就得從音律上說了。這一觀念由來久遠，律度量衡準此相通，所以《漢書・律曆志》就說：「推曆生律制器，規圓矩方，權重衡平，準繩嘉量，探賾索隱，鉤深致遠，莫不用焉。」

〔註13〕如《禮記・樂記》說：「大章，章之也。咸池，備矣。韶，繼也。夏，大也。」
〔註14〕如陳奇猷《呂氏春秋校釋》（臺北：華正，民國77年），頁3、天野元之助《中
　　　　國右農書考》（北京：農業，1992）。

音律以數的系統結構，在宇宙圖式實位居中心地位，「王者制事立法，物度軌則，壹稟於六律，六律爲萬事根本焉」(《史記・律書》)，尤其音律生成變化之結構有似宇宙生成，[註15] 故《樂緯》於此也多所著墨。樂律之所以能模擬宇宙，主要就在五聲、十二律的交錯變化。

（一）五聲、十二律

五聲（宮、商、角、徵、羽）可比似五行，木/角、火/徵、土/宮、金/商、水/羽，五行土最貴，五聲宮最尊，〈稽耀嘉〉便說：「五音非宮不調，五味非甘不和。」五行既可做爲分類法，順此而推，五聲自然也可與人事推演，《禮記・樂記》就提到：「宮爲君，商爲臣，角爲民，徵爲事，羽爲物。五者不亂，則無怗滯之音矣。」《樂緯》對此亦近於「反覆圍繞」的解釋：

> 宮爲君，君者當寬大容眾，故其聲弘以舒，其和清以柔，動脾也。商爲臣，臣者當以發明君之號令，其聲散以明，其和溫以斷，動肺也。角爲民，民者當約儉，不奢僭差，故其聲防以約，其和清以靜，動肝也。徵爲事，事者君子之功，既當急就之，其事當久流亡，故其聲貶以疾，其和平以功，動心也；羽爲物，物者不齊委聚，故其聲散以虛，其和斷以散，動腎也。

《禮記・樂記》接著說：「宮亂則荒，其君驕。商亂則陂，其官壞。角亂則憂，其民怨。徵亂則哀，其事勤。羽亂則危，其材匱。五者皆亂，迭相陵四謂之慢；如此，則國之滅亡無日矣。」《樂緯》亦有類似的說法：

> 聲放散則政荒：商聲歆散邪官不理，角聲憂愁爲政虐民，民怨故也：
> 徵聲哀苦，事煩民勞，君淫佚，羽聲傾危，則國不安。(《樂緯》)

至於「宮唱而商和是謂善，太平之樂。角從宮是謂哀，衰國之樂。羽從宮，往而不反，是謂悲，亡國之樂也。音相生者和。」(《樂緯》)，自然是借自五行旺相幽囚死的說法了。[註16]

十二律（六律六呂）指音高，十二律比十二月稱爲十二月律，其說已見《呂氏春秋》〈十二紀〉首中，律呂間的關係，《呂氏春秋・音初》有三分損益法，《樂緯》上生下生亦即三分損益法：

[註15] 據俄・譚瑪琳（M. V. Isaeva）〈漢朝正史中宇宙演化的音律學模式〉（未刊稿）研究，中國音律學與宇宙演化至少有四種模式。

[註16] 五行關係中，土旺則金相木囚火休水死，宮爲土，商爲金故相，木爲角當囚，羽爲水當死。

> 黃鐘中宮,數八十一,以天一、地二、人三之數以增減,律成五音
> 中和之氣。增治上生,減治下生。上生者三分益一,下生者三分減
> 一。益者以四乘之,以三除之,減者以二乘之,以三除之。

十二律以黃鐘爲本,一陰一陽。律呂相生,相生相和,其間生化關係,率皆以黃鐘爲本,這就是〈叶圖徵〉所說的:「黃鐘生一,一生萬物」。

(二)樂律天文占

本文前言曾指出緯本是星緯,「反覆圍繞以成經」者,乃從天象以觀人事,《樂緯》雖無經匹可「反覆圍繞」,但即天象明人事的基調是相通的。漢代易學既從象數演出一套套戡天測地之法,音律更契乎天,自然也會有就天象占人事的方法,如〈叶圖徵〉就說:「聖王正律曆,不正則熒惑出入無常,占爲大凶」。

《周禮・春官・大宗伯》,鄭注「圜鍾爲宮」云:「圜鍾,夾鍾也。夾鍾生於房心之氣,房心爲大辰,天帝之明堂。」鄭注「函鍾爲宮」云:「函鍾,林鍾也,林鍾生於未之氣,未坤之位,或曰:天社在東井輿鬼之外,天社,地神也。黃鍾生於虛危之氣,虛危爲宗廟。」這是一套藉十二月律與十二辰、十二次相配合的天文占法,不過這一占法不見於《樂緯》,《樂緯》存在的是另外兩種占法,其一是五聲配五行占法:

> 角音知調,則歲星常應太歲,月建以見,則發明主爲兵備。

> 徵音和調,則熒惑日行四十二分度之一,伏五月得其度,不反明從
> 海,則動應致焦明,至則有雨,備以樂之和。

角星屬木,歲星亦屬木,所以若角音知調則歲星得度,徵音屬火,熒惑亦屬火,故相應。

其二則是中官占:

> 玄戈,宮也。以戊子候之,宮亂則荒,其君驕不聽諫,佞臣在側;
> 宮和,則致鳳凰,頌聲作。(《樂緯》)

> 弁星,羽也。壬子候之,羽亂則危,其財匱,百姓枯竭爲旱。(《樂緯》)

這兩則俱出自《開元占經》引《石氏中官占》,無他占文參照,只好先闕疑了。

若「五音和,則五星如度」(〈動聲儀〉),當然就致祥瑞了,此即「五音克諧,各得其倫,則鳳皇至,冠類雞頭,燕喙蛇頭,龍形麟翼,魚尾五采,不啄生蟲。」(〈叶圖徵〉),這是天人感應說的通例,也是緯書一貫的說法。[註17]

[註17] 〈叶圖徵〉中有五鳳(鳳凰、肅鳥、霜鳥、發明、焦明、幽明)之說,則「爲

（三）樂律與理想世界

中國思想史中除開上古三代的理想境界外，並不乏理想世界的建構，如老子的寡國小民、《公羊春秋》的三世說、《禮記‧禮運》的「大同」、《太平經》的「太平」思想，其他如《黃帝內經‧素問》移情變氣論，《韓非子‧五蠹》，《鶡冠子‧備知》，《淮南子‧齊俗》，均是順其理路而架構出獨特的理境；既然「王者功成作樂，治定制禮」，再加上音律特有的的宇宙圖式，從而架構出的一套理想境界就是順理成章的事了，〈叶圖徵〉中就有這的理想制度，全文以八卦、八節、八音為綱，依時令配上各種職事，其說如下：

坎主冬至。宮者君之象，人有君，然後萬物成；氣有黃鐘之宮，然後萬物調。所以始正天下也，能與天地同儀，神明合德者，則七始八終，各得其宜，而天子穆穆，四方取始，故樂用管。

艮主立春，陽氣始出，言雷動百里，聖人授民田，亦不過百畝，此天地之分，黃鐘之度，九而調八音，故聖人以九頃，成八家，上農夫食九口，中者七口，下者五口，是為富者不足以奢，貧者無饑餒之憂，三年餘一年之蓄，此黃鐘之所成，以消息之和，故樂用塤。

震主春分，天地陰陽分均，故聖王法承天，以立五均，五均者亦律，調五聲之均也，音至眾也，聲不過五，物至蕃也，均不過五，為富者慮貧，強者不侵弱，智者不詐愚，市無二價，萬物同均，四時當得，公家有餘，恩及天下，與天地同德，故樂用鼓。

巽主立夏，言萬物長短各有差，故聖王法承天，以法授事焉，尊卑各有等，於士義讓有禮，君臣有差，上下皆次，治道行，故樂用笙。

離主夏至，陽始下，陰又成物，故聖王法承天，以法授衣服制度，所以明禮義顯貴賤，明燭其德，卒之以度，則女功有差，男行有禮，故樂用絃。

坤主立秋，陽氣方入，陰氣用事，昆蟲首穴欲蟄，故聖王法之，授宮室度量，又章制有宜，大小有法，貴賤有差，上下有順，故樂用磬。

兌主秋分，天地萬物人功皆以定，故聖王法承天，以定爵祿，爵祿

瑞者一，為尊者四」，但〈樂緯〉佚文中又有「角致發明，身仁。徵致焦明，身體。商致，身義。羽致幽昌，身智。宮致鳳凰，身信。」此中當有誤，待考。五鳳其傳至後世即所謂五鳥圖，敦煌本瑞應圖（p.2683）尚有其說。

者，不過其能，宮為君，商為臣，商，章也，言臣章君之功德，尊
卑有位，位有物，物有宜，功成者爵賞，功敗者刑罰，故樂用鐘。

乾主立冬，陰陽終而復始，萬物死而復件，故聖王法承天，以制刑
法，誅一動千，殺一感萬，使死者不恨，生者不怨，故用枳梧。

王步貴以為這是儒家大同思想的反映，〔註18〕其實這與大同思想並不相同，反倒可能是王莽社會制度的體現。何以知之？關鍵就在「五均」上。王莽曾設「五均官」，《漢書‧食貨志下》載王莽云：「夫《周禮》有賒貸，《樂語》有五均，傳記各有幹焉。今開賒貨，張五均，設諸幹者，所以齊眾庶，抑并兼也。」鄧展注：「《樂語》，《樂元語》，河間獻王所傳，道五均事。」臣瓚曰：「其文云『天子取諸侯之土以立五均，則市無二賈，四民常均，彊者不得困弱，富者不得貧，則公家有餘，恩及小民矣。』」可見，「五均」設官本是河間獻王《樂元語》中的理想，王莽執政落實在六管五均的制度中，這一理想世界特重制度，或與西漢中葉以來的土地兼併等社會問題有關。

五、結　論

五行配五聲，十二月配十二律，八音配八卦，律與曆便巧妙地結合在起，而律曆在漢人的觀念中是：「天所以通五行八正之氣，天所以成熟萬物也」（（《史記‧律書》），將這一觀念落在論樂中，《樂緯》就提出了：「聖人作樂，繩以五元，度以五星，碓貞以道德，彈形以繩墨，賢者進，佞人伏」，作樂既照顧到了五元、五星、道德、繩墨（法制）、其終達到「賢者進，佞人伏」，就順理成章了。

《樂緯》雖無經可「反覆圍繞」，但從本文的探討可以發現，《樂緯》與先秦以來各種樂論間其實存在非常值得探討的關係，樂本論之於先秦省風、月令，樂教說之於《周禮》，宇宙圖示之於曆數；也有與河間獻王《樂元語》及劉向《五經通義》相似之處，究竟《樂緯》與漢代經學思想間存在怎樣的關聯？雖然這些西漢經學著作多半亡佚，但若能全面就各緯書承襲自西漢經學處進行比較，應可釐清緯書的一些問題，本文只是粗略地指出種種現象，深入研究仍有待來茲了。

〔註18〕王步貴《神祕思想》（北京：中國社科，1993），頁151～161。

附錄三：聖人異表──儒家審美外一章

一、唯聖人能踐其形

「聖人」的內涵，雖因時因學說而有別，﹝註 1﹞但從來是儒家理想人格的極致與成就之對象則是無可置疑的，﹝註 2﹞理想人格外顯於事功上則特稱為聖王（孟子即有此稱），聖王必是聖人，但聖人卻不一定是聖王，聖人是否成為聖王存在著時與命的限定。不過，若不特別強調事功，聖人可以代指聖王。

聖人既然是人格的極致，學者以學聖、成聖自期，但若面稱之「既聖」，則不免謙遜起來。﹝註 3﹞以孔子來說，弟子推尊夫子為「仁且智，夫子既聖

﹝註 1﹞ 何謂聖？聖的本義是什麼？白川靜以為聖人的本義是能聽見神之聲，是能聞神聲而最接近神的人，詳見氏著，加地伸行、范月嬌合譯《中國古代文化》（臺北：文津，民國 72 年），頁 89～90。至於聖人觀念中國思想史上的演變與意義等問題，可參見秦家懿〈「聖」在中國思想史內的多重意義〉（《清華學報》，新十七卷，第一、二期合刊）；王文亮，《中國聖人論》（北京：中國社會科學，1993）。

﹝註 2﹞ 聖人不只是儒家的理想人格，聖人也是中國文化中的理想人格。唯《莊子》較奇特，理想人格則有「至人」、「神人」、「聖人」、「真人」、「全人」、「德人」等，「聖人」未必是極致。這些理想人格差異，參見崔大華《莊學研究》（北京：人民，1992），頁 146～162。

﹝註 3﹞ 孟子非常強調「仁且智」與聖的關係，如〈萬章下〉說孔子是聖之時者、集大成者，金聲而玉振，「金聲也者，始條理也；玉振也者，終條理也。始條理者，智之事也；終條理者，聖之事也。智，譬則巧也；聖，譬則力也。」〈公孫丑下〉也載有陳賈說仁且智雖周公不能也。「仁且智」與聖人的關係可以再思考。

矣」（《孟子‧公孫丑上》），但孔子卻說「若聖與仁，則吾豈敢」（《論語‧述而》），這種謙遜成了儒學性格中的一大特色。〔註4〕

儒家強調聖人道德修養的內聖精神，從美學角度則可說儒家的聖人是強調道德人格之美的，孟子就說：

> 聖人之行不同也，或遠或近，歸潔其身而已矣。（〈萬章‧上〉）

> 聖人，人倫之至也（〈離婁‧上〉）

> 聖人與我同類者……心之所同然者，何也？謂理也，義也。聖人先得我心之所同然耳。故理義之悅我心，猶芻豢之悅我口。（〈告子‧上〉）

> 可欲之謂善，有諸己之謂信，充實而有光輝之謂大，大而化之之謂聖，聖而不可知之謂神。（〈盡心‧下〉）

> 聖人，百世之師也（〈盡心‧下〉）

說聖人是「與我同類」，肯定了聖人非有異於眾，至於「歸潔其身」、「人倫之至」、「大而化之」明顯重視聖人的道德人格。不過，值得注意的是這一句話：

> 形色，天性也。惟聖人然後可以踐形。（〈盡心‧下〉）

楊儒賓將此句放在「身體觀」的領域探討，〔註5〕楊先生以為：原始儒家的身體觀原型有三：一是禮化的身體觀（禮義觀），以荀子為代表，強調人的本質、身體與社會的建構是分不開的；一是心氣化的身體觀（踐形觀），以孟子為代表，強調形——氣——心的結構，主張生命與道德的合一；一是自然氣化的

〔註4〕 這裏其實觸及了相當有趣的問題，可否自詡為聖人？《孟子‧公孫丑上》記載公孫丑與孟子知言、養氣的問答後，公孫丑突如其來的一問：「宰我、子貢善為說辭，冉牛、閔子、顏淵善言德行；孔子兼之，曰：『我於辭命，則不能也。』然則夫子既聖矣乎？」孟子急著說：「惡！是何言也！昔者子貢問於孔子曰：『夫子聖矣乎？』孔子曰：『聖則吾不能，我學不厭而教不倦也。』子貢曰：『學不厭，智也；教不倦，仁也。仁且智，夫子既聖矣。』夫聖，孔子不居，是何言也！」不敢自居、也不能自居為聖，難不成聖人只能既歿之後推尊之？牟宗三正是如此認為（參見《中國哲學的特質》第三講，台北：學生，民國 63 年）但《白虎通義‧聖人》不這麼認為：「聖人未歿時，寧知其聖乎？」「知之。《論語》曰：太宰問子貢曰：『夫子聖者歟？』孔子曰：『太宰知我乎！』「聖人亦自知聖乎？」曰：「知之。孔子曰：『文王既歿，文不在茲乎！』」但，《白虎通義》的「聖人」實是「聖王」（詳見本文第三部份）。

〔註5〕 「身體觀」是近年興起的研究途徑，主要處理氣與身體的問題，參見楊儒賓主編的《中國古代思想中氣論及身體觀》（臺北：巨流，民國 82 年）。

身體觀，強調自然與人身同樣是氣化產物，在本質上同樣是感應。〔註6〕朱熹對孟子踐形觀的理解是：「人心有形有色，無不各有自然之理，所謂天性也。踐，如踐言之踐。蓋眾人有是形，而不能盡其理，故無以踐其形；惟聖人有是形，而又能盡其理，然後可以踐其理而無歉也。」簡言之，即盡其性理以踐其形（盡性踐形），這樣的詮釋應當是接近孟子原義的。〔註7〕

不過，東漢趙岐的解釋亦值得我們玩味：「形，謂君子禮貌嚴尊也。《尚書・洪範》『一曰貌』。色，謂婦人妖麗之容。《詩》曰『顏如舜華』，此皆天假施於人也。踐，履居也。《易》曰：『黃中通理』。聖人內外文明，然後能以正道履居此美形。不言居色，主名尊陽抑陰之義也。」剔除尊陽抑陰之說不論，說「形」是「天假施於人也」，又說「聖人」是「能以正道履居此美形」，這除了可能是先秦威儀說的繼承外；從漢代學術性格思考，不由得令人想起「體貌」的問題，尤其是聖人的「體貌」。

踐形觀強調道德人格修養，因此可以不談聖人「體貌」，但從自然氣化的身體觀思考，聖人體貌可是天人感應的徵表，〔註8〕自有道理可說。

二、聖人不相

自然氣化的身體觀既是強調天人感應，形貌必有徵表以明感應所在，《呂氏春秋・觀表》就指出：「聖人之所以過人以先知，先知必審徵表，無徵表而欲先知，堯舜與眾人同等……人亦有徵，事與國皆有徵。聖人上知千歲，下知千歲，非意之也，蓋有自云也。綠圖幡薄，從此生矣。」人、事、國皆有徵表，《漢志》數術略形法類就包括，相宮宅、地形、人、刀、劍、六畜等項；形法小敘云：「形法者，大舉九州之勢以立城郭室舍形，人及六畜骨法之度數，

〔註6〕楊儒賓，《儒家的身體觀》（臺北：中央研究院中國文哲研究所籌備處，民國85年），〈導論〉，楊先生以爲三派來自二源，一是以周禮爲中心的威儀身體觀，二是以醫學爲中心的血氣觀。

〔註7〕程子也說的很清楚：「此言聖人盡得人道而能充其形也。蓋人得天地之正氣而生與萬物不同。既爲人，須盡得人理，然後稱其名。眾人有之而不知，賢者踐之而未盡，能充其形，惟聖人也。」（朱熹《四書集註》）。

〔註8〕王符說：「人之相法，或在面部，或在手足，或在行步，或在聲響，面部欲溥平潤澤，手足欲深細明直，行步欲安穩覆載，音聲欲溫和中宮，頭面手足，身形骨節，皆欲相副稱，此其略要也。夫骨法爲祿相表，氣色爲吉凶候，部位爲年時，德行爲三者招，天授性命決然，表有顯微，色有濃淡，行有薄厚，命有去就，是以吉凶期會，祿位成敗，有不必然者，非聰明慧智，用心精密，孰能以中。」（《潛夫論・相列》）。

器物之形容以求其聲氣貴賤吉凶。猶律有長短，而各徵其聲，非有鬼神，數自然也。然形與氣相首尾，亦有有其形而無其氣，有其氣而無其形，此精微之獨異也。」這一段文字告訴我們三點：（1）形法的目的在「求其貴賤吉凶」，這往往有洞燭機先的用意在；（2）此「貴賤吉凶」其數是自然的，也就是命定的；（3）但氣／形的感應過程中是有例外的。前兩點易解，第三點關係重大，稍後再加解釋。

事、國之徵暫且勿論，且就人之徵表來看，人之徵在相（面貌、五官、氣色、體態、聲音、威儀、精神……），繹審其相便出現了相術。

相術的出現，從發生因探討，當與春秋、戰國變革之際，在上位者的君位繼承，人才流動時的知人、識人、用人及遊士階層的時遇之感有密切關係。〔註9〕

為君位繼承而相者，最早見諸史傳（《左傳・文公元年》，西元前626年）的公叔敖請周內史叔服相其二子（穀、難），叔服答稱「穀也食子，難也收子。穀也豐下，必有後於魯國」，即屬此。〔註10〕

為知人、識人、用人而相者，平原君的：「勝相士多者千人，寡者百數，自以為不失天下之士。」（《史記・平原君列傳》），就是最好的說明；至於士為一己的時遇幸偶，亦往往求助於相者，姑布子卿、唐舉，就是這類相者；有趣的是，士亦每每藉面相擇主而事，如《史記・秦始皇本紀》載尉繚說秦王其人：「蜂準長目，摯鳥膺，豺聲，少恩而虎狼心。居約，易出入下；得志，亦輕食人。」《史記・越王句踐〈世家〉》亦載范蠡謂句踐其人：「長頸鳥喙，可與共患難，不可與共樂。」

可知戰國諸侯爭雄，為求洞燭機先，無論是在上位者或遊士階層，莫不

〔註9〕　相術的出現若從本質因（理論因）來看，自然與天命觀、天人感應等觀念有關；若從發生因（歷史因）探討則與上位者需求人才、遊士階層的幸偶時命相連，這一部份的探討，詳見蕭艾，《中國古代相術研究與批判》（湖南：嶽麓，1996），第一章；黃建良，《中國相術與命學探源》（北京：新華，1993），上編。祝平一，《漢代的相人術》（臺北：學生，民國79年），第二章。

〔註10〕　內史叔服倒是值得留意的人，內史在周代官制中為太史寮系統，後世學術之學其源就是出自太史寮，這一問題可參見李零《中國方術考》（北京：人民中國，1993），緒論；《左傳》中有兩則與叔服有關的記載，都與數術有關，一則是文公十四年的「有星孛入于北斗。周內史叔服曰：不出七年，宋、齊、晉之君皆將死亂。」一則是成公元年的「叔服曰：背盟而欺大國，此必敗。背盟，不祥，欺大國，不義。神、人弗助，將何以勝？」

索求各種徵表；及鄒衍五德終始之說出，此風更勝，無怪乎「疾濁世之政，亡國亂君相屬，不遂大道而營乎巫祝，信機祥」（《史記・孟荀列傳》）的荀子，會寫下了〈天論〉、〈非相〉痛斥其非。〈天論〉與本文關係不大，可以不論；〈非相〉中，荀子雖再三強調「相人，古之人無有也，學者也不道也」，但無可否認，相人已為普遍風氣，荀子為破斥此風，以相為非，故列舉古聖賢的異相以明差長短、辨美惡是不必要的：

> 徐偃王之狀，目可瞻馬；仲尼之狀，面如蒙倛；周公之狀，身如斷菑；皋陶之狀，色如削瓜；閎夭之狀，面無見膚；傅說之狀，身如植鰭；伊尹之狀，面無須麋。禹跳，湯偏，堯、舜參牟子。

荀子舉了古聖中的不合相法的反例來說明相術的不可信，只是同樣的反例也可從不同的角度思考，所得出的意義就完全不同了，這就是所謂的「聖人不相」。

「聖人不相」一詞出現在《史記・范睢蔡澤列傳》唐舉與蔡澤的對話中：

> 吾聞先生相李兌，曰：「百日之內持國秉。」有之乎？曰：「有之。」曰：若臣者何如？唐舉孰視而笑曰：「先生，曷鼻、巨肩、魋顏、蹙齃、膝攣。吾聞『聖人不相』，殆先生乎？」蔡澤知唐舉戲之，乃曰：富貴吾所自有，吾所不知者壽也，願聞之。唐舉曰：「先生之壽，從今以往者四十三歲。」蔡澤笑謝而去。

唐舉見蔡澤尊容為「曷鼻（仰鼻）、巨肩、魋顏、蹙齃（蹙鼻）、膝攣」，戲稱是屬於「聖人不相」，「聖人不相」表明相法不及於聖人，聖人也者，就如前引《漢志》形法類小敘的「精微之獨異」，自不能以常法拘之。值得留意的是「聖人不相」這一命題不能說成「不中相者是聖人」，這在條件述句（conditional statement）中是很清楚的，唐舉戲蔡澤須如此理解。

三、聖人皆有異表

「非相」既可導出「聖人不相」，「聖人不相」若從正面立論就是「聖人皆有異表」了（《白虎通義・聖人》）。「聖人異表」多見於漢代文獻，首揭其說的是《淮南子・脩務訓》：

> 堯眉八彩，九竅通洞，而公正無私，一言而萬民齊。
>
> 舜二瞳子，是謂重明，作事成法，出言成章。禹耳參漏，是謂大通，興利除害，疏河決江。

文王四乳，是謂大仁，天下所歸，百姓所親。

皋陶馬喙，是謂至信，決獄明白，察於人情。

禹生於石，契生於卵，史皇產而能書，羿左臂脩而善射。

〈脩務訓〉引此九人，包括異表（堯、舜、禹、文王、皋陶）、感生（「禹生於石」當爲「啓生於石」之誤，詳見劉文典《淮南子集解》引王引之說）、異能（史皇、羿）三類，意在說明常人「無五聖之天奉，四俊之才難，欲棄學而循性，是謂猶釋船而欲蹍水也」，初不在強調氣／形的對應。「九竅通洞」、「重明」、「大道」、「大仁」、「至信」云云，與其異表並無多少關聯，只可說是修飾語，這或與《淮南子》行文受辭賦影響有關。

同一時期，董仲舒《春秋繁露・三代改制質文》也提到：

舜形體大上而員首，而明有二童（瞳）子，性長於天文，純於孝慈。

禹生發於背，形體長，長足胐，疾行先生，隨以右，勞左佚右也。性長於水，習地明水。

契先發於胸，性長於人。至湯，體長專小，足比扁而右，勞右佚左也。性長於天光，質易純仁。

后稷母姜原履天之跡而生后稷。后稷長於邠土，播田五穀。至文王，形體博長，有四乳而大足，性長於地文勢。

董仲舒倡言「人副天數」，人的形軀、精神無一不與天文相應（《春秋繁露・人副天數》），異表云云則是配合天道而生，意在強調「天道各以其類動」，同舉異表，但與《淮南子・脩務訓》用意並不相同。

東漢王充《論衡・骨相》提到十二聖的異表：

黃帝龍顏，顓頊載午（干），帝嚳駢齒，堯眉八采，舜目重瞳，禹耳參漏，湯臂再肘，文王四乳，武王望陽，周公背僂，皋陶馬口，孔子反羽。

王充的用意是「人命稟於天，則有表候見於體。察表候以知命，猶察斗斛以知容矣。表候者，骨法之謂也」，十二聖「或在帝王之位，或輔主憂世」，這就是他們稟受於天的命，異表則是稟命的表候，所以「聞聖人之奇者，身有奇骨，知能博達，則謂之聖矣」（《論衡・講瑞》），這是性成命定之說。

時代相近的《白虎通義》說聖人異表是「所以能獨見前睹，與神通精者，蓋皆天所生也」，這與王充觀點頗爲近似，這些異表是：

傳曰：

　伏羲日祿衡連珠，大目山准龍狀，作易八卦以應樞。

　黃帝龍顏，得天匡陽，上法中宿，取象文昌。

　顓頊載干，是謂清明，發節移度，蓋象招搖。

　帝嚳駢齒，上法月參，康度成紀，取理陰陽。

　堯即八采，是謂通明，歷象日月，璇璣玉衡。

　舜重瞳子，是謂滋涼，上應攝提，以象三光。

禮說曰：

　禹耳三漏，是謂大通，興利除害，決河疏江。

　皋陶馬喙，是為至誠，決獄明白，察於人情。

　湯臂三肘，是為柳翼，攘去不義，萬民蕃息。

　文王四乳，是謂至仁，天下所歸，百姓所親。

　武王望羊，是為攝揚，盱目陳兵，天下富昌。

　周公背僂，是為強俊，成就周道，輔於幼主。

　孔子反宇，是謂尼甫，德澤所興，藏元通流。

與《論衡・骨相》相較，異表的聖人多了伏羲，但更重要的差異是《白虎通義・聖人》強調的是「非聖不能受命」，王充重點並不在此。〔註11〕《白虎通義》之所以有這樣的說法，是與所引據的文獻思想有關。陳立《白虎通疏證》說此處的「傳曰」兼用〈元命包〉、〈援神契〉等緯文；「禮說」即《禮緯・含文嘉》，亦即《白虎通義》的聖人異表說引據的是讖緯思想。

　讖緯思想中聖人異表更為多見，上自天皇、地皇、人皇的古三皇，下至赤漢劉邦均有其說，〔註12〕讖緯思想中的異表是放在「受命」主軸下思考，

〔註11〕王充雖也說「文王在母身之中，已受命也。王者一受命，內以為性，外以為體，體者面輔骨法，生而稟之……夫四乳，聖人證也，在母身中，稟受聖命，豈長大之後，脩行道德，四乳乃生？」（《論衡・初稟》），但他更強調「十二聖相不同，前聖之相，難以照後聖也。身形殊狀，生出異土，雖復有聖，何如知之？」所以落在性命的角度發揮。

〔註12〕舉例如下：
古三皇（天皇、地皇、人皇）
天皇顧嬴，三舌，驤首，鱗身，碧驢禿揭；
地皇十一君，皆女面，龍顙，馬踶，蛇身；
人皇，龍身，九頭，驤首，達腋；
地皇氏逸，于有人皇，九男相像，其身九章。（《洛書・靈準聽》）
三皇（《禮緯・含文嘉》之三皇為庖戲、燧人、神農。）

這一主軸有一套完整的程序，依序是「感生」、「異表」、「符應」、「改制」、「祥瑞」，〔註13〕所以王充可以簡單臚列十二聖相，但《白虎通義》卻得加上「是謂……」，如此一來形式上似與《淮南子·脩務訓》近，但用意差距甚遠！

四、異表的能指與所指

《白虎通義》的聖人異表可以從符號學的能所關係來說明。異表是徵表，徵表可視為符號學中的能指（signifier），受命則是其所指（signified），這裏的能所關係是標示（indexicality）與象似（iconicity），〔註14〕茲說明如下：

　　伏羲日祿衡連珠，大目山准龍狀，作易八卦以應樞。

《孝經緯·援神契》作：「伏羲大目、山準、日角，而連珠衡。」

　　日祿即日角，祿、角古音同。日角，聖人多有之，〔註15〕指「庭中有骨起，狀如日」（《尚書中候》鄭玄注）。

伏羲山準，禹虎鼻。（《孝經緯·援神契》）

伏羲龍身牛首，渠肩達掖，山準日角，鷁目珠衡，駿毫翁儀，龍唇龜齒，長九尺有一寸，望之廣，視之專。（《春秋緯·合誠圖》）

伏羲大目，山準龍顏。（《春秋緯·元命包》）

神農生三辰而能言，五日而能行，七朝而齒具，三歲而知稼穡戲之事。（《春秋緯·元命包》）

神農長八尺有七寸，弘身而牛頭，龍顏而大脣，懷成鈐戴玉理。（《孝經緯·援神契》）

〔註13〕「受命」與「天文」是讖緯思想的二大主軸，每一主軸下均有一完整的操作程序，詳見殷善培，《讖緯思想研究》，政治大學中國文學研究所博士論文。（民國85年）

〔註14〕皮爾斯指出能所間的聯繫有三種情況：一是標示（indexically），能所的關係是靠因果關係形成的；二是象似（iconicity），能所間的關係存在著某種知覺類似性；三是規約（conventionality），也就是約定俗成的關係。參見趙毅衡，《文學符號學》（北京：中國文聯，1990），頁21～24；李幼蒸，《理論符號學導論》（北京：中國社會科學，1993），頁481～482。

〔註15〕如《春秋·演孔圖》：「有人卯金豐，擊玉鼓，駕六龍。其人日角龍顏，姓卯金刀，含仁義，戴玉英，光中再，仁雄出，日月角。」《春秋緯·含誠圖》：「伏羲龍身牛首，渠肩達掖，山準日角，鷁目珠衡，駿毫翁儀，龍唇龜齒，長九尺有一寸，望之廣，視之專」、「豐下兌上，龍顏日角，八采三眸，烏庭荷勝，琦表射出，握嘉履翌，竅息洞通」、《春秋緯·命歷序》：「離光次之，號曰皇談，銳頭日角，駕六鳳凰出地衡，在位五百六十歲。」《孝經緯·援神契》：「黃帝身逾九尺，附函挺朵，修髯花瘤，河目龍顙，日角龍顏。」《論語讖·摘象輔》：「顏回山庭日角，曾子珠衡犀角」、「子夏日角大目」、「子張日角大目」，《河圖》、《洛書》中更是多見。

衡，人之眉上曰衡。連珠，骨如連珠。衡連珠者，眉上骨如連珠狀。

山准（準），高鼻。龍狀，龍顏，狀似龍。

伏羲的異表指向「作易八卦以應樞」，樞爲樞星（北斗七星之一），將異表與天文相比附，正是異表／受命標示關係所在。與鄭玄注讖緯齊名的宋均，就是從這一角度來解釋〈援神契〉此句：「伏羲，木精之人。日角，額有骨氣，取象日所出。房，所立有星也。珠衡，衡中有骨表如連珠，象玉衡星」，日角是說伏羲於五德屬木，木於五行方位居東，東爲日出之所，故有日角。

這層的標示關係究竟是什麼？《白虎通義》可能是將眉上的「衡」視爲天上的玉衡星，玉衡星屬北斗七星；也有可能將連珠解爲星宿。八卦也者，仰觀俯察，「象在其中矣」（《易・繫辭下》），故與天象相比擬。

不過，不同的詮釋系統所看出的標示關係是會有所差異，《易緯・乾鑿度卷下》就從十二辟卦去除乾、坤二卦之後的十卦來說明異表：

> 孔子曰：復表日角。臨表龍顏。泰表載干。大壯表握訴，龍角大辰。夬表升骨履文。姤表耳參漏，足履王，知多權。遯表日角連理。否表二好文。觀表出準虎。剝表重童（瞳）明歷元。此皆律歷運期相一匡之神也，欲所按合誠。

鄭玄注「復表日角」云：「表者，人形體之章誠。名復者，初震爻也。震之體在卯，日於出焉。又初應在六四，於辰在丑，爲牛，牛有角。復，人表象。」鄭玄運用自創的「爻體說」、「爻辰說」來解釋異表。〔註16〕從爻體著手，復卦（上地下雷）初爻爲陽爻，震卦初爻亦爲陽爻，所以說「初震爻」，震卦居卯位，東方，日出之地，故云「日於出焉」。從爻辰著手，六四爻辰爲丑，於十二生肖屬牛。合而言之，從爻體說復卦爲日，從爻辰說復卦屬牛，牛有角，所以說「復表日角」。

準此，黃帝「得天匡陽，上法中宿，取象文昌」、顓頊「發節移度，蓋象招搖」、帝嚳的「上法月參，康度成紀，取理陰陽」、堯的「歷象日月，璇璣玉衡」、舜的「上應攝提，以象三光」、湯的「湯臂三肘，是爲柳翼」就不能只視爲虛文，而當求其能所的標示關係。

至於「禹耳三漏」、「文王四乳」、「武王望羊」、「周公背僂」、「孔子反宇」則屬於象似關係。

〔註16〕鄭玄爻體說的意義，參見劉玉建，《兩漢象數易學研究・上》（廣西：廣西教育，1996），第八章。

「禹耳參漏」,《淮南子・脩務訓》高誘注云:「參,三也・漏,穴也。」即耳洞有三。這或許與相術中耳為長江,禹耳三漏正取象疏河決江。

「文王四乳」,黃暉《論衡校釋》說是四乳生八子,相傳之訛。四乳,就是四產。後訛為文王之身有四乳。《春秋緯・元命包》作「文王四乳,是謂含良。蓋法酒旗,布恩舒惠。」宋均注:「乳,酒也」、「酒者,乳也,乳天下謂也」,取象哺育天下。

「武王望羊」,若據《春秋緯・元命包》則做「武王騈齒,是為剛強。取象參房,誅害以從天心」,宋均解釋的很清楚:「日房為明堂,主布政。參為大臣,主斬刈,兼此二者,故重齒為表」,屬法天一型的標示關係。至於「望羊」,古注解為遠視、仰視,〔註17〕似取受命之狀。

「周公背僂」,即駝背,取象負有重責大任,所以說「成就周道,輔於幼生」。

「孔子反宇」,孔子頭形似尼山,四方高而中下。稱之「反宇」者,可見是從天圓地方的蓋天說來看的,這一「反宇」的異表大概表示孔子是失時的素王,「德澤所興,藏元通流」,所以為赤漢制法。〔註18〕

「皋陶馬喙」,「馬喙」,馬嘴,口狀如馬嘴;這一則大有問題,首先,馬喙不可說是異表,否則,句踐的長頸鳥喙也算異表了;再則,皋陶未曾受命,何以列為聖人?雖然《白虎通義・聖人》略有解釋,〔註19〕但並不能釋疑,

〔註17〕 《孔子家語・辨樂解》「近黮而黑,頎然長曠如望羊」,注:「望羊,遠視也」,《釋名・釋姿容》「望佯:佯,陽也;言陽氣在上,舉頭高似若望之然也。」

〔註18〕 「丘為制法,主黑綠,不代蒼黃」(《孝經緯・援神契》),孔子為黑帝精,而周為木德,承木德者當為火德,孔子生不逢時,所以不得為王,所以名為「素王」。不過「王」畢竟是「王」,《春秋》一書就是孔子的「改制」理念,「聖人不空生,必有所制,以顯天心。丘為木鐸,制天下法。」(《春秋緯・演孔圖》),只是這一「改制」在當時並未施行。就制度上講,周為赤統,繼周者為黑統,合為孔子黑帝精之時,所以讖緯中屢言孔子為赤制,如:「丘生倉際,觸期稽度,為赤制。故作《春秋》,以明文命;綴紀撰《書》,修定禮義。(《尚書緯・考靈曜》)、「丘立制命,帝卯行」(《孝經緯・援神契》)、「丘攬史記,援引古圖,推集天變,為漢帝制法,陳敘圖錄」(《春秋緯・漢含孳》)、「黑孔生,為赤制」(《春秋緯・感精符》)、「孔子論經,有鳥化為書。孔子奉以告天,赤爵集書上化為黃玉,刻曰:孔提命,作應法,為赤制」(《春秋緯・演孔圖》)。讖緯中的孔子形象,詳見周予同,〈緯讖中的孔聖與他的門徒〉,收在《周予同經學史論著選集》(上海:上海人民,1996)。

〔註19〕 《白虎通義・聖人》「何以言皋陶聖人也?以目篇『曰若稽古皋陶』,聖人而能為舜道。『朕言惠可底行』,又『旁施象刑維明』」。

這的確是一大問題，該怎麼解釋呢？答案就在《尚書中候・苗興》的「皋陶之苗為秦」，注云：「秦出伯益，明是皋陶之子也」，原來說皋陶為聖人是在迂迴地處理秦的問題，所以「皋陶馬喙」云云不能從能所的標志來解釋。

綜上所述，十三聖異表可以分為二類：一類是法天取象，多與天官相應，能所間的標示關係必須索解天人相應，這在自然氣化的身體觀中可說是最符合氣／形的對應關係；一類是直接就人事取象來標示能所關係；只有「皋陶馬喙」乃因其他因素加入，可說是例外。

明乎此，「日祿衡連珠」、「得天匡陽」等詞就不只是修飾語，而是標示或象似的能所關係，這層關係也表示著氣化身體觀下的政教審美現象，迥異於踐形觀的道德人格美！